U0063403

華爾街刺蝟投資客

巴頓·畢格斯——著　　王柏鴻——譯

**BARTON
BIGGS**

Contents

傳奇、經典的全球避險基金怪傑人物誌

刺蝟是種很奇怪的動物，它絕對不和人類來往，甚至一旦小刺蝟不小心接觸到人類，母刺蝟會狠下心來咬死小刺蝟。在刺蝟的世界中，保持純然的作息不和外界其他生物過度互動乃是其生物本性。作者巴頓·畢格斯是位成功的投資人，用刺蝟來比喻自然是他內心深處的基本信仰。

當獲悉這本在我心中有著經典地位的投資理財名著有機會重新發行，實在替閱讀大眾感到高興。如果單看書名，會讓人誤以為又是一本「吹噓多於實用」的平凡財經類翻譯書而擦身而過，但實際翻閱後，便知道這是撰寫金融業（尤其是操盤業界）各式各樣優秀、傳奇、荒誕、經典的全球避險基金怪傑人物誌。

2008 年的金融海嘯早已離我們遠去，避險基金的種種行徑，在過去的二十年間，從人人吹捧的造神到宛如人人喊打的過街老鼠，市面上對於這些基金經理人或操盤人的相關著作，不是捧為神明，不然就是將之妖魔化，雖然這個行業的惡魔還真不少，但也無須視之為無所不能的神仙。

這本書迥異於以往的類似著作，巴頓·畢格斯以持平的論點和過往在金融界打滾幾十年的經驗，來掀開全球投資界的真實面貌。作者在金融圈的資歷自然是不必多費唇舌，但讓我驚訝的是

他對於人物細膩的描寫能力，以及時空背景與市場現象的巧妙搭配，把操盤者當時的心態以及熱鬧詭譎的市場，毫無保留地描寫出來，栩栩如生地活躍在讀者眼前。作者的寫作能力超過分析師或研究員，那些吹捧企業執行長枯燥又制式的分析報告，讓人難以想像他是個不折不扣的避險基金經理人。

　　若以「人性是文學的源頭」這句話為基礎，大多數財經類的書籍根本就是死的、腐爛的，在物理學的標準來說就是「無機物」，而這樣一本「有機」又迷人精采的金融故事實在難得可貴。本書所提的每個金融圈人物，出人意表的優劣操作績效與交易事件，搭配不同喜怒哀樂情緒與形形色色的操作個性、各式各樣的交易商品、再加上他們與作者或其他操盤人之間令人拍案叫絕的人際互動和對話，避險刺蝟這樣一個金融物種的雛形外貌與生態棲息、悲歡離合就這樣活靈活現地被他縮影到這本書中。

　　從作者的寫作風格不難猜到他在市場是習慣孤僻、懷疑重視絕對績效的反向操作與價值投資人。在書裡面他也間接地、簡短地把幾種主流交易策略與方法拿來比較，保留客觀論述而沒有刻意妄下結論。雖然距離本書第一刷出版已經將近十年，金融狀況與經濟循環也已經過多次的多空易位，但在時間的沉澱下更顯出本書的可讀性、經典性。

　　巴頓‧畢格斯在本書大量描寫人性矛盾、貪婪恐懼、損益的失落和金融界造化弄人的不確定，他運用隨意信手拈來的美式幽默的寫作元素，讓本書的可讀性大大提升。作者平實地敘述自身在投資界的創業與操盤過程，透過一則又一則的故事，毫無掩飾地描寫他所觀察到的歐美金融界怪咖，讓人不免唏噓，金融圈可

能發生的詭譎詐騙之術或是交易金童的風花雪月，縱使隔了層語言，以及華爾街到台北金融圈千里之遙遠，還是能讓台灣的讀者輕易了解，這就是西諺說的：「太陽底下沒有新鮮事。」

　　若投資者想要參與市場交易，就免不了跟螢幕背後那群資金充沛、想法怪異、嗜血如命的避險基金刺蝟怪咖交手，了解這群金融界頂端人物的想法，才不會讓自己的投資血本無歸。當然除了當成增廣見聞的好教材外，讀者可以透過巴頓‧畢格斯去透析他人如何面對市場變動、如何趨吉避凶，或者如何面對難堪的投資風險。

黃國華

財經作家

前言
避險專家是有趣的動物

　　1990年代的大多頭泡沫破滅，投資人血流成河，造成揮之不去的後遺症，就是大家都鄙視專業投資人，抨擊專業投資人待遇過高，有如小丑般，承諾華而不實。避險基金更是籠罩在神祕和不信任中，金融市場稍有風吹草動，大家就怪罪避險基金興風作浪，認定避險基金蓄意勾結，行動一致意圖顛覆世界。有些人認為避險基金好比金融海盜專門殘害無辜，經營避險基金的人如同貪心又惡毒的刺蝟。最近避險基金的投資績效平淡無奇。

　　每個人都知道，避險基金成長驚人，管理的資產從1991年的五百八十億美元，成長到2004年年底的九千七百二十億美元。大家不完全了解的是，避險基金的業務波動是多麼劇烈，對市場是多麼敏感。摩根士丹利公司計算過，避險基金業經過八年成長後，到1999年，靠著四千五百六十億美元的資產，賺到四百三十億美元（分紅獎勵與費用），資產報酬率為9.4％。隨後股價下跌，雖然避險基金表現優異，其後三年的盈餘卻不斷萎縮，降到2002年的低點，大約是八十億美元，減少了81％。接著股價上漲，獲利也跟著水漲船高，在2003年創下四百五十億美元的空前新高，到2004年才又下降。

　　我希望大家從本書印象式的描述中，一窺投資業與投資專家

的天地，了解代為管理別人錢財的專家，感受到的那種緊張、壓力、怪癖和不安全的感覺。我也設法抓住他們創造良好投資績效時歡欣鼓舞的心情，描述他們犯錯時的痛苦與絕望。然而，雖然有這麼多挫折，身為投資專家仍然是世界上最有趣、最富挑戰性、待遇也超高的行業。

巧的是，專業投資人或避險基金專家雖然極度渴望賺錢和索取報酬，卻也極為慷慨捐輸、推動各種慈善事業和政治目標。此外，很多人不只奉獻錢財，還投下大量極為寶貴的時間。從很多方面來說，他們已經變成樂善好施的新階級。

為了避免殃及無辜、觸怒或困擾第三者，也為了讓大家無法從文中推斷是誰算計誰，書中很多名字、地點和日期都經過改動。在這種過程中，公司和個人的性格經過打散和揉合，以致於有些人物幾乎變成了綜合體。一方面，我希望這樣的改頭換面有效，另一方面，我寫的很多事件確實都發生過。古人說大千世界無奇不有，真的是很有道理。

我為什麼寫這本書？因為我熱愛這一行，對圈內人士深感興趣。多年來我發現定期寫作、寫日記，不但有助於我釐清自己的投資思維，也可以記錄正確與錯誤的估算，作為未來評估時的絕佳指引。日記可以幫助你了解你對人、對事的想法對在哪裡、錯在哪裡。有些投資人用談話形塑和釐清估算，我用寫作達成相同的目的，對我來說，寫作是重要的投資和個人紀律。

本書彙集了很多想法和軼事。有些跟我在摩根士丹利公司任職時發生的事件和傳奇有關，有些是最近發生的事情，跟我創設和以管理合夥人身分主持的避險基金有關，也跟這檔基金後來的

投資失誤有關。有些文字是投資圈友人和熟人的素描，也有一些回憶文字，一些跟投資殊死戰有關的玄想。本書不是投資入門初階，書中沒有投資成功之道的答案，因為我自己也沒有答案。

投資業有一個吸引人的特點，就是迷人的角色眾多，避險基金似乎特別容易吸引堅強、執著、通常又很怪異的人。避險專家是有趣的動物，避險操作經常在無休無止追求投資果實的過程中，展露最好和最壞的動物特性。不論讀者有多少投資經驗，本書有關避險操作的內幕都能讓讀者增長見識、心神愉快。

Chapter 1
華爾街的刺蝟們

投資經理人多少都會吹噓，但所有會員都配備屁話偵測器。

　　昨天晚上，我到世紀大樓的三角投資俱樂部，跟大約二十五個人共進晚餐，席中約一半的人是避險基金經理人，另一半則是死多頭。老少大約也各占一半，有很多年高德劭的老頭子一頭捲髮已經灰白，說起話來聲音沙啞、微微發抖，但是也有說話很快、看來很體面的年輕小伙子。不管老少，每個人都是代操大眾資金、競爭激烈的投資經理人。

　　三角投資俱樂部的會員大部分是男性，每個月共進一次晚餐，互相交換意見、秤量別人的斤兩。我不常去那裡，因為要去那裡你一定要做好心理準備，必須能夠擺出爭強好勝的樣子，雖然每個人表面上看來都很友善、很快樂，彼此間競爭激烈的程度卻堪稱美國第一，互動和談話間一定各出機鋒，不像是歷經考驗的老戰友輕鬆、友善的夜間聚會。

　　我們像例行公事一樣，拿著酒杯，東站一堆，西站一堆，閒談大約半小時，訴說賺錢多難。我跟強納生（Jonathan）閒聊，他

是一流的避險基金大亨，身價一定有十億美元，到處奔波都搭著他的灣流型噴射客機。我認識他時，他年紀還輕，在朱利安·羅伯森（Julian Robertson）傳奇的老虎（Tiger）避險基金當分析師，我喜歡他，他是實話實說的人。

昨晚他卻不斷搖頭嘆氣。下禮拜是他大女兒10歲生日，因此他在前一個晚上問她，10歲生日想要什麼禮物。她看著他說：「我要什麼東西都可以嗎？」他說：「對。」她說：「你不會生氣吧？我的願望跟飛機有關。」他呆住了，他造了什麼孽？可憐的小富婆！她想要自己的飛機。他惶恐地說：「好吧，是什麼？」她說：「爹地，我都快10歲了，卻從來沒有搭過民航機，所有的女同學都搭過，我想要的是你帶我到真正的機場，辦理登機手續，經過安全檢查，讓人搜身，排隊等著上飛機，然後飛到某個地方去。爹地，我從來沒有搭過，真的很丟臉。」應付小孩真不容易！

群魔亂舞

接著我們到點著蠟燭、擺了鮮花的長桌坐定準備吃晚飯，昨天晚上的主席李昂（Leon）立刻進入正題，我們開始輪流發言，每個人都要在四分鐘內，說出自己喜歡的股票或概念，同時說明原因。每個人都在記筆記，也有很多人插嘴，因為有很多自大的人，使得主席必須斷然打斷別人的話，否則我們整個晚上都得留在那裡。有人說，一頓晚飯吃下來，得到很多啟發，我覺得自己沒有得到啟發，但是一個晚上下來，你會觀察到會員的心情和現

在的熱門領域。

昨天晚上我覺得昏亂，多空看法大致相當平衡，有些說法超乎想像，也有很多大膽的推測。因為能源很熱門，有一位年輕小伙子說了一個離奇的故事，說馬來西亞有家投機石油公司在婆羅洲外海擁有一個地層，其中的石油蘊藏量可以跟北海媲美，還真的呢！一位共同基金經理人說了一個新的手術方法，可以把攝護腺手術造成陽痿的風險降低75％；也有新舊網路事業常有的市值與點擊率比率的故事，還有從健康食品連鎖店到奈米科技種種題材的神奇故事。

我們理當只能推薦自己已經建立部位的東西，大部分人是在說話前，先宣布自己的部位。就像平常一樣，其中會穿插很多譏笑和嘲諷，有人會指責一些惡名昭彰、違反規定的人，說他們「加油添醋」，偶爾也有人會開玩笑地罵某人在「行騙」。說某人加油添醋就如字面意義一樣——你吹噓了自己說的東西，為了自己的好處誇大基本面。換句話說，如果你大肆宣傳賽門鐵克公司（Symantec），說這檔股票價格便宜，因為公司明年要賺大錢，你當天晚上可能把盈餘估計從每股3.5美元，提高到3.75美元，實際上，恐怕要賺到3.3美元都需要小小的奇蹟，但是誰真的能夠預測一家奇怪科技公司的獲利呢？為什麼不做做夢呢？

加油添醋算是相當小的過錯，因為每個人多少都會吹噓，所有會員都配備了很敏感的屁話偵測器，因此離譜的吹噓會造成反彈，吹噓的人信用會遭到傷害。而且在場知情的會員會不客氣地插嘴、指正吹噓的人，一點也不會良心不安。這種情形可能相當難看，卻是我們晚上聚會吸引人的地方。如果有人說了創意十足

的好故事，卻沒有人插嘴，就表示這種說法至少相當新鮮，可能也是真的。

行騙的罪行則嚴重多了，要是你行騙被人當場抓到，可能會被踢出俱樂部。行騙是你說故事時加油添醋到了極端的程度，希望吸引買主，同時自己卻祕密倒貨。宣揚你作多或放空的東西是一回事，何況前面說過，大多數會員談到什麼東西時，都清楚說明自己擁有多頭或空頭部位。行騙卻是另一回事，行騙是不誠實、欺騙、違反金錢遊戲規則的事情。

陰險小人一樣會賺錢

理察（Richard）原本是會員，大家總是懷疑他蓄意行騙，行騙是死罪，但很難證明，只要沒有人受害，大家也不理會。巧合的是，理察堅持別人叫他理察，不准叫他迪克（Dick，譯註：迪克有詭詐的意味）。

一流避險基金業者中，有一些狡猾、討厭的小伙子除了會交換題材，甚至會交換內線消息。理察一樣狡猾、一樣討厭，只是他有哈佛人那種穩重、優雅的氣息，他穿著精品西服，說話帶有波士頓腔。但是陰險狡詐的人不見得不會賺錢，理察存活了很長一段時間，會員中有一個人甚至跟他合夥過一陣子，最後以激烈的訴訟結束關係。理察曾經傲慢地說自己白手起家，他過去的合夥人插口說：「你還供奉造就你的人呢。」理察很精明、很討人厭，賺了很多錢，主要是替自己賺錢。他能十分肯定、十分精確地說明股票的題材，我猜這是我們容忍他這麼久的原因。

很多年前，理察和我打過四、五次網球，跟他打球是危害心靈的可怕經驗，不過我知道我打得比他好。如果我打的球落在界內，但是很接近邊線，他經常會說我出界。如果他打的球顯然出界了，但是離邊線只有幾英吋，他會走向網子，瞪著落點。這樣多少具有威脅性，如果球接近邊線，你會發現自己喊不出口出界了。我連續贏球時，理察會堅持坐下來重新綁鞋帶，一綁就綁五分鐘。有時候，他會說錯比數，說錯時都對他有利。

　　我跟其他人談過這件事，他們也碰過相同的問題。有一個人告訴我，有一次他以三比〇領先，理察要求這盤不算要重新來過。應付這種情形的問題是你要不要大張旗鼓指責他作弊？你不會這樣做，這樣太難看，隔壁球場的人會聽到，認為你們兩個都是混球。因此你只好小心打球，不把球打到邊線附近。每次我跟他打球，都暗自下定決心說這是最後一次了，但是他會要求你再跟他打。前面說過，我確實知道我應該打贏他，但是那種欺騙和小動作讓人嚴重失常，我的心理受到極度影響，因此打第四次時他贏了我，讓我更生氣，尤其是他立刻告訴別人，說得好像是他經常贏我一樣。

　　理察最後終於在三角投資俱樂部嘗到騙過頭的苦果。有一次，他談到一家公司已經祕密開發出一種沒有副作用、又真正有效的減肥藥，讓人深感興趣。他嘰哩咕嚕地說了一些別人從來沒有聽過的化合物名稱。你一天吃兩顆，一個月內就快速減肥十磅！過胖的美國人這麼多，這種藥絕對會狂銷！他告訴我們，他看過盲測的結果，還舉出史丹佛研究集團和美國醫學會的資料，說聯邦食品藥物管理局馬上就會批准上市。在場有些人知道這家

合法的生物科技公司，他們有一些真正的科學家，但是財務報表卻不太好看。公司曾經宣布正在研究一種有希望的減肥藥，但是生物科技業分析師當然都抱著懷疑的態度。

大家對他說的故事深感興趣，生物科技公司研發有成時，股價可能漲翻天。大家問他很多難以回答的問題，他都處理得很好。我告訴過你，他是精明能幹的傢伙。他說：「你聽我說，輝瑞大藥廠前董事長是史丹佛集團的董事，我認識他很多年了。我們都知道，基因組領域裡沒有百發百中的事情，但是他告訴我，大量的試驗顯示，這種藥在老鼠身上能夠發揮奇效，最好的一點是，他們沒有發現任何副作用，老鼠的排尿量比正常多很多，但是習性沒有改變。你們自己決定怎麼辦，我已經買了很大的部位，而且持續加碼中。」

隔天有些經理人下單買進，當他們發現委託的買單迅速、大量成交時，都覺得有點驚訝。兩星期後的某天早上，當這家公司宣布向聯邦食品藥物管理局撤回申請時，他們的感覺可就不是只有驚訝而已了。這種藥顯然可以讓老鼠減肥，卻也讓老鼠得了不能動手術、也無法治好的胃癌，最後造成死亡。該公司股價立刻崩潰。我出席了下一次的聚會，理察沒有來。吃晚飯時，一位叫做約翰的人說，當他的買單迅速成交時他就起了疑心，因此去查誰在大量賣出，發現竟然是一直替理察交易的營業員！

會員彼此對看，我想那種樣子，很像西部假民兵隊終於想出誰是偷牛賊。約翰人高馬大、態度認真，雙手也很大，再下一個月的晚上聚會喝雞尾酒時，他和幾個人擋住理察，理察局促不安，說他只賣了一點點股票，好讓部位略為減少。約翰平靜地

說：「滾出去，你這個垃圾。」理察乖乖滾蛋了，再也沒有來參加晚上的聚會，我聽說他搬到洛杉磯去了。

情勢危殆，避險基金還殺雞取卵

昨天晚上的晚餐後，我們坐下來閒聊避險基金。三角投資俱樂部的會員都在投資戰場上身經百戰、堅強不屈，不怕發表自己的意見，而且我們彼此都認識很多年了。每次聚會總是罵聲不絕，有如巴格達戰況激烈、炮火橫飛的樣子。一開始有人提到，避險基金的資本爆炸，現在美國已有八千檔避險基金，1990年時，才只有三百六十億美元，現在很可能已經暴增到大約一兆美元了。一位只作多的經理人酸溜溜地說了類似下面的話：「避險基金的黃金時代即將結束，最後會以大爆炸的方式終結，而不是平平靜靜地結束。避險基金資本增加、人才鼎盛，表示從資產類別到個別證券的價格，都經過狂熱的投資專家深入評估，這些專家整天盯著螢幕，有龐大的資料庫協助，用閃電般的速度移轉大量資金。這樣會抬高所有價位不當的投資標的價格，降低報酬率。明顯的異常現在幾乎立刻消失。實際上，避險基金必須動用更雄厚的資本，在更廣泛的領域中加碼，結果造成避險基金這種資產類別的投資報酬率下降，必須承接更大、更集中的部位，風險也會增加。你們這批貪婪的鱷魚正在殺雞取卵，就快要滅絕了。」

「你別一廂情願！」一位避險基金經理人喝光了酒，回答說：「金雞母比你想像的還肥、還健壯。」

「全球總體經濟基金快要完了，」另一個人看著我說：「太多

新資金了，你最好手腳快一點。」我只是瞪著他。

「總體經濟現在是蠻荒叢林，」他繼續說：「全球總體經濟和波段操作的玩家太多了，彼此互相衝撞。過去半年裡，一定有好幾百檔新全球總體經濟基金成立，這些傢伙都認為自己是下一個朱肯米勒（Stan Druckenmiller）或貝肯（Lewis Bacon），其中有些傢伙太嫩了，嫩得騙不了你，而且他們大而不當，因此除非你撞到他們，否則你不會受傷。另外，所有大投資銀行的自營部門也橫衝直撞，還要加上馬來西亞銀行和奈及利亞銀行之類的流氓中央銀行。上星期我被困在亞洲某國央行，和一位初次操作避險基金的新手當中，遭到夾擊，這些全都非常令我困惑！」這個人雖然說自己傷痕累累，看來卻膚色健康又泰然自若，因此我沒有理會他。

「現在就像金錢遊戲；我們的老把戲原來玩起來很舒服，現在更壯、更粗魯的傢伙用愈來愈快的速度在玩，因此變得愈來愈危險。」另一位避險基金經理人憂愁地說：「每個人都服了類固醇，暴力水準飛躍上升，就像國家足球聯盟大賽一樣。」

「愈來愈多基金不能賺到足夠的超額報酬率，不能證明自己該收這麼高的費用，」另一位仁兄說：「大家對避險基金的喜愛一定會冷卻，但是在所有的超額資金傷害超級明星的績效記錄和崇高名譽之前，不會出現這種情形。整個避險基金業的整體報酬率沒有成長，但是想要分一杯羹的人增加了。別問喪鐘為誰而鳴；喪鐘為你而鳴。」

「我不能這麼肯定地說整體報酬沒有成長，」我說出自己的看法。「這些沒有經驗、天真幼稚、好勇鬥狠、眼高手低的瘋子進場後，很多人會被吸得乾乾淨淨，他們的損失會提高其他人的報

酬。」我注意到一位老手似笑非笑地看著我，好像在想：「你這個痞子是誰，竟敢大言不慚議論天真幼稚的好手？」

「融資、融資，融資最後會摧毀你們，」那位只作多的仁兄說：「實際上，自從長期資本管理公司（LTCM）操作驚人資金和各式各樣的尾端選擇權（tail optionality）——誰知道那是什麼意思——倒閉以來，避險基金一直在減少融資，增加融資的不是他們，反而是投資他們的個人和組合基金。組合基金的客戶不滿報酬率低落，因此組合基金找銀行借錢，銀行、尤其是歐洲的銀行，競相提供信用給富有的個人客戶，讓他們加碼提高所持有的避險基金投資組合。理論上，這樣有道理，一籃子多元化的避險基金波動性比一檔基金低，因此為什麼不融資增加投資組合以提高報酬率呢？」

「是啊，」有人說：「是有道理，就是別碰到晴天霹靂、大海嘯、兩個甚至三個標準差機率的突發事件，然後不可思議的事件會打擊這些愛好者，避險基金組合遭到10％的贖回，不是一年內贖回這麼多，而是一個月內贖回這麼多，靠融資的大型組合基金轉眼間就少掉15％，整個避險基金業會碰到什麼情況？我告訴你吧，驚恐的組合基金客戶贖回，組合基金跟著必須向避險基金贖回，整個資產類別會極度萎縮。此外，也沒有安全的避風港，多空市場中立基金也會慘遭屠殺，因為他們被迫殺出時，多頭部位會下跌，空頭部位會上漲。」

「那就是崩盤囉，」那位只作多的仁兄說：「不只是你們這群共犯會碰到崩盤，每一個人包括我也會碰到崩盤。」這個晚上的集會就這樣結束了。

Chapter 2
金童流的血還是紅的

失敗很可能在你的生活和精神上留下永久的傷害。

　　我前面提過，每一個避險基金由赤貧變成巨富的故事裡，至少有兩、三檔避險基金是由赤貧走向赤貧，或是由赤貧變成巨富、然後又變成兩手空空的故事。2004年裡，估計有一千檔避險基金關門。雖然媒體喜歡聳人聽聞，卻很少有什麼基金像長期資本管理公司或貝尤公司（Bayou）那樣，在熊熊火焰中倒閉，特別引人注目。其他還有很多基金是死拖活拖、慢慢走向死亡。很多人創設避險基金，募得一千萬美元、甚至五千萬美元或一億美元，他們根據資產固定收取1.5％的管理費，再從利潤中抽頭20％，但是他們不能靠固定管理費存活，他們有很多經常性費用，包括辦公室、會計、電腦、後勤辦公室和科技設備都要很多錢。還要發薪水給三位分析師和一位交易員，要拿錢訂閱彭博資訊的終端機，訂購研究機構的服務。固定管理費甚至不夠應付經常開銷，因此沒有半毛錢留給合夥人，除非合夥人一開始就有本錢，否則連生活費用都沒著落。

接下來，他們的前途完全要看基金頭幾年的績效。如果基金表現優異，合夥人可以賺20％，拿到更多錢，帶著微笑上床。如果他們在第一年裡就搞砸了，每個客戶都把錢贖回，他們就悄無聲息地結束了。但是如果他們只是績效平平，拖個幾年，那就不會有新的資金進來，公司和家裡都很難過：一無所有的20％還是一無所有。紐約的研究機構伯恩斯坦公司估計，**市場上是由兩百檔大型避險基金掌控了業界總資產的80％，剩下一大堆基金只能夢想碰到好運氣能夠活下去。**

我知道過去幾年裡，有一些很成功的分析師或精明能幹的機構業務人員，成立了十幾檔基金。他們是大多頭市場的金童，在1990年代末期賺了很多手續費，他們揮霍無度，過著奢侈的生活。他們都是俊男美女（實際上沒有多少美女），但是他們多少都把魅力、低平的入門關卡、多頭市場跟投資智慧混為一談。他們在成功之餘，過著豪華、奢侈的生活，擁有一切，包括酒窖到分時共用的噴射客機。他們似乎全都娶了剪著瀏海的金髮嬌妻，生了很多子女，住在入門級的城堡裡，有八間臥房，還有可以放四部車的車庫，在美西有滑雪度假別墅（佛蒙特州的別墅已經不入流），還請了兩位蘇格蘭籍的奶媽。另外還要加上私立學校的學費——連上托兒所，一個小孩都要兩萬美元，還有四、五座著名高爾夫球場的年費，很多傭人，這些固定的經常開銷可高得嚇人。

高盛三劍客

看看高盛私人財富管理部門出身的三位成功好手，他們在幾

年前，創立了一檔市場中立多空股票基金。當初他們在高盛是大贏家，有一位擁有真正的科技鼻，另外一位特別擅長交易首次公開發行股票（IPO）。但是成功的經紀人——私人財富管理部門的人——賺很多錢還不夠花。經紀人這個稱號不好聽，他們的太太跟其他太太談起先生是股票經紀人時，並得意不起來。因此這幾位仁兄渴望經營市場中立避險基金，變成選股專家。他們在高盛時是負責投資、還是負責招攬財富？我猜主要還是後者。市場中立的意思是基金經過波動性調整後，暴露在風險中的比率大約是30％的淨多頭到10％的淨空頭。市場中立很流行，因為善於操作的人可以壓低風險，持續創造7％到12％的年度報酬率。

對不起，但是我認為市場中立很難操作，尤其是量化市場中立，有太多人做同樣的事情了。1980年代裡，摩根士丹利成立了一系列市場中立基金，依據不同的基本面與量化模式操作。所有基金都由青年才俊操盤，他們在交易檯上，或建立模式進行模擬交易，做虛假的測試時，都賺很多錢，實際操作時，沒有人真正賺到錢。據說有一個人利用電腦選股，深入到第三層的衍生性產品和第五層的顏色。的確有顏色，損益表的顏色是一片深紅色。

總之，高盛出身的這個魅力三人組在2001年1月1日開張，募得一億美元的資金，接下來的兩年裡，只損失了10％，以空頭市場來說成績不差。接著到了2003年，他們太小心、太悲觀，基金只成長了5％。因此頭三年裡，他們沒有獲利，不能抽20％，不能靠抽成生活，家人卻仍然住在紐約郊區，過著奢侈的生活，因此個人的日常開銷就把他們活生生吃掉了。

接著三位合夥人中的一位，也就是在紐約市擁有大房子和很

多奶媽的萊伊（Rye）離開了，回到高盛的私人資產管理部門。問題是他所有的客戶都已經分配給別人，他必須重新來過。另兩位留下來苦撐待變，請走了兩位分析師，減少了經常開銷，把小孩轉學到格林威治的公立學校。但是投資人聽說有人離開，對公司能否繼續經營下去的信心降低，資產開始緩慢地流失。重點是這家公司的投資組合表現一點也不差，但是馬上就要變成歷史了。

日以繼夜、寢食難安 —— 超級巨星易安

易安（Ian）是另一個有點類似的例子，這段文字是我半年前寫的，因此看這篇短文和補充時，請記住這一點。我的兩個合夥人和我跟易安合租辦公室有兩年之久，勇氣十足的易安是我們在摩根士丹利公司時的夥伴，年紀將近40歲，身材纖瘦、頭髮剃得乾乾淨淨，一副生活刻苦的樣子，人很聰明，善於分析，說話很快、很帶感情。我們四個人一直都是好朋友，我認為我很了解易安。他是堅決相信投資的典型堅貞分子，是蘭德（Ayn Rand）著名小說《源泉》中避險基金專家魯爾克（Howard Rourke）的翻版，總是盡最大的力量，在尋找這一行中的真理。

易安從柏克萊加州大學畢業，然後像我的合夥人席瑞爾（Cyril）一樣，加入信孚銀行的分析師計畫，在那裡做了五年，然後我另外一位合夥人梅哈夫（Madhav），把他挖到摩根士丹利的新興市場投資團隊，最後易安在新興市場創造了絕佳的記錄，到1990年代末期，出任總經理，主管摩根士丹利龐大又很賺錢的新興市場所有投資，當時我是他的主管，我們認為他是年輕的超

級巨星。2000年快要結束時，我極力為他爭取大筆的獎金，因為他對業務極為重要、潛力極為雄厚，也因為我知道他躁動不安。2000年底，他第一次領到龐大的獎金，其中一部分是現金，另一部分是延後發給的獎金。

2001年1月他拿到獎金的隔天就跑來找我，軟弱卻很親切地告訴我他要辭職，去創設自己的全球避險基金。我覺得失望，也有一點傷心，而且很驚訝，有著被人玩弄的感覺。但是另一方面，獎金的遊戲本來就是這樣玩的。我努力勸阻他，說他的工作表現很好，為什麼現在要離開？我知道他已經結婚，有三個年幼子女，在漢普敦買了一棟小小的房子，在紐約買了一棟公寓，也知道他其實沒有半點本錢可以創立避險基金。我也指出，他信用不夠，不能籌募足夠的資金成立全球避險基金。比較合理的作法是在摩根士丹利多待幾年，多賺和多存一點錢，累積有關全球市場的知識基礎後，如果還決心要創設避險基金，也可以募到比較多的錢。我當然希望他過一陣子後會恢復理性，認為一動不如一靜。

然而，所有的話都沒有用，他已經下定決心，無論如何都要實踐變成全球投資專家的夢想。這個夢想代價很高，他一離開，就失去了遠超過一百萬美元的績效獎金，隨後的幾個月裡，他發現除非他讓出股權，否則幾乎不可能募到資金，而且即使他願意讓出股權，募資也很難。為了取得一些投資資本，狂熱的他賣掉了公寓和漢普敦的房子，全家搬到不太乾淨的出租公寓裡，只有上帝才知道他要求家人過多麼儉樸的生活，他的基金在2002年3月成立，資本少得可憐，只有八百萬美元。

他發展出結合全球總體經濟與全球選股的投資風格，買進或放空債券、外匯、商品、股價指數或個股。創業之後，他的績效一直起伏不定，隨後的幾年裡，扣除費用後，他的操作績效略為勝過摩根士丹利資本國際全球股票指數（MSCI World Equity Index），跟標準普爾五百指數（S&P 500）相比，他的績效還更好。然而，每個月的績效數字起伏不定，某一個月裡，他的操作績效勝過基準指數10％，接下來的三、四個月裡，他管理的資產又下跌3、4％。2004年11月，他管理的資產暴增17％，增為二千五百萬美元，卻還是不能吸引多少資金，我想原因是因為績效起伏不定。此外，他潔身自好，不願意跟任何負責籌募資金的人打交道，以免對方要求他讓出基金的部分股權。

我很欣賞他的奮鬥精神，他日日夜夜都掛念著自己的投資組合，他太太說，他夜裡睡覺時經常磨牙。他的基金是我把家族的錢投入的唯一另一檔避險基金，我投資他的基金，不只是因為我對他的頭腦和精神極為佩服，也是因為他的紀律和純潔心智讓我極為感動。他認定自己在摩根士丹利公司時，是外界力量主導他的時間，而不是他自己控制時間。

他說：「過去我要接電話，聽分析師聊天，參加午餐和晚餐聚會，跟願意和我談話的策略師見面，他們掌控了所有行程。基本上，我出身美西，是相當不錯的小伙子，但有點魯莽，別人言不及義的時候，我會打斷他們的話。但是我要的是事實，不是意見。我得到的結論是，如果我不跟任何人見面，情形會好多了，利用自己的時間最好的方法是看報紙、專業雜誌、事實資料和某些研究報告。為了真正專注在投資上，我需要獨立的閱讀和研

究，可以自由自在立刻丟掉垃圾、或跟我投資觀點無關的東西。」

他就是這樣做，整天都在閱讀和研究，上電梯時，手上總是抱著一堆研究報告，在辦公室裡的時候，他像獨自隱居在山洞裡、追尋真理的教士。這樣是否表示他會變成大贏家？不見得，但是對他來說，這是他有機會大獲全勝的正確方法，我也樂於把自己的一些錢投資在他的基金裡，希望他能夠成功。

後記：2005年4月。易安今天來看我，告訴我他經過很多痛苦折磨後，決定把錢退還給投資人；換句話說，他要結束自己的基金。我極為震驚，我知道過去幾個月來他辛苦奮鬥，3月初他認為股市會脫穎而出，回補了空頭部位，隔天市場一蹶不振，連續下跌十一天。我現在知道，2005年的頭四個月裡，他管理的資產減少了16.5％，但是過去他資產大減後，也曾經東山再起。畢竟他在2004年裡，資產有一度減少超過10％，但是全年仍然創造了22％的報酬率。從基金創立以來，扣除所有費用後，他的投資人仍然得到10％以上的報酬率，同期間，標準普爾五百指數的報酬率是12.65％，他的績效不是特別好，但是也不能說是一塌糊塗。

績效起伏不定讓他沮喪，讓他幾乎不可能吸引新資金。但是他告訴我，這不是他決定收山的原因，導致他收山的原因是這麼密切、深入的跟投資組合長相左右的壓力（以及不好的日子裡一點、一點地死亡）已經變成難以承受之重。他也極為投入，因此每一個小小的波動，都使他的內心絞痛。他是孤獨的投資人，與世隔絕，獨立運作，但是此時此刻，他在情感和財務上，都沒有應付這種壓力的穩定性。或許是這樣吧，要是他有一個投資夥伴分憂，情形一定不一樣。

英國前首相邱吉爾的事業也有起有伏，困於突如其來的消沉，他說過，身上氣味難聞、呼吸帶著臭水溝味道的大黑狗不請自來，重重壓在他胸口上，把他壓倒下來。投資領域裡也有一隻黑狗，你表現差勁時，黑狗就出現，壓在你的胸口上，也不管時間是午夜、星期六早上、還是陽光燦爛的春日午後你在辦公室裡的時候。黑狗撲上來時，你幾乎不可能把牠趕走，黑狗會破壞你的生活。我們全都碰過黑狗上門的日子，但是過去三年裡，易安經常看到黑狗。他在寫給投資人的最後一封信裡寫道：

　　從比較個人和心理的層面來說，讓人痛苦的是，我顯然根本沒有從這檔基金頭七個月淒慘的日子裡復原。創立避險基金，走錯方向，陷在股市三十年以來最糟糕的七個月裡，不是什麼光榮的事情。雖然我們堅持下去，抓住反彈的一大部分，前面的經驗多少還是讓我傷痕累累，在準備放空或賣出多頭部位時，還是走不出之前的陰影……，更不利的是，我所經營的事業，中長期展望頂多只能說是深具挑戰，而且事業的脆弱本質經常影響投資心理，讓你經常覺得情勢不妙，離關門只有一步之遙，這樣根本不是做出中期投資決定的健全基礎。

　　我相信易安是贏家，此刻他的心神徹底耗竭，過去三年來，他只休過一天假，但是現在他計畫徹底休假，重新評估後半生要做什麼事。過去三年來，他白天大部分時間都瞪著彭博資訊的螢幕，問題是另外還有一千個精明、執著的人，瞪著相同的螢幕。這個領域已經變成人口嚴重過多的輸家遊戲，易安告訴我，他不

希望餘生這樣度過。

　　易安會復原，會打敗黑狗。易安婚姻幸福，有三個小男孩，但是他告訴我，他的家庭關係也受到拖累。緊緊盯著螢幕、孤獨的代客操作方式加上嚴峻的市場環境，已經讓他身心俱疲。但是老實說，我有沒有一點第二次遭到背叛的感覺？不錯，我有這種感覺。

傻笑季博失去笑容

　　你當然會想到，經歷了網際網路和科技股泡沫後，也會有一些避險基金轟轟烈烈地關門，有不少避險基金無聲無息消失了。然而也有一些避險基金倒閉後，傷害了投資人的荷包，讓經理人滿腹牢騷，有時候牢騷會變成傷心。有一個人綽號叫做傻笑季博（Grinning Gilbert），因為他跟你說話時總是在笑。他可以告訴你他最好的分析師剛剛辭職，或是他持有最多的股票盈餘不如預期，一面說，一面還高興地開懷大笑，笑容友善而誠懇，他也善於社交，每個人都喜歡他。

　　然而，那一切都已經成為過去。1996 年時，傻笑季博大概四十出頭，在安柏特基金公司（Lord Abbett）擔任基金經理人，這時他決定辭職，成立自己的避險基金。傻笑季博根本沒有什麼錢，一開始也只募到少少的資金，但是他雇用了三位年輕的分析師，開起了公司。傻笑季博是追逐題材、奉行波段操作的投資專家，自己一個人做所有的投資決定。在 1990 年代末期熱絡的市場中，他逐漸集中投資科技股和網路股，績效起伏不定，但是

1997年的績效驚人，1998年的績效也很好，基金規模逐漸成長，到1999年，季博管理的資產大約有五億美元，也賺了不少錢，但是他把賺來的錢又投入自己的基金帳戶裡。那年夏天，他把辦公室搬到格林威治，拿了一千萬美元左右，在圓山路買了一棟很大的老式石造豪宅，大概是你用錢能夠買到最好的房子了。保守地說，這樣做相當大膽，因為一千萬美元大概是他當時財產的一半。

季博的太太莎朗（Sharon）積極而有野心，希望在格林威治的社交圈中發揮最大的力量，說來不容易，因為有很多其他家庭也希望全力衝刺。莎朗參加了所有必要的慈善活動，送小孩上昂貴的托兒所，而且直覺看出格林威治的生活型態，堅持要用真正的蘇格蘭籍奶媽和個人家庭教師，也堅持要買一架部分所有權的噴射客機。但最重要的是，她開始花大錢整修新買的房子。房子內部拆掉重建，添加各種現代建築特色，包括兩層樓高的隱祕交誼廳，有超大壁爐和尖頂的起居室。建築師在改建後的地下室設計了一個酒窖，可以存放五千瓶美酒，中間是華美的餐廳，古董餐桌可以坐上十二個人，還有升降機通到廚房。我想不通她為什麼希望在地下室辦晚宴，但她還是這樣做了。總之，重建花了一年時間，買房子和重建讓微笑季博不太豐裕的荷包又扁了一大塊。

他們全家終於在2000年7月1日喬遷，傻笑季博對於新增加的所有固定開銷有點擔心，但是他想，只要基金繼續賺錢，他就不會有問題。此外，市場很熱，他也正當紅。他聳聳肩，開心地笑著對我說：「你能怎麼辦？太太想要一座莊園。」他們的長子要申請最熱門的布倫斯威克小學，但希望渺茫，學校受託人偷偷告訴微笑季博，七位數字的捐款承諾會幫上大忙。同時，他的公

司增加了一些額外的開銷，公司現在有五位分析師、一位營運長、一位客戶關係人員、一位內勤經理和四位祕書。

隨著烏雲四合，駱駝背上壓著的麥草也逐漸增加。2000年裡，傻笑季博的基金資產減少了15％，我前面說過，一無所有的20％還是一無所有。傻笑季博跟莎朗說，預訂那年春天開工的新陽台和大規模造景計畫，應該延後實施，但是莎朗生氣地指出，這樣做會很難堪，因為宏偉的設計只完成一半，會顯得好像他們已經沒錢了一樣。

到2001年夏天，科技股和網路股的撤退變成全面潰敗，傻笑季博的投資組合裡有很多虛有其表的股票，價格跟著崩潰，到了9月，他的淨值又減少了30％，他的投資人大部分都是最近才加入的，沒有碰到好日子，他們現在開始一面撤資，一面抨擊他，甚至有人說要以重大過失的罪名告他。10月初的一個星期二早上，他作多的部位下跌，放空的部位上漲，幾位有限合夥的合夥人對他大吼大叫，傻笑季博帶著平常慣有的爽朗笑容，告訴祕書說他要回家吃中飯，兩點鐘會回來。這一天是爽朗的初秋，樹葉剛剛變色，傻笑季博開車回圓山路的家時，各色豪宅和綠地在柔和的陽光下，顯得富麗堂皇又帶點慵懶的氣息，格林威治的景色一定很優美。

他到家時，莎朗還在義賣會上沒有回來，他在陽台上，吃著廚子送來的中飯，開著國家廣播公司商業頻道（CNBC）。那天這棟莊園裡呈現一片忙碌的景象，七個拿著鋤耕機的男人忙著種每棵二萬美元的成熟椴樹，好為車道創造林蔭大道的效果。十位墨西哥工人在後草坪上忙著蓋新露台，一部卡車正在卸新車道要用

的比利時石塊，一個電工在地下室的酒窖裡裝間接照明燈具，他聽到小孩在外面的笑聲。家裡的固定開銷、辦公室的固定開銷、融資、贖回和投資組合淨值下降，這一切一定都湧上傻笑季博的心頭。

吃完中飯後，他上樓走進臥室，拉上窗簾、躺在床上、戴上耳塞，然後把床罩拉上來蓋住頭，動也不動。下午四點左右，莎朗走進黑暗的臥室，聽到季博說，他很累不打算起來吃晚飯。他的祕書打電話來，不久之後，一位分析師打電話來要跟他談話，兩通電話他都不肯接，就這樣躺在床上。事實上，這一整週直到週末，他都躺在床上，窗簾密閉，靠著吐司和湯過日子，拒絕跟辦公室裡的任何人談話，不看國家廣播公司商業台或報紙，小孩來看他，他似乎也沒有興趣。到星期五，兩位最大的投資人質問他為什麼不在辦公室裡。

沒有人知道傻笑季博和莎朗那個週末在黑暗的臥室裡，到底做了什麼事。他是不是告訴她虧損和經常開銷的問題？事實上，那個禮拜後的星期二下午，莎朗到辦公室去，告訴傻笑季博的交易員結束所有部位，鎖定30％的虧損。她告訴十二位員工，基金就要解散，薪水會發到11月底，她也跟律師和會計師討論，大致上接管了公司，再過一週，投資人收到通知，傻笑季博再也沒有進過辦公室。

我跟傻笑季博其實不很熟，但是我跟他的一位分析師打網球，知道了事情的經過。這位分析師說，他再也沒聽到傻笑季博的消息，他很不滿。我打電話去找傻笑季博，兩次都是我不太熟的莎朗接電話。我不知道要跟她說什麼，她說他出去了但是會回

話，季博根本沒有回過話。我聽說跟他更熟的人也有類似的經驗，可是他原本非常和藹可親。

幾星期後，傻笑季博和莎朗掛出吉屋出售的牌子，那年秋天，格林威治不動產市場疲軟，成交緩慢，但是半年後，他們以七百萬美元把房子賣掉，但是誰知道他們在房子上投下了多少錢？而且他們還要還清抵押貸款，後來他們搬到聖地牙哥，我猜傻笑季博不會回來了。

操作科技股的年輕小伙子下場如何？

我還認識一位在大公司操作科技股的年輕小伙子，泡沫不斷愈吹愈大時，他十分當紅，他很樸實、很有吸引力，談起科技股，會說到你的耳朵發麻。他聲勢如日中天時，會穿著牛仔褲和拖鞋參加格林威治的雞尾酒會，背上還背著小嬰兒。他的辦公室裡堆滿了研究報告和公開說明書，但是我相當肯定他從來不看，因為他整天都抱著電話，在小道消息網絡上喋喋不休，說長道短，想提早知道盈餘發布的內容，或是隔天誰要推薦什麼股票。

他眼明手快，在繁華歲月裡績效驚人。他採用1990年代末期的所有招術，創造驚人績效。他交易頻繁，為營業員帶來很多手續費收入，也讓他分配到大量熱門的初次公開發行股票。然後他把承作所有顧客業務分配到的初次公開發行股票，放在一個公款帳戶裡（巧合的是，他大部分的資金也放在裡面），初次公開發行股票大漲之後，他把股票拋售，大大提升了操作績效。他把這個帳戶當成代表帳戶，要是有人質問，他會說初次公開發行股票不

適合他的機構客戶投資。當時這樣做並不違法，卻也不完全符合法令規章。

他甚至以客人的身分，參加過幾次三角投資俱樂部的晚餐會，因為他極為當紅，頭髮灰白的老手聽他說話時，都帶著敬佩的神色，不可置信地搖著頭，或許世界已經把他們遺棄了。

1998年初，這位操作科技股的年輕小伙子離開這家大公司，憑著他的記錄，募得四千五百萬美元成立了避險基金，實際上，這檔基金只是利用融資作多的科技股基金。第一年裡，他的淨值成長40％，1999年的績效更是讓人吃驚，淨值成長高達65％。我想他抱回家的錢一定有三千萬美元。2000年初，資金源源湧入，他操作的資產增加到六億美元。那年11月，他到加州聖塔摩尼卡參加科技業的盛大年會時，搭的是十人座私人噴射客機，同行的有太太、兩個小孩、一位奶媽、岳父母和當私人教師的堂兄弟。那年夏季的跌勢讓他受傷，但是他仍然相信自己所向無敵，得到諸神加持，還是跟過去一樣友善而多話。

2001年又是淒慘的一年，他傷痕累累，但是還不低頭，到了2002年，他陷入驚濤駭浪而慘遭滅頂，他擁有的一切似乎都沉到海底。他的大部分股票都是美夢一場或炒作標的，很多股票根本就是詐欺工具，幾年之內，股價從150美元跌到3美元。到了這年年底，他的基金淨值大約從高點下跌了80％，表示他想再拿績效獎金的話，淨值必須成長將近4倍。

2003年1月，他結束基金，我聽說他大概拿走了五百萬美元，頭兩年大賺的日子就剩下這些錢，他告訴大家，說他要休息一陣子，然後東山再起，不再受龐大基金規模的拖累。到現在為

止，他還沒有再度出山，現在別人跟我說，他住在馬里布，整天都在衝浪。

　　這幾個小故事的意義是：**成立和管理避險基金是極為沉重的個人負擔，而失敗很可能在你的生活和精神上留下永久的傷害！**

Chapter 3
放空石油，淪為笑柄

「凡是賣出不屬於自己的東西，就必須歸還，否則就是進牢房。」

　　如果避險基金不放空，就只是利用融資、收取高額管理費的多頭基金。可想而知，融資多頭基金績效很容易劇烈起伏。事實上，1970年代和1990年代末期，隨著兩次大多頭市場結束，很多避險基金都變成這樣。**但是，真正的避險基金會堅定、持續地從事放空投資。換句話說，避險基金多少總是會放空，因為總是會有一些股票比其他股票高估。**理論上，避險基金至少會賺到多頭部位與空頭部位績效差異之間的價差。

　　專業避險基金從事兩種不同的放空操作，一種是放空主要股價指數為多頭部位避險，或是在看空時保護基金。很多高明的經理人採用這種方法，他們很有自信，自認可以運用基本面分析，選擇會上漲的股票，卻很痛苦地發現，找會下跌的股票難多了。目前避險基金業大致上已經覺醒，對自己放空賺錢的能力不再滿懷希望。他們承認，**放空指數是被動式的操作，但是放空個股或類股很危險。**

然而，特定的放空自有吸引力，空頭投資人遠比多頭少多了。理論上，空頭的空間可能沒有這麼擁擠，因此也比較沒有效率。對於樂於與眾不同的投資人來說，這點在理性上很有吸引力。空頭人口較少，另一個原因是放空會造成精神壓力，放空什麼東西總是會讓空頭忐忑不安，想起流傳了幾百年的古老諺語——「凡是賣出不屬於自己的東西，就必須歸還否則就是進牢房。」然而，放空對投資人的反向操作直覺具有吸引力，對懷疑與嘲諷人類具有天生智慧的人更是如此，因此放空的作法能夠一直延續下去，但結果卻是死傷累累。

　　另一種放空只有少數一心偏空的避險基金會操作。寫到這裡時，一位管理五億美元偏空基金的熟人告訴我，他認為目前偏空的管理資產總額大約為三十億美元，比幾年前的六十億美元少。組合基金有時候會雇用偏空操作的經理人，因為組合基金跟其他種類的避險基金沒有相關性。偏空操作的經理人，通常會把部位分成投資型空單和詐欺型空單。

　　投資型空單是經過嚴格的證券分析，找出業務展望惡化或遠遠不如目前股票價位的公司。空頭可能放空這種股票很多年，但是也可能來回操作。可口可樂是一個例子，1998年，一位空頭認定可口可樂在編製盈餘數字上動手腳，因為銷售成長率3％的公司，不可能像經營階層和分析師吹噓的那樣，每年創造15％的盈餘成長率（請參閱次頁圖3‧1）。

　　他研究了軟性飲料業，參加可口可樂公司的法人說明會，也跟裝瓶廠商討論。每個人都認為可口可樂公司是真正長期創造15％成長率的成長股。後來他找到了五個理由，認定可口可樂公

圖3·1
可口可樂公司股價走勢圖
（1986年至2005年9月2日）

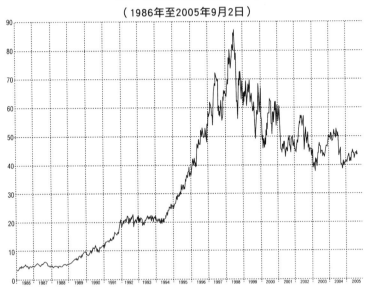

資料來源：FactSet Data Systems

司比較像成長5％的公司，就在80多美元時放空可口可樂，一直放空到現在。這次操作是完美的放空，因為公司達不到預期的目標，經理人頻頻遭到撤換，股價目前大約為43美元。現在每個人都討厭這家公司和公司的經營者，秉持反向思考的他考慮回補空頭部位。他喜歡長期放空已經大漲一段、深受法人喜愛的著名大公司，他研究《財星》最受人尊敬企業的名單，尋找新的受害者。

相形之下，詐欺型空單就如字面意義，因為實情和真理最後總是會取得勝利，放空這種標的可能大獲全勝。但是如果太多人

放空，這種空頭標的也可能變得很危險。融券餘額很大時，跟基本面無關的發展可能造成痛苦的軋空。例如，很多避險基金放空同一檔詐欺型股票時，炒作者編織出來的神話會破滅，融券餘額迅速增加，借券會變得很難。同時，如果有一檔放空的避險基金遭到大筆贖回，必須回補放空的這檔詐欺股，就會造成股價上漲，這點跟反面投資論證的正確性毫無關係。

放空後大漲，飽受折磨

每隔一陣子，都會有像我們這樣愚蠢的投資人，卡在某種部位中，遭到殘酷的虐待與折磨。你第一次發現和研究一種投資機會時，不論是多是空，都會有一種大發現的歡欣，種種可能性讓你興奮，使你精神愉快，搖頭擺尾，欣喜萬分，抱著極高的希望，幾乎就像有希望的愛情第一抹羞紅一樣。我們開始這種投資關係時，對自己的深入分析與深奧推理信心十足，夢想賺到驚人的利潤，但是接著在命運的操弄下，迷人的新歡突然變成醜惡且不理性的野獸，兇狠地反撲。發生這種情形時，這隻瘋狂咆哮的野獸、這筆部位可能主導你投資組合的績效和投資生涯。痛苦漫漫無盡，這種差辱的關係揮之不去，甚至壓倒現實生活中的一切。

我們慘遭2004年5月操作的石油空頭部位折磨，當時油價大約為每桶40美元，我們做了所有應有的分析，建立了模式。我們的推理是這樣的：除了1990年跟戰爭有關的短期油價暴漲之外，無論是名目還是實質油價，都已經回升到1980年代初期以來的最高水準。世界石油產量和庫存量都在增加，戰略存油幾乎已經接

近滿載。我們假定，隨著世界與中國經濟成長減緩，石油消耗很可能會下降，而中國是關鍵因素，因為從1992到2002年間，光是中國就占了全球石油消耗成長部分的31％，2003年更占到50％以上，我們認為，這種比率的變化是左右油價的關鍵因素。我們建立了精準的油價回歸模式，顯示均衡或合理油價為32.48美元，真是精確的好笑。大部分能源專家認為合理價格還更低，大概接近30美元。

同時，看好石油的多頭氣氛很高昂，原油期貨未平倉餘額十分龐大。我們認為，大部分未平倉餘額代表投機性空頭，是依循追蹤趨勢模式所建立的部位。換句話說，這些人都是波段操作的投資人，我們認為，他們買進石油是出於魯莽，原因只是油價上漲。我們當然也了解，恐怖分子攻擊是重大風險，可能使中東的生產中斷，如果關鍵生產國沙烏地阿拉伯遭到攻擊，更是如此。當時專家通常認為（我們的模式也肯定這一點）油價被高估8美元，但是專家對於沙烏地阿拉伯生產設備的脆弱程度看法分歧。

我們研究過恐怖分子因素，認為破壞油管不會嚴重打亂生產，因為油管可以快速修復。若沙烏地阿拉伯突然爆發革命會破壞世界經濟與金融系統，把油價推升到80美元，但是發生這種事情的機率有多少？我們認為很低。我們也知道，因為世界其他地區多餘的產能比過去少，短暫的停產會造成油價波動。我們在2004年5月的投資月報中指出：「我們認為這筆油價空單是危險的部位，我們精確計算過風險報酬公式，根據結果定出部位的大小。」石油的波動性大約是標準普爾五百指數的兩倍，我們算出，如果我們的空頭部位等於資本的12％，就遠低於我們公開聲明的

部位風險值限制。

深入分析使人深陷困境

然而，所有的分析全都徒勞無功，我們誤判了需求，沒有預測到颶風季節和政治發展的嚴重性，不夠尊重市場心理與市場心理對價格波動的影響。我們從5月起，大約在40美元左右開始放空石油，油價立刻漲到超過42美元，讓我們忐忑不安。接著在6月的最後一天，油價跌到36美元，那天下午，我們確實考慮回補一部分的部位，卻沒有這樣做，我們的分析顯示油價仍然被大幅高估，為什麼要放掉現有的部位？

結果我們完全錯了。油價開始攀升，而且幾乎開始直線上漲，因為伊拉克的恐怖主義與破壞、俄羅斯的稅務糾紛、奈及利亞的罷工與委內瑞拉罷免總統投票都震撼了原油市場。我們認為，這些都是暫時性的破壞因素，石油輸出國家組織（OPEC）宣布增產又讓我們安心，我們就增加了空頭部位。我們的基本分析和模式繼續指出，均衡油價介於每桶28至32美元之間。庫存量繼續增加，油國組織繼續生產，世界經濟也在減緩。我們認為，如果油價可能超漲到超過均衡油價，也可能超跌，此時我們仍然對自己的空單迷戀不已。

此外，我們深信油價巨幅上漲最後會造成節約，而且會被其他能源取代。

從成立之初，我們就固定編寫一份詳細的投資月報發給投資夥伴，讓他們充分了解我們的思維與績效。不幸的是，雖然我們

請大家保密，這份月報還是透過電子郵件廣為流傳，因此我們的績效和部位變成公開的祕密。我們在7月份的月報中，強調我們是價值型投資者，不是波段操作的投資者。在我們的投資過程中，如果投資標的是商品，價格背離偏差超過15％時，會促使我們自動檢討基本面，檢討之後，我們不是必須增加部位，就是軋平部位。身為價值型投資人，如果基本面沒有變化，我們通常會加碼，而不是軋平部位，因為這種價格變化，會使投資標的的吸引力增加而不是減少。根據價值而非根據價格波動投資是我們的信仰。

巴菲特用狂躁合夥人的比喻，把這種哲學說明得淋漓盡致，他在我參加的一次會議上，說了類似下文的話：

假設你跟患有躁鬱症、名叫市場先生的人合夥，一起經營優良企業，雙方各持有一半的股份。市場先生經常只看到影響這家企業的有利因素，對於這家企業的前景滿意之至，因此會跑來找你，要用高得離譜的價格，買下你的一半股權。所以，你當然應該賣給他。

換了其他時候，他會只看到你們公司未來的問題，變得十分猶豫，絕望之餘，會用比真正價值低得離譜的折扣，把他的股權賣給你，這時你應該買下他的股權。

巴菲特又說，光是因為價格下跌，就賣掉你深信價值低估的資產，是不理性又十分愚蠢的行為。換句話說，市場先生可能是大傻瓜（也可能是小傻瓜），經常歇斯底里，他在瘋狂之餘，有時

候會看到鬼，換了一個時間，他又會想像有善良的仙女用長長的金手指為他加持。

你十分自由，可以不理市場先生，也可以占他便宜，但是如果你受他影響，結果會很淒慘。假設你賣房子的價格天天都有報價，報價穩定下跌了好幾個月，到時候，你會不會光因為房價下跌，就把你住得舒舒服服、心滿意足的房子賣掉？當然不會！因此，有吸引力的投資類似你住得很滿意的房子。

巴菲特的價值哲學聽起來很有道理，但是碰到你交易商品，客戶又對你的短期績效很敏感時，就行不通了。8月19日，油價漲到48美元，股市急轉直下，到當時為止，我們這一年的淨值下跌了7%。隔天《紐約時報》刊出一篇報導，配了一張我面容憔悴的照片，指出我們的特雷西合夥公司（Traxis Partners）因為放空石油，損失慘重，此外，文中暗指我是輸家，因為我認識的每個人都看《紐約時報》，讓我根本高興不起來。那個週末我到鄉村俱樂部吃晚飯時，感覺到每個人都看著我，但是我要迎向他們的目光時，他們卻看向別處。

多年交情付諸流水

我們立刻陷入風暴，我們最大的投資人之一——多年來我為他創造優異績效，而且一開始就投資特雷西公司的人——打電話告訴我他要撤資。這就好比胃部突然遭到重擊，因為出乎意料而

痛徹心腑。我們大客戶之一的一檔組合基金發電子郵件給我們，批評我們瘋了，違反受託責任。我為一位女性妥善管理資金長達三十年、她也是我個人的好友，打電話來告訴我，她受不了劇烈波動想要退出。換句話說，三十年的信任在幾個月之內化為流水，雖然我們2003年的績效確實優異。最後，一位顯然看過我們7月號月報有關巴菲特與市場先生文字的市場通訊主編，寫了一篇文章，冷嘲熱諷價值型投資人愚不可及，說我現在應該已經學到買強賣弱。令人困惑的是，以當時的情況和石油這種商品而言，他的說法正確無誤。

我有過負面反應排山倒海而來的類似經驗。你做錯一陣子後，全世界都在厲聲吶喊，說你瘋了，好像惡運轉捩點總是伴隨著狂湧而至的辱罵，以及一些長期顧客大量撤資，這種信號萬無一失，要變成有效的信號，打擊造成的痛苦必須超過皮肉之傷，實際上還必須流血，你一定會常常覺得胃痛，半夜冒著冷汗、憂心忡忡地醒來，你的笑容必定有僵住的感覺。

我不是唯一的受害人，我的合夥人梅哈夫一再做惡夢，夢到自己在客戶會議中，努力說明我們的石油空單，卻無法自圓其說，客戶憤怒地看著他。另一位合夥人的太太也擔起心來，像我們一樣熱切，時時刻刻注意油價。小女溫德（Wende）很柔和但帶著一點苛責的味道對我說：「喔，爹地，你再說一次，為什麼你要放空石油？」當時我心想，這一切都是我們的命運即將轉折的信號。

果不其然，到了8月下旬，油價從50美元的高點跌到42.5美元。我們如釋重負地吐了一口大氣。一位備受尊敬的技術專家寫

道，他運用的費波納西波浪（Fibonacci wave）理論顯示，油價的最後高峰正好是48美元，隨後就是空頭市場，第一波下跌會跌到42美元，然後會出現全力的反彈，大約在9月20日左右，反彈到高點，波段操作的多頭會出脫石油。我們再度出於知識的傲慢，沒有回補任何部位，因為我們認為泡沫已經開始破滅，商品市場中眾多的動態避險作手（利用電腦模式買漲賣跌的交易者）在全力反彈時，會變成賣方，而不是買方。然而，為了保護我們的部位不受恐怖分子攻擊之類的晴天霹靂影響，我們的確買了價外的石油買權。

然而，我們的緩刑期很短，我想我得到的人氣指標只是片刻即過，這顯示沒有一種東西、沒有任何信號、任何單一指標、不管是社會或費波納西指標不會錯誤。上帝根本不與我們同在，因為到了9月，來了前所未有的連續颶風，這個颶風季節終結了所有的颶風季節。我們當然知道8、9月容易發生颶風，嚴重的暴風雨可能造成墨西哥灣外海的生產平台關閉，但是好多年來，從來沒有發生過真正具有毀滅力量的颶風，然而，這已經是久遠的歷史了，現在突然從8月中開始，創記錄的四次大颶風接二連三地迅速衝向佛羅里達州，攪翻了墨西哥灣。每次颶風都引起石油市場的反應，同時，伊拉克油管遭到爆破，俄羅斯政府繼續折磨俄羅斯石油巨人尤科斯石油公司（Yukos）和公司的大股東，造成俄羅斯石油出口延後和中斷。這些事件造成石油期貨市場激漲，油價到9月底漲到50美元的新高。

這時，我們的記憶和經驗不斷告訴我們，到了頭部，價格大漲的確認信號會變得最清楚。此外，生活中還有一種幾乎等於自

然力量的應付機制。我再度拜讀塔其曼夫人（Barbara Tuchman）的名言，早在1970年代的黑暗時期，羅馬俱樂部（Club of Rome）會員國議論紛紛，提出天然資源永遠缺乏的理論時，她就說過：

預言災難的人靠得是推理，他們找到一種趨勢，擴大解釋，忘了災難因素遲早會產生一種應付機制……。凡是有人類因素橫加阻撓的任何事件，你都不能推斷，歷史、也就是人類的故事，從來不會根據科學的曲線前進，而且總是會打亂科學的曲線。

不過我們心想，這一切空談會不會只是我們絕望之餘的合理化，瘋的是我們，不是石油投機客。

我們也深知社會心理學家所說確認偏誤（confirmatory bias）——傾向收集合乎你立場的資訊、忽略不合乎你立場的資訊的危險。行為理論指出，矯正這種偏差最好的方法是聽取相反的意見，再心平氣和地看出論證中的邏輯錯誤。光是這樣做，不可能迫使你改變心意，因為資料沒有得到公平的處理。大家會接受支持自己最初信念的資料，拒絕相反的資訊與解釋。我們為了保持開放的心胸，深入研究自己所能找到的每一個石油多頭故事。同時，油價繼續不規則的上漲（請參閱圖3‧2），我們買了一個石油買權，以便沖掉空頭部位的部分風險。

2004年1月1日至10月22日油價走勢圖
西德州輕原油（WTI）

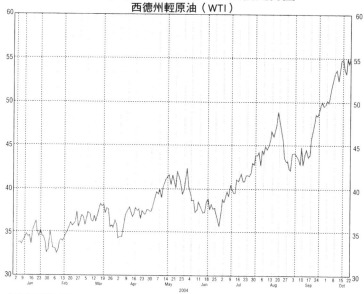

資料來源：Global Insight

貪婪與恐懼的互動

　　當原油空單折磨我們時，不少人希望用某種方式幫助我，我認識的專業商品交易員十分熱心地提供建議，大部分都是說買強賣弱，換句話說，就是跟著趨勢走。他們大膽地告訴我，他們放空交易的作法都是「不要為虧損的部位奮鬥，沒有利潤就要回補」。但這些話沒有多大的幫助，因為我們一直是價值型投資者。

　　我在煩惱之餘，拿出自己心目中的交易聖經：利菲佛（Edwin

Lefevre）寫的《股票作手回憶錄》，重新拜讀其中部分章節。這本書在1923年出版，目前仍可以在網路上買到。毫無疑問，書中所說的股票作手就是傳奇人物李佛摩（Jesse Livermore）。經常擔任李佛摩營業員的勒伯（Gerald Loeb）寫過《投資人的生存戰役》，主張把所有雞蛋放在一個籃子裡，然後密切注意籃子。他生前告訴我，李佛摩只是請利菲佛當這本書的抄寫員。不管是誰寫的，《股票作手回憶錄》是二十世紀前三分之一一位專業交易者交易智慧的精華，也是他在合資操作、明牌、炒作與看盤構成的狂熱環境中操作的市場軼事。經過一個世紀，市場的變化並沒有很大。這本書是歷來最好的交易書籍。

李佛摩是迷人的角色，他是交易廳時代靠著報價紙帶看盤交易的高手，但是他對市場人氣和價值也很敏感。**他強調深入了解人類心理、了解貪婪與恐懼的互動至為重要。**他認為，**交易跟人性的關係，遠比明牌和靈感的關係深厚多了。**二十世紀初期他憑空出現，在芝加哥一家空中交易經紀商交易穀物，賺到第一筆財富。他逃過了1907年的恐慌，1908年帶著當時算是一筆大財富的三百萬美元進入華爾街。瀟灑、整潔又能言善道的他買了紐約證券交易所的一個席位，開始挑戰華爾街大亨既有的秩序。摩根之流的偉大金融家看不起股市作手，但是李佛摩這種人卻可能讓他們陣腳大亂。

李佛摩是天生的空頭，1915年，他放空股票遭到沉重損失。但是他知道自己做錯之後，改變立場，在1916到1919年的多頭市場中賺到大錢，但是大部分其他投資人也一樣。然而，他真正與眾不同的是，他預測到第一次世界大戰之後，突然而兇猛的蕭

條與崩盤，會把極多企業家與投機客一掃而空。1919年，他賣掉一切，開始放空，雖然他放空早了一點，但最後還是在隨後的空頭市場中大賺一筆。1922年，李佛摩在穀物上大有斬獲，而且在1920年代初期，他管理聲名狼藉的霹靂威力（Piggly-Wiggly）炒作集團，引發了投機熱潮和多頭市場。然而他天性偏空，又認定貪婪會徹底占優勢，使他無法充分參與1920年代末期的瘋狂榮景。勒伯曾經告訴我，李佛摩十分欣賞《經濟學人》首任總編輯貝基哈特（Walter Bagehot），經常引用貝基哈特討論吉朋（Edward Gibbon）文章中有關笨錢的段落：

有關恐慌和狂熱的論述很多，這超過我們用最高智慧所能了解或想像，但是有一點可以確定，就是在特定時間，有很多笨人擁有很多笨錢⋯⋯。每過一陣子，這些人的錢，就是所謂的盲目資本，會因為跟目前目的無關的原因，變得特別龐大、特別渴望；希望找人把錢吞噬，「過剩」就出現；找到人後，「投機」就出現；錢遭到吞噬後，「恐慌」就出現。

李佛摩手中沒有股票，希望「笨錢」遭到「吞噬」時自己躬逢其盛，他也認為，笨錢最後總是會遭到吞噬。我深深喜愛他身為投資人兼交易者的信念。書中李佛摩的對手老火雞（Old Turkey）說起話來，就像巴菲特精神上的父親，一再宣揚「抱緊」你確實有信心的部位。「不要過度思考、不要過度交易，正確無誤又緊緊抱住的人很少見，」老火雞說，「我發現這個原則最不容易學，但是股票作手只有學到這一點之後，才能賺大錢。」

老火雞像李佛摩一樣，基本上是商品與股票的職業交易者。然而，他還有一點像李佛摩，卻不像那個投機時代即將結束時的魯莽投機客和愛慕虛榮的人，他了解沒有集團的掩護或內線消息，交易基本上是一種零和遊戲，但投資可能是贏家的遊戲。

　　一個人對自己的判斷沒有信心，在這種遊戲中走不了多遠。研究整體狀況，承接部位，並且堅持下去，這大概是我學到的一切，我可以沒有半點不耐煩地等待下去，可以看出會下挫卻毫不動搖，知道這只是暫時的現象。我曾經放空十萬股，看出大反彈即將來臨，我認定——正確地認定——這種反彈在我看來是無可避免，甚至是健全的，在我的帳面利潤上會造成一百萬美元的差別，我還是穩如泰山，看著一半的帳面利潤被洗掉，絲毫不考慮先補空、反彈時再放空的作法，我知道如果這樣做，我可能失去我的部位，從而失去確定賺大錢的機會，大波動才能替你賺大錢。

　　這種「緊緊抱住」的作法中，當然不表示如果你的投資基本面惡化時，你不應該賣掉多頭部位或回補空頭部位。就像凱因斯的名言所說的一樣：「如果事實改變，我會改變心意。先生，你會怎麼做？」
　　我們的投資人中，有一位終生從事商品交易的人，我把老火雞的話念給他聽。他說：「是啊，你知道李佛摩的結局如何嗎？」我說不知道。他告訴我：「李佛摩在1920年代末期看空之後，終於在1929年中投降，反手大量作多，在大崩盤中，財產幾乎完全虧光。若干年後，他在畢爾摩大飯店的男洗手間裡自盡。」我不

知道這是真是假。

　同時，油價繼續走高。

Chapter 4
膽小之徒，切勿放空

如果油價漲到高峰，我們一定會被認為是食古不化的瘋子。

    2004年10月中的某一個晚上，石油空單讓我們的痛苦升到最高點時，我跟一些避險基金的朋友共進晚餐，談到放空和慘遭軋空的事情。有一位我稱他作「老手」的客人，說了羅賓森（Jock Robinson）的故事，我聽過這個名字，但是不認識這個人。

擅長放空的黑暗王子

    1970年代末期和1980年代初期，羅賓森經營的避險基金很成功，當時市場來回波動，起伏劇烈，為放空創造了有利的環境。當時跟現在不同，專業避險基金空頭很少，因此市場沒有效率。羅賓森是愛挑剔的分析師，也是優秀的多頭投資人，更是真正傑出的空頭，但是他內心嚴重憤世嫉俗。他喜歡分析財務報表，了解其中令人困惑的註釋，看出公司業務預測中的缺點，發現會計花招以及公司所畫的財務美夢時，他會很興奮又義憤填膺，好像

他小時候曾被會計師咬過一樣。

他擅長大量放空有人宣傳的題材股，說好聽一點，這種公司的預測是極為樂觀，說難聽一點，簡直就是詐欺。隨著時間過去，他善於放空的名聲傳開，有人叫他「黑暗王子」，而且這個綽號緊緊跟隨著他。老手說：「真的，王子真正放空時，不只是投下一點皮肉，而是全心全力投入。」

根據「老手」的說法，羅賓森曾經在摩根銀行做過分析師和基金經理人，然後在1970年代末期創立避險基金，獨資經營，有幾位精明的年輕分析師替他跑腿，他的績效優異，因為他作多的部位大部分都上漲，放空的部位大部分都下跌。他的基金持續成長，王子也發了大財。

加勒比海賭場傳奇

這個故事開始時，羅賓森操作我稱之為賭場度假公司（Casino Resorts）的鉅額空頭部位。這家公司在加勒比海沿岸經營一些破落的大飯店，長年以來一直虧損，股票在美國證券交易所，價格起伏介於3.5和1.5美元之間。1980年時，邁阿密一些不動產業者用少少的錢，買下賭場度假公司的控制權，發給自己千百萬股的認股權，想要大大炒作一番。

不久之後，他們買下蔚藍島，這個荒島就在波多黎各首府聖胡安旁邊，他們蓋了一座橋通到大陸。這齣好戲開始時，超大度假中心的建築工程進入尾聲，主要的大飯店正在興建，就像他們說的一樣，「形成壯闊的拱形曲線，意在以無窮的希望吸引你進

去」，跟著古典音樂飛舞的巨形噴泉圍著大飯店入口，曲折綿延的水族箱裡裝滿了奇怪的魚，沿著大廳和走道布置，柔和卻又無情地引導你走向餐廳和賭場。旅館後面是豪華的花園，裡面有三個螺旋形的游泳池，據說是模仿凡爾賽宮和十二世紀奧古斯丁修會迴廊的設計。種種勝景都是希望讓客人忘記海岸線礁石密布沒有海灘戲水的缺點，兩座便於使用的高爾夫球場已經完工。

蔚藍島主要的景點是星塵賭場，這座加勒比海最大、最豪華的賭場預定2月1日開幕，好趕上旅遊旺季。賭場本身與眾不同，因為賭場有個圓頂讓天光流瀉，白天會產生近晚的柔和陽光效果，晚上星光閃爍，據說可以讓賭客覺得無所不能。賭場計畫裝設精密的香氛系統，在賭徒心中散發有力卻柔和的氛圍。

所有這些投資資金來源非常神祕，聖胡安有謠言說龐大的銀行貸款背後有毒品交易洗錢的資金。整個度假村已經完工的部分開始經營了六個月，卻迅速而穩定地虧損，因為地點太差，遊客不希望困在島上。宣傳人員說，賭場開幕後，飯店的住房率會飛躍上升，餐廳會爆滿，這個島會變成名人和富人必到之地。此外，互相宣傳的效果會提高公司其他大飯店的住房率，公司股價開始出現一點生氣。

賭場度假公司加強宣傳時，聘請了一家大型公關公司，紐約一位過氣的元老政治家加入董事會。公關公司建議公司把名字改成金銀島房地產公司（Treasure Island Properties），於是公司改名。接著耳語開始流傳，叫大家趕快上車，說華爾街有點低級、但擁有強力銷售人員的投資銀行約翰森公司（Johnson & Company），會變成公司的投資銀行，計畫發行大量股份。不久之

後，約翰森公司發表誇大的研究報告，預測1982年的每股盈餘可以達到2美元，1983年開始全年營運後，每股盈餘會高達5美元，而且由眾多度假村構成的整個事業開始營運後，潛在獲利會高達每股10美元。

報告流傳之際，約翰森公司在紐約和波士頓舉辦了一系列的午餐和晚餐會，經營階層在會中證實研究報告的預測。這些數字樂觀到荒唐，而且假設幾家賭場會創造驚人的營收與利潤，還有非常高的房間數目與住房率，同時公司的其他大飯店會開設賭場。實際上，為了吸引賭客，跟賭場連在一起的飯店住房費率都相當低，而且在公司其他大飯店的所在地，賭博仍然不合法，但股價還是漲到10美元。到1981年11月，靠著所有誇大的宣傳，公司第二次發行二億美元的股票讓大眾認購。股價漲到了16美元，但是似乎沒有人關心這家公司現在發行在外的股票已經高達四千萬股，市值達到六億四千萬美元，還有一大堆債務。

這正是羅賓森喜歡的宣傳，也是他放空賺大錢的大好良機。他去參加公關公司辦的午餐會，故做無知地問一些尖銳的問題。然而，他刻意不步步緊逼，不希望嚇壞接受公司說法的大眾，也不希望驚動其他空頭。他派最好的分析師到波多黎各現場考察，也派另一位分析師到公司其他營業場所考察。其他地方就像他懷疑的一樣，是一堆垃圾堆，他也分析數字，開始相信盈餘預估荒唐，同時他潛心研究賭場經濟。

主導金銀島宣傳的雜牌軍繼續大力宣傳，說服美國證券交易所把公司的掛牌代碼改為RICH。接著公司聘請霍華爵士（Lord Howard of Dunnymead）出任董事長，50歲的爵士肥肥胖胖，曾

經從事投資銀行業，卻被一家著名的英國銀行以不明原因辭退，傳說原因是說謊或好色，或兩個原因都有。爵士說話語氣勢利之至，穿著好比孔雀，舉止好比他從來沒有擔任過的皇家禁衛軍軍官。

然而，霍華爵士不是傻瓜，他為自己爭到了非常優厚的報酬，包括一大筆認股權，他也充分了解宣傳的機制。

約翰森公司在紐約舉辦多次投資人午餐會，主持餐會的霍華爵士注意到羅賓森在場，也了解他的名聲。隨著羅賓森的空頭部位增加，他的問題也愈來愈尖銳。有一次，羅賓森客氣卻執著地詢問公司的營收與獲利預測，霍華爵士終於忍不住打斷了他的話，說出了一番道理：「先生，我們公司歡迎有遠見和想像力的投資人，不歡迎憤世嫉俗、尋找致命代價的夏洛克（Shylocks）[1]。先生，我知道你是誰，你是黑暗王子，這裡沒有你的座位，你枉費了我們的熱忱招待。」羅賓森滿臉通紅離開會場，夏洛克的笑話讓他極為反感，這件事多少變成了個人恩怨，隨著羅賓森的徒眾開始放空這檔股票，雙方的對立進一步加劇。

1982年12月中，金銀島房地產公司的星塵賭場正式揭幕，名人與娛樂界人士雲集，同時在紐約、邁阿密與亞特蘭大推出大量電視與報紙廣告。道貌岸然的霍華爵士主持典禮，手上挽著的肉感女服務員露出厭倦的表情，一面喝著加了苦味料的首都牌伏特加。每到假日週末，大批人群湧向賭場，旅館的房間被人訂光光。公司放出話來，說開幕初期賭桌和吃角子老虎的賠率很高，邁阿密、紐約和聖胡安的報紙刊出專訪，報導一些賭贏的客人讚

1.《威尼斯商人》中冷酷無情的商人。

美金銀島的話。這些報導當然都經過細心安排，有時候還涉及金錢的交換。

股價在種種哄抬刺激下，從20美元漲到25美元，但是羅賓森不為所動。開幕的確很盛大，但是羅賓森指出，這是理所當然的事情，經營階層送出了幾百種贈品。他認為開幕宣傳誇大了盛況，就派一位分析師到現場考察。分析師發現，公司撥出很多房間，免費招待運動員、名流、旅行社業者、甚至招待應召女郎，以便維持繁榮景象。羅賓森和分析師的研究一致證明公司不可能達成公開預測的目標，而且事實上，當時還虧損經營，於是他再加碼放空二十萬股。

王子沒有結過婚，事實上，對女性也從來沒有表現過多少興趣，現在五十出頭了，卻為了一位比他年輕很多的女性神魂顛倒，他告訴朋友，說終於找到了真愛和心靈的伴侶，計畫到遠東好好遊歷一番。1983年2月初，羅賓森和愛侶開始亞洲之旅。兩個人熱切盼望共度這段時光，羅賓森的未婚妻堅持說，如果他們能夠擺脫紐約的商業刺激，一定會發現他們兩個人能夠愉快地共同生活。他們告訴羅賓森在紐約的辦公室，只有在最可怕的緊急事故發生時，才可以打電話找他們。兩個人先到雅加達，他的分析師打電話到文華大飯店告訴他，星塵賭場開幕四星期後仍然人潮洶湧。此外，紐約和邁阿密的新聞界耳語紛紛，說這個賭場可以生死以之，因為賭場對賭客的賠率太高了，連吃角子老虎都會放出大筆金錢。擁有公司股份的旅行社也積極推展金銀島之旅。公司宣布，最初兩個月的利潤遠超過預期，股價漲到28美元，羅賓森再度加碼放空。

星塵賭場容易贏錢、島上美女如雲的傳言傳開後，人潮更為洶湧。金銀島大飯店的每一間客房都住滿了人，遊客住在聖胡安，前往金銀島觀光，每一家餐廳都高朋滿座。公司宣布，雖然賠率比拉斯維加斯高，因為業務興隆的關係，獲利超過預測。股票成交量暴增，更多分析師開始研究這家公司，公司的股票變成美國證券交易所交易最熱門的股票。

現在羅賓森來到峇里島，住進偏遠的安曼度假村，跟外界失去聯絡。先前他告訴交易員，如果股價漲到35美元，就再放空二十萬股，結果股價漲到這個價位，他的委託單也成交了，現在他一共放空一百五十萬股。這對戀人從峇里島飛往新加坡，現在是3月底，賭場度假公司宣布1983年冬天要在巴哈馬群島首府拿騷的大飯店裡，開設另一家同樣規模的賭場，1984年的預測盈餘應該會大幅增加，股價漲到38美元。某天晚上半夜三點，電話打到檳榔嶼的木加拉海灘大飯店，羅賓森生氣地拿起電話，得知除非他付出借券費用，不然他的主要證券公司借不到他最後放空的二十萬股，多頭正在軋他，羅賓森摔了電話。

慘遭軋空

等到羅賓森和愛侶到了普吉島的安曼埔里時，羅賓森已經無法高枕而眠，因為紐約打來的電話每天夜裡都要把他吵醒三、四次。金銀島的股價上漲，他的部位變得愈來愈大，他的主要券商要求的保證金愈來愈多。此外，大家都知道他的空頭部位，金銀島集團宣稱要軋死王子，羅賓森的好友、人人害怕的艾柏森（Alan

Abelson）專訪霍華爵士，爵士說羅賓森是「愚蠢的睜眼瞎子」，股價會漲到100美元。

接著好運憑空出現，證管會內部人交易月報顯示，高級經理人包括霍華爵士在內，賣出大量金銀島股票。艾柏森寫了一篇諷刺文章刊在《霸榮》週刊上，質疑公司的會計和預測。國際度假公司的股價立刻從38美元暴跌到30美元，羅賓森覺得好過多了。但是，公司宣布內部人賣出只是讓先前向銀行貸款、融通公司所需資金的一些經理人，清償銀行債務。然而，股價沒有反彈，羅賓森覺得泡沫已經破滅了。

3月下旬，羅賓森飛到香港，住進老牌地標半島酒店的套房裡。金銀島的股價突然再度起飛。《紐約時報》旅遊版刊出一篇長文，報導金銀島的魅力、贏錢的情況和價值。記者和他的女朋友、還有女朋友的父母親受到公司邀請，在這個度假村過了愉悅的週末，到要結帳時，旅館只收他們的電話費。一般賭客現在相信星塵賭場是金礦，整個島上開始瀰漫十九世紀淘金潮的一些特色。

有些旅客只是來觀光，卻看到極為壯觀的景象！老太太為了爭奪吃角子老虎機而又打又扯，還破口大罵；男士無所不用其極，就是為了保住賭桌上的位置，有些人帶了尿布，為的是不用上廁所尿尿，但是準備比較不周到的人就站在賭桌旁邊尿到褲子上，或是尿進旁邊的痰盂。雖然這些事情是趣聞的好材料，卻不能讓環境生色，經營階層開始採取行動，保全人員強迫最惡形惡狀、違反規定的人出去。唱高股價的券商開始說每股盈餘高達7美元，這種說法當然荒唐，但是股價無休無止不斷上漲，在4月

中漲到60美元。

就像羅賓森後來坦白承認的一樣，這種情形讓他非常擔心又很害怕，胃痛一直揮之不去，雖然他個人十分幸福，虧損的負擔卻一直影響他的心理。有人要索回他借來放空的股票，有時候他交不出來，火大的券商就強迫替他回補，把股價推得更高。5月15日，金銀島的股票漲到80美元，羅賓森的虧損已經超過一億美元，他的避險基金表現一向優異，但是當時是1980年代初期，還沒有鉅額資金流入避險基金，羅賓森管理的資產略微超過四億美元，因為金銀島交易的問題，1983年頭4個月裡，這檔基金的淨值突然減少22％。

他開始接到憤怒的客戶打來的電話，還有許多贖回的申請，他必須買回金銀島的股票以回補空頭部位，否則這些部位占他基金的比率會升得更高。羅賓森是非常大膽的投機客，但是這時候他也深感震驚。交易者感覺到死亡的陰影，市場開始傳播謠言，說他的避險基金遭到大量贖回，他會被迫解散基金。他們認為，如果是這樣，他就必須買回他放空的所有金銀島股票，把股價推得更高。隨著他的空頭部位增加，他的主要券商要求更高的保證金，羅賓森被迫賣掉投資組合中的其他股票，因此金銀島空頭部位在他整個投資組合中的比率，升到將近40％。隨著他陷入困境的謠言傳開，買盤擁進金銀島希望大賺一票，股價漲到90美元，他陷入最可怕、最惡劣的殺戮循環中。

不幸的是，這件事沒有美好的結局，到5月18日，羅賓森再也受不了了，他告訴交易員開始買回金銀島股票，回補空頭部位。他的交易員很高明，小心地處理委託單，但是羅賓森回補的

消息最後還是傳了開來，股票又漲了10美元。到了5月25日，羅賓森心不甘、情不願地飛回紐約，放棄了原來預定的京都之旅。到5月30日，他已經回補所有空頭部位，承受驚人的損失。到了6月1日，他寫了一封信給投資人以說明損失情形，說明他已經回補大部分的空頭部位，也讓投資人有機會在7月1日前贖回。

消息傳開來之後，金銀島的股價暴跌，到5月中已經跌到60美元，到7月1日，雖然分析師發出另一波更高的盈餘預估，股價卻跌到45美元。然而，對羅賓森來說，一切都太晚了，他的基金資產降到只剩下八千萬美元，其中二千萬美元是他自己的資金，他不甘心地遣散所有研究分析師，只留下一位，實際上他等於停止營業了。後來的十年裡，他管理自己和一些真正信徒的資金，表現十分優異。「老手」在我們的晚餐會上說，羅賓森目前的財產遠超過一億美元，但是再也無法經營避險基金，他永遠背上了遭到金銀島軋空的惡名。

真正諷刺的地方是，最後羅賓森對這家公司獲利能力和股價的看法完全正確。經歷最初的轟動後，星塵賭場的賠率經過調整，變成對賭場有利。隨後的幾年裡，那裡的經營乏善可陳，公司發行的股票太多了，每股盈餘甚至從來沒有達到2美元。最後另一個度假中心開張了，但是業務始終沒有起色，競爭太多了。至於股票，金銀島的股價逐日下跌，到1985年，已經跌到10幾美元，到1990年，股價在5到10美元之間遊走，但是壞人卻得到了勝利，霍華爵士和同夥在50多美元的價位，執行大部分的認股權，賺到了一大筆錢。

放空的代價

聽到這個故事當然讓我覺得很不安，羅賓森的故事中，有太多我可以認同的地方。10月開始後，油價走高，超越48美元的舊高峰，在50美元出頭起伏，偶爾會有兩、三天的修正，讓我們高興地認為是結局就要開始的跡象，但是隨後卻總是又反彈回升。10月21日我們賣掉一部分買權，獲得相當高的利潤，卻提高了我們的風險。果不其然，兩天後，原油價格創新高，收盤超過55美元。我們表面上咬緊牙關，私下卻深受煎熬。我在格林威治的一個晚餐會上，想要說明我們放空原油的原因，卻發現自己口齒不清。

到了10月27日，油價突然破底，每星期三發布的庫存數字顯示增幅超過預期。然而，這件事不是讓人特別驚異的消息，事實上，報告發布後，油價還上漲了幾分鐘，接著急轉直下，有一度還暴跌達6％。幾天後，中國人民銀行提高利率，市場一片震驚，油價再度下跌，我們的辦公室裡出現了歡欣的叫聲，我卻忍不住想到，這麼短暫的輕鬆時刻，跟羅賓森二十多年前經歷的情形是否一模一樣。

11月的頭兩個星期裡，油價繼續走低，但是隨著11月接近尾聲，油價翻騰不已，半夜三更繼續困擾我們的問題是：我們到底是勇敢、堅決、注重基本面的投資人，還是頑固的瘋子？我們跟客戶談話時，情形很明顯，如果我們錯了，油價漲到新高峰，我們一定會被認為是食古不化的瘋子，應該丟進專放曇花一現、無以為繼避險基金經理人的垃圾堆。

12月1日，油價終於急轉直下，每星期三上午十時三十分報告的存油數字顯示，存油增加八百萬桶，遠超過預期的三百五十萬桶。因為存油也超過前一週的預測，我們認為這是相當利空的發展，然而存油宣布後，油價只下跌0.75美元，我們多少有點失望。

隨著交易者消化存油連續兩次大增的衝擊，油價開始走低，整個下午一直盤軟，到下午二時三十分收盤時，油價跌到45.5美元的新低，一天下跌3.64美元。我們很高興，但是立刻開始懷疑我們是不是應該至少回補一部分的部位，隔天油價再度破底，到中午已經又下跌了5%。

那天下午，謠言傳出。索羅斯強烈反對布希總統競選連任，不知道花了多少錢，推動反布希的運動。新的謠言是他在大選前一個月，投資了五十億美元買石油期貨，目標是在選前打亂股市、美國經濟和選民的情緒。如果他也認為油價會上漲，那麼他承作龐大部位也不是不可思議的事情。索羅斯為了發揮影響力，從來不會不願意動用自己的財富。謠傳指出，油價急遽下跌後，他收到融資保證金追繳通知，開始出脫部位。

我不相信這個謠言，索羅斯太精明、太冷靜了，不會把商業跟政治混為一談。雖然承認自己是豬需要勇氣，我們還是決定，經歷這麼多痛苦後，還是要勇敢地回補大約三分之一的空單，我們以略超過42美元的價位買進，交易沒有成交，但是我們至少試圖回補，我覺得胸口上的巨石消失了。

隔天發生了另一件事，但是這次是事實。中國航空公司設在新加坡的子公司中航油宣布，因為操作石油衍生性商品，虧損五

億五千萬美元而被迫倒閉。索羅斯的謠言和中航油破產都提醒我，一種重要的全球性商品價格劇烈波動時，謠言總是會出現，肚子往上翻的屍體總是會浮上來。

12月8日，存油數字再度比預期增加。然而，隨後幾天裡，石油輸出國家組織石油部長發布新聞稿，說油價已經跌夠了而應該減產。事實上，油國組織在12月10日宣布，每天要減產一百萬桶。我們大驚失色，因為我們仍然持有大部分的石油空單，宣布之後，油價短暫反彈，接著又暴跌到每桶40.71美元的新低價，一

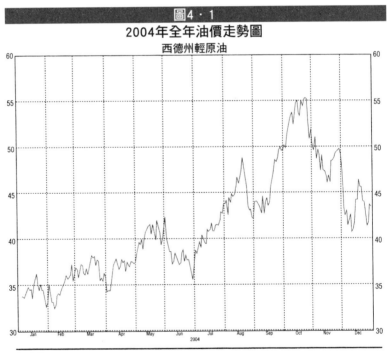

圖4‧1
2004年全年油價走勢圖
西德州輕原油

資料來源：Global Insight

天下跌超過4%，我們在41美元回補另外三分之一的部位。

　　如圖4‧1所示，12月中油價再度急遽反彈，嚴寒的天氣、動用存油、沙烏地阿拉伯內部紛亂和賓拉登再度「現聲」都是原因。接著，存油連續兩週大幅增加，勢況不好的壓力再度打壓油價，到這一年的最後幾天，油價再度跌到42美元。12月30和31日兩天，我們軋平空頭部位。總而言之，石油空單和多單避險買權讓我們損失略超過2個百分點，但是真正的代價是個人遭到痛苦的折磨，我們跟不少客戶的關係嚴重受傷。

　　2005年1月3日是新年交易的第一天，油價開盤就下跌4.5％。雖然我們不知道，但是從一開始我們就成為大笑柄，放空商品不是膽小無用之徒能夠做的事情。

Chapter 5
絕望狂亂之旅──創立避險基金

現在回頭來看，創立避險基金這段時間的記錄根本是焦慮與屈辱的綜合。

2002年底，梅哈夫、席瑞爾和我經過幾番思考和討論後，決定創立避險基金，稱為特雷西合夥公司（特雷西是我們想出來的名字，沒有任何意義）。我們是在摩根士丹利資產管理公司共事多年的朋友，摩根士丹利好心協助我們，提供我們後勤辦公作業和基金行銷方面的協助。

開始漫長的攀爬避險基金高山之初，我強烈認為會有很多壓力、痛苦和焦慮，也可能會有歡欣鼓舞的時刻。從一開始，我就抱著濃厚的希望，但是也有很多憂慮，不太相信我們創立的新避險基金會成功。我知道這件事是我一生只會經歷一次的漫長時光，所以我決定記錄旅程日誌，現在回頭來看，這段期間的記錄根本是焦慮與屈辱的綜合。

創設避險基金是絕望、狂亂之旅，即使你日夜努力推銷，仍然會充滿焦慮。創辦人必須花自己的錢，先找到辦公室，建立公司的行政、交易、會計與法律結構。準備能夠讓人接受的銷售文

件好吸引投資人，卻不觸怒證管會。創辦人也必須尋找和雇用分析師、交易員與行政主管。然而，創辦人的主要目標是會見潛在客戶、籌募資金。我們決定從2003年2月開始推動強力行銷計畫，基金預定6月1日成立。雖然我們跟不少友善的人討論，甚至收到一些初期的投資，我們募集資本的攻勢其實從3月初才開始，以下是我當時記錄的過程。

煎熬的募資大會

2003年3月2日：漫長的募資之旅開始。合夥人梅哈夫和我飛到棕櫚灘，參加摩根士丹利公司在布雷克斯大飯店舉辦的著名避險基金會議。大家公認這個會議是募集資金的主要場合，因為會議會吸引全世界最大、最富有的避險基金買主。我以前沒有參加過，這個會議聲勢驚人，至少有五百人參加，預訂的會議廳容納不下，有些人甚至得站到飯店的草地上。

吃過精美的開幕晚餐，結束幾場避險基金經理人主持的投資人座談會，看過他們唱作俱佳的表演後，接下來是兩天漫長的會議，大家馬不停蹄地參加團體說明會和一對一的說明，加上第二天晚上的另一場盛宴。會議的緊湊和忙碌程度高得讓人不敢想像，每個人都急於求功。會議由摩根士丹利公司主要經紀部門出錢主辦，唯一的目的是要把避險基金的潛在投資人，跟摩根士丹利公司已經認可或像我們這種即將獲得認可的基金，拉攏在一起。摩根士丹利的主要經紀部門人員特別在投資研討會上鄭重介紹我們，在大會上也把我們大大介紹了一番。

摩根士丹利在利潤豐厚的經紀業務這塊大餅裡是龍頭老大，公司的主要經紀業務管理極為優良，是公司利潤很高的金礦。為什麼會這樣？因為這個部門是避險基金業成長的直接受益者，而且到當時為止，避險基金是資產管理領域中最有活力的部門，避險基金管理的資金從1990年的三百六十億美元，成長到2004年底的一兆多美元，世界投資銀行經營的業務中，沒有一樣比得上避險基金的成長和獲利能力。然而，有太多新成立的基金希望靠著挖角打下江山，因此繁榮歲月已經開始褪色。有些大型避險基金會為了分散財富，利用一家以上的主要經紀商。

主要經紀商能做什麼呢？他們提供放空交易所需要的融券，承作融資貸款，結算交易，提供申報服務與保管銀行業務，另外提供研究，協助籌募資金。主要經紀商大約負責成交避險基金客戶交易中的25％至30％，大部分主要經紀商都提供每日淨值結算與初步的風險管理系統。主要經紀商會為新避險基金找辦公室、營運人員與交易人員，也會提供基本的會計系統。主要經紀商怎麼賺錢？第一，賺手續費和委託單的費用，避險基金現在大約占總成交量的三分之一。第二點最重要，避險基金身不由己，是利潤豐厚的融資、融券業務需求來源，主要經紀商鎖定其中龐大的差價賺錢。摩根士丹利是最大的主要經紀商，業務和利潤每年大約成長20％，這個部門目前每年的營收遠超過十億美元，對公司的獲利貢獻卓著，備受重視。

主要經紀商靠服務與後勤作業爭取客戶，但是也靠所謂的引資爭取客戶。只有主要經紀商可以合法介紹避險基金給潛在投資人。但是實際上不能宣傳或吸收客戶，只有避險基金可以這樣

做。摩根士丹利鄭重推薦我們，對我們很有幫助，也在辦公室的安排方面，提供我們建議。在未來的幾個月裡，摩根士丹利會舉辦午餐會或晚餐會，讓我們跟全美、倫敦、日內瓦和香港的潛在投資人見面。在這些場合中，我們要宣傳自己。隨後，摩根士丹利公司所能做的事情，就是打電話給潛在投資人，問他們需不需要進一步的資訊。除了布雷克斯大飯店的會議之外，摩根士丹利和其他主要經紀商全年還會在美國、歐洲和亞洲，為新基金舉辦不同的會議，但是布雷克斯大飯店的會議占有舉足輕重的分量！

　　我對這場會議深覺惶恐。我在摩根士丹利公司服務時，當然曾經向很多半帶懷疑、心中厭倦的聽眾行銷過，但是我也有自己的一份傲慢，對於前往棕櫚灘跟其他傻瓜一起搶錢，我覺得有點挫折。我羨慕避險基金超級巨星，他們擁有過於雄厚的資本，不必降貴紆尊到會場去。只有我們這些辛苦奮鬥、需要資金的凡人才會到場懇求。超級巨星的行銷經理自己會主辦年度會議並跟投資人見面，救世主本人和隨員最後才會現身，向投資人詳細說明。老虎基金如日中天時，羅伯森把這種會議提升到空前高峰，他會在舉辦豪華、盛大的正式晚宴舞會後，再在壯觀之至的地點，例如紐約大都會藝術博物館的丹鐸神殿、倫敦的威靈頓公爵故居和巴黎郊外的城堡，舉行年度業務會議。但是避險基金的投資人不是傻瓜，盛會不能取代績效，羅伯森的投資人喜歡這些盛會，但是更喜歡他的績效。

　　集體說明會無聊而冗長，一天的說明時間分為很多單位，每一單位四十五分鐘，中間休息十分鐘，大家在不同的會議廳轉來轉去。梅哈夫和我對十到三十個人組成的不同團體，做同樣的基

本說明。懷疑的臉孔看著你，到第四次或第五次重複時，你會把例行公事略為變化以免自己發瘋，但是到這個時候，你已經記不得自己說過什麼，而什麼還沒說。

第二天晚上，摩根士丹利公司在布雷克斯大飯店的大露台舉辦雞尾酒歡迎會。以佛羅里達州的標準來說，當晚氣溫稍低，但是夜色清明、星光燦爛，在一輪明月下大家杯觥交錯，頂級酩悅香檳和加州最好的白葡萄酒緩緩流瀉，一大群衣著精美的人聚在一起，用很多種語言閒談避險基金和經理人的興衰起伏。在這種環境中，瑞士腔自然而然會為說話的人智商加五十分，牛津、劍橋英語會加二十五分，平凡的美國腔根本不入流。

可以談論的東西很多。避險基金和經理人的事業生涯好比搖滾明星，如果一檔基金努力提升績效到進入最佳績效的前二十名裡，未來三年能夠保持住前二十檔最佳基金美譽的機會不到50％。基金的平均壽命像國家足球聯盟的跑衛一樣只有四年，每年大約有一千檔避險基金因為績效平平、無法得到臨界質量而關門。事實上，2004年裡，新成立的避險基金有一千檔，大約也有一千檔無聲無息地關門。

會場上有很多族群，首先是專業人士，都是大型組合基金、基金會、捐贈基金和退休基金的人，眼神中帶著厭倦和懷疑的神色，他們握手無力，這種會議對他們來說純粹是業務，他們是來找千里馬的。美國男性都穿著西裝，腋下濕了一塊，美國女性都高高瘦瘦，平平無奇。相形之下，倫敦大型組合基金的貴族和豪門都穿著藍色條紋西裝和白襯衫，有著雙頭銜和雙下巴。瑞士幫則嘴唇緊閉，穿著深藍色的西裝，彼此用法語和瑞士德語交談，

顯得高傲而多疑。這幫瑞士專家企圖明確，財力雄厚，隨手就能交給我們二千五百萬美元、甚至五千萬美元，但是他們以一看到風吹草動就贖回資金聞名。我們決定在合夥合約中加一條，規定第一年禁止贖回，然後每季可以贖回一次，也有緊急贖回的規定。然而，瑞士人毫不顧忌地表示，不喜歡我們把資金鎖死一年的規定。

其他則是業餘人士，有非常富有的個人和幻想成功的小型組合基金。經營家族事業的德國人挺著裝滿歐元的大肚子，跟穿著淺色西裝和白襯衫、自以為是的阿拉伯人混在一起，他們的手握起來又冰又涼，好像蛇皮一樣。過去的投資銀行家跟自大到永遠畸形、又肥肥胖胖的前外交官，交換顯而易見的謊話。年老力衰的德國佬臉孔像公路路線圖一樣，吐出酸酸的氣息，跟穿著合身夏威夷衫、把頭髮往後梳得光潔的邁阿密私人財富銀行家，快速交換意見。擁有私人噴射機、在三個氣候帶都有別墅的已退休巨富投資人，他們的前額因為注射了玻尿酸顯得很光潔，他們高談闊論高爾夫球賽事，不斷提起要人的名字，他們的妻子露出厭煩表情，得了厭食症的女朋友衣著光鮮，瘦得成了皮包骨，像社交老手一樣喋喋不休，談著觀光牧場和農莊。富有的下堂妻和寡婦沒有眼袋的眼睛，透出虛假的開朗眼神，仰著精雕細琢卻有點生硬的臉孔，扭著平坦的小腹和肥臀，在人群中穿梭，她們是要找男人還是要找避險基金？她們對你笑著，你卻覺得像是殘羹剩菜。然而，這些業餘人士卻非常值得結交，因為他們對避險基金的投資比較穩定，如果你能夠迷住他們，他們甚至會熬過你倒楣的日子，大型組合基金不可能這樣做。

我覺得迷失而疏離，雖然夜涼如水，我卻開始流汗，過去我在摩根士丹利公司工作時，幾乎可以到世界上任何投資餐會去跟投資專家見面，認得其中一些人，但是這個地方卻是完全不同的世界。我幾乎不認識半個人，只認識避險基金同業，他們卻太忙，忙著找潛在投資人聊天。我喝著加州白酒，跟躁動不安的人言不及義，他們的注意力像蜂鳥展翅一樣，眼睛在群眾中瞟來瞟去。我不認得半個人，又不是很活潑的人，在這裡施展不開。天性活潑的梅哈夫卻如魚得水，已經消失在人群中。

先投資，再問問題——快槍俠吉姆

突然間，雞尾酒會的迷霧中，透出一張熟悉的臉孔，是我以前就認識的吉姆（Jim），很多人叫他快槍俠。他有工作的時候，跟我一樣是投資經理人。業內的人叫他快槍俠，因為他就像反應靈敏的觸發器一樣，他操作基金時，對題材的反應非常快，這個綽號不見得是恭維，意思是先投資、再問問題。快槍俠的操作模式是「舉槍！發射！瞄準！」在雜種狗都飛速奔跑的多頭市場裡，這樣非常有效，像現在這種比較艱難的時刻，就不是這麼有效了。

快槍俠外表瀟灑、打扮帥氣，體態均勻像加州人一樣，合身的襯衫最上面的三個鈕扣沒扣，運動夾克披在肩上。我們的眼神交會，吉姆顯得鬼鬼祟祟，有點瘋狂，但是在燦爛星光照耀下、樂音飄飄、美酒流瀉、金錢流動的氣氛中，布雷克斯大飯店露台上的男男女女，誰沒有一點瘋狂？

快槍俠的事業生涯有不少起伏，他總是投入熱門的領域，但

是有時候手腳會慢一點，不然就是在要變冷之前投入。快槍俠一直是波段操作投資人，用術語來說就是作手，他的長處（和短處）是他不記得痛苦，總是受到熱錢流入的地方吸引，他善於在熱門、流行的市場中投下鉅額資金。然而他過去經常鋌而走險。但是我喜歡他，因為在每一個熱潮時刻，他都真心相信自己說的鬼話，不會假裝他不是股票炒手。

我在1980年代初期認識快槍俠，當時他的積極成長股票基金抱了很多題材股，例如名叫三商石油平台公司的小型石油探勘股。1979年他的淨值成長40％，1980年又成長65％，資金洶湧而入。接著是1981年，石油一夜之間從黑金變成一般商品，快槍俠的基金淨值下跌55％。我還記得，他幾乎失去工作，但是到1982和1983年，他東山再起，在小型科技股和新興成長股中發光發熱，他把這種股票叫做他「最愛的運動員」。當時他會到公司的法人說明會，跟少不更事、善於編織題材的人見面，聽他們的宣傳，出來之後就說，「這個小孩是天生的天才運動員、是天生的贏家」，然後連財務報表都不看就買進幾十萬股。

後來到了1980年代中期，他最愛的運動員都死得很慘、紛紛崩盤，快槍俠被迫捲鋪蓋走人，但是他十分了解這種遊戲，總是真心相信相對強弱勢。價值股流行，成長股出局，他知道自己必須改變、另尋新歡，就找上從事價值投資的三低公司，這家公司專門操作價值、股權和群眾熱情低落，也做風險套利業務。但是，對他的熱血來說，價值股動得太慢，快槍俠的生命需要激情和動力，他很難光因為股價便宜，就真正愛上骯髒的落後產業股。

我記得當時他告訴我，「價值型投資人是傻瓜，班傑明・葛

拉漢是輸家，只有小家子氣的會計師才會根據帳面價值分析，就買便宜的股票。我真懷念股價暴漲暴跌讓我腎上腺素衝腦的日子。」這種說法是褻瀆神明，因為班傑明‧葛拉漢是價值型投資之神，寫過一本投資聖經，叫做《證券分析》。因此快槍俠離開三低公司，加入新興市場的一家小公司，實際上在香港和東歐居住與操作了一陣子。然後碰到泰銖貶值與俄羅斯倒債危機，新興市場變成了「新沉市場」。

　　幾乎就像命中注定一樣，他在1990年代末期重新投入科技股。對快槍俠來說，科技股是完美的地方。今晚之前，我上次是在1999年下半年看到他，當時他替丹佛一家很積極的大型共同基金公司，管理一檔科技股基金。當時新股市場十分火熱，快槍俠周遊全國發表迷人的演說，高談闊論科技股、網路生產力和新時代。大眾的資金像潮水一般湧入他的基金，快槍俠的聲勢在貪婪的時代也水漲船高。那天他來吃中飯，臂彎裡挽著一位年輕貌美、大口大口喝著首都牌伏特加的女性。我不知道他為什麼帶她來，因為她顯然討厭跟股票有關的談話，但是她偶爾會無精打采又含情脈脈地看著他。

　　丹佛這家共同基金雇用了很多精明、靈敏、說話快速、偏愛波段操作的男孩和女孩，他們所聽過的題材我要很久以後才聽到。我記得當年去拜訪過他們一次，跟五、六個小孩基金經理人坐在會議室裡，他們看起來極為年輕、新進而且天真，你會以為他們還裝著齒列矯正器，我知道我說的話不會引起他們興趣，他們認為我是沒用的老頑固，那天下午我覺得自己確實也是這樣。他們不管價值評估中的本益比、融資或經濟的基本面變化，只想

找上漲股票的題材，他們需要的是動力、是吃了類固醇的股票。會議開下去之後，我知道他們一點也不天真，他們是娃娃臉的殺手，我才是天真無知的人。快槍俠的基金因為抱了一手新股，那年成長了85％。

但是接著泡沫破裂，一眨眼間，丹佛這家共同基金公司喪失了一半資產。快槍俠的基金在一年半內下跌了75％，接著官司纏身，因為絕大部分的資金都是在市場大好之後投入而不是起漲前，快槍俠到處奔波高談闊論科技股時，很多說法都加油添醋、過度樂觀。這家共同基金的投資長辭職後，證管會突然來稽核公司，科羅拉多州總檢察長想要當西部的史匹哲（Eliot Spitzer）[1]，而跑來關心。這一年公司沒有發獎金，快槍俠告訴我，公司減他的薪水時，他知道自己碰到麻煩了，接著新投資長讓他休假。我想遭到開除倒是比較可能。

「科技股已經沒搞頭了，」他告訴我：「行動快、反應好再也沒有用了，經營科技股基金、嘴上無毛的小子每個人都很快，而且靠經營階層給內線消息的遊戲也結束了。科技股的世界裡像我們這樣的人太多了，我們互相衝突。作空一樣糟糕，每一件事情市場都已經考慮過了，要賺錢已經不可能。」他嘆了一口氣，「三年前，我躺在健身椅上可以舉起全世界，現在我太沮喪了，甚至不想健身。」我不知道他到布雷克斯會場來幹什麼。

「我要進入避險基金組合這一行，」他高興地說：「1.5個百分點的費用加上一成的利潤，這種生意真是好極了！現在我要去跟人混熟一點，看能吸引到誰。」他比著一位頭髮染成藍色、腳

---

1. 史匹哲曾任紐約州檢察長及紐約州第五十四任州長。

步蹣跚地掛在一位年輕男人臂彎裡的老婦人說：「她是狐狸、一隻老狐狸，但還是狐狸，我要靠她找十位大客戶，我們要好好共進一次小小的晚餐、然後牽牽小手。」

我喜歡快槍俠，因為他以絕對透明、真誠的方式利用科技泡沫，而且毫不掩飾一切，他說：「我總是非常善於聞出瘋狂的氣味，瘋狂就是該追逐的東西。」但是他跟我談股票，用所向無敵的音調說：「你不可能虧損。」這時，微弱的鈴聲開始響起，忽隱忽現卻持續不斷，就像我腦後沒有人接的電話一樣。他可能變成很危險的人物。

難以取悅的客戶——組合基金

會議是一場痛苦的折磨，我苦惱之餘，偶爾會離開我們跟投資人開會的會場，因為梅哈夫遠比我更善於推銷公司和他自己。組合基金的代表是最嚴格的考核人員。據估計現在市場上有將近一千檔組合基金，他們是避險基金最大的買主，但也是最容易變心的買主。他們深入研究你之後，有些人即使看到你的表現不好，也會不離不棄，有些則是一看到你淨值下降的跡象就拋棄你。我說過，大家認為歐洲組合基金是最糟糕的客戶，但事實上，這一行裡每個人都是績效導向，想想他們付出的高昂費用，為什麼他們不該如此呢？

組合基金通常選擇和管理多元投資的避險基金投資組合，銷售對象是自覺沒有能力選擇和注意避險基金的個人或機構。組合基金對個別避險基金和他們的整體投資組合，進行各式各樣的分

析，以便注意風險和暴露程度。幾年前，一群蛋頭諾貝爾經濟學獎得主，經營大型避險基金長期資本管理公司時，碰到一系列三個標準差的事件同時發生因而倒閉。媒體喜歡這種事情，刊出了所有想來應該十分精明又高明、卻虧掉老本的個人與機構名稱，每個人都十分尷尬，此後大型機構就熱中於風險分析，應力測試投資組合（stress-testing portfolios）、風險值（value at risk）和夏普比率（Sharpe ratios）之類的名詞就琅琅上口。

組合基金為了增加價值，運用高深的計量分析，在不同的避險基金類別中，策略性配置資產。避險基金的天地通常可以分為七大投資型態。包括事件主導型、固定收益避險、全球可轉換債券避險、股票市場中立、多空股票、全球總體經濟與商品交易基金。每種類別都有自己特有的績效循環。某一年裡，一檔組合基金會大量配置總體經濟與多空股票基金，出脫或大大降低股票市場中立與可轉換債券套利基金。隔年的配置會完全不同，投資類別的變化適當與否，可能造成個別組合基金績效有大幅差異。

組合基金也宣稱，已經發展出結合社會與統計資料的程式，可以發出早期警訊，讓他們及時把資產從某一位經理人名下，轉移到另一位名下。毫無疑問地，避險基金經理人也可能洩氣，炙手可熱時績效驚人，隨後經常會碰到冷鋒，但是這種起伏不容易即時看出。然而，有一位資深組合基金經理人告訴我，「實際上，那些計量分析之類的東西，全都是裝飾性的廢話，我們所做的事情類似大聯盟棒球隊經理，關鍵是你要有直覺，能在你的投手遭到對手連連擊出前把他換下場，而不是已經不行了才行動。」

大部分組合基金不只重視粗略的績效數字，也重視社會因

素，會注意投資組合中成功的避險基金經理人在致富之後，是否會變得懶惰和自滿。組合基金會注意離婚、第三棟住宅和高爾夫球差點[2]下降之類的事情。經理人分時共用噴射機所有權沒有問題，但是買私人噴射機就不行了。他們甚至不喜歡避險基金經理人對慈善事業太有興趣。有一位組合基金經理人聽說梅哈夫的太太懷了三胞胎，在二十個人面前大膽指出，梅哈夫的專注能力會因此大為減少。我認為梅哈夫的答覆非常好，他不是說「願真主保佑」、「兄弟啊，一切都是命」或「那是作秀」。他瞪著這個人說，額外的財務壓力是很大的動力。

組合基金收的管理費介於100到150個基本點之間，大部分基金還多收5％到10％的分紅比率，投資人的負擔很重，你自己可以算一算。以最極端的例子來說，假設組合基金投資組合中的避險基金這一年表現優異，在扣除任何費用前，賺到20％的利潤，扣掉避險基金標準的20％分紅後，加上占資產1.5％的費用，你的報酬率就降為14.5％。然後組合基金要重重打擊你，另外收資產價值的1.5％，還有10％的分紅，因此你20％的報酬率萎縮到只略超過11.7％。但是在大部分情況中，組合基金的費用低於我剛才說的情形，而且我認為，除了少數高明的巨富投資人有能力執行投資之外，收兩倍費用的專業管理組合基金物有所值，對業餘投資人而言，組合基金更是有必要！

數字顯示，組合基金善於挑選好馬、避開輸家。的確有些避險基金是長期績效不佳的輸家。2003年3月往前算的五年裡，所有避險基金的年度中位數複合報酬率為7.8％，標準普爾五百指數

---

2. 參賽者實力與標準桿的差距。

每年下跌3.8％，同期內，組合基金中位數報酬率為6.3％。在艱苦的歲月裡，組合基金收這種費用的確當之無愧。然而，如果你投資避險基金，挑到表現最優異的前四分之一避險基金，你每年會賺到12.7％，表現最優異的前四分之一組合基金只獲利9.2％。相形之下，表現最差的四分之一避險基金的報酬率為3.2％，表現最差四分之一的組合基金的報酬率為3.9％。總之，組合基金是分散投資標的的有效方法。想精挑細選一檔或幾檔避險基金十分不容易，需要運氣與知識兼備。對大型機構來說，組合基金是隔絕受託責任的重要保障。

組合基金多少要讓避險基金日子難過，要避險基金證明他們的收費有理。就這點來說，組合基金像他們的前身，也就是困擾機構資金管理業者的投資顧問一樣。《機構投資人》雜誌2004年6月號中，刊出一篇標題聳動、叫做〈組合基金讓避險基金日子失色〉的文章，主張未來屬於組合基金：「隨著組合基金成長，對整個避險基金業的影響會更大，近期績效會變得十分重要，新進經理人更是會面臨這種考驗。對投資人來說，這點很可能是好消息，避險基金經理人卻更難有好日子了。」

專業投資看的是績效，就像職業運動看的是勝利一樣。然而，不管是就投資人的報酬率來說，還是就投資經理人的績效來說，沉迷於短期績效中絕對不是好事。投資遊戲中有運氣的因素在，連最好的投資人都有低潮的時候。事實上，投資一檔好基金的時機是在基金運氣不好的時候，前提是一切都沒有改變。我有一位叫做魯斯的朋友曾經經營一檔大型避險基金很多年，績效十分優異。然而，2000年春季時，雖然他知道科技股價格高得離

譜，卻認為還有一點小利可圖而沒有出脫持股，2000年夏季科技股崩盤時，他慘遭屠殺，他的大投資人撤資，他也休息了六個月。我知道他很氣自己，也下定決心要恢復名譽。2001年秋季他重新出發，我知道他一定會再創造輝煌歲月，果然如此！

我認為在未來的歲月裡，組合基金會碰到費用方面的壓力，收費兩次對客戶是沉重的負擔。另一方面，連比較大的退休基金都不太願意冒比較高的風險投資避險基金，除非能夠找到一層保護。因此鉅額的新資金會不斷投入了解避險基金世界、又善於分析的專業組合基金中。有些很精明的投資人認為，組合基金是富有的個人和小型機構資金的好去處。他們認為，組合基金的風險小多了，報酬率比股票高、也比較穩定，而且以目前的利率水準來說，高評等債券的總報酬率頂多只有5、6％，他們會問：「這樣為什麼要擁有債券？」至於經營絕大部分小型又無關緊要組合基金的人當中，有太多一知半解的人、太多遭到裁員的投資銀行家、太多過去在機構擔任業務員的人、有太多輸家。感覺就像泡沫破裂前1998和1999年時的創投基金或私募基金。

2001年春季，我為摩根士丹利公司寫了一篇投資展望報告，名為〈追尋阿爾發值與殺雞取卵〉。阿爾發值（Alpha）是奇妙的字眼，指的是高出市場報酬率的額外報酬率。我主張運用不同策略的避險基金可能出現迷你泡沫，有時候，某種避險基金的個別次類別中，如幾年前的可轉換債券套利類別人丁稀少，避險基金的檔數很少，這種證券的訂價沒有效率。然後突然之間，由於某些原因，這種次類別開始產生高報酬率，在極為有企業精神的避險基金業中，大量的投資資本和很多新基金很快就會湧進這個部門。

例如，可轉換債券套利非常熱門的時候，交易員、甚至連可轉換債券套利業務員都辭掉工作，創設新的可轉換債券套利避險基金。這麼多專家幾乎同時進入這個領域，這種證券的訂價會變得更有效率，因此超額利潤會消失。即使超額利潤不消失，利潤的總量不變，分享利潤的基金卻多了。你也可以說，更多、更大的馬匹，在總量相同的阿爾發值水池喝水，所有的馬匹喝到的水都會減少。最後，可轉換債券套利迷你泡沫破裂。**對避險基金投資人來說，追逐最新的熱門領域是輸家的遊戲。**前面已經指出，因為大多數組合基金都會戰術性地從一個領域轉換到另一個領域，如果這些基金很靈活，就會額外發揮寶貴的功能。

尋找新的救世主

不管在布雷克斯大飯店裡的基金買主有什麼關係，他們全都熱中於尋找新的救世主，也就是尋找少年索羅斯，找和藹有禮、英俊瀟灑、具有相同眼光的投資天才。問題是，即使他們找到心目中的神童，神童最後也會被財富和奉承寵壞（不過索羅斯沒有這樣）。成功一定會產生某種形式的傲慢，在避險基金這一行裡，傲慢最後會把高明的人降為平凡，伴隨而來的將會是私人噴射機、多張高爾夫球場的會員證、法國南部和南塔克特的房子，還有年輕貌美的太太。然而，有些人發財後，會退休下來，追求兒時拯救世界的美夢。有些人只是退出避險基金這種壓力鍋，樂於管理自己的錢財，研究十八世紀法國文學。也有人希望以政治活躍分子或慈善家的身分留名。例如索羅斯不希望大家記得他是

擊敗英格蘭銀行的偉大投機客，而是希望以慈善家和發現反射理論的哲學家流芳百世。

在連續三年的空頭市場裡，避險基金這種資產類別盡到了保護資本的功能。2000年內，標準普爾五百指數下跌了9％，所有避險基金卻創造了9％的加權平均報酬率。2001年內，這兩個數字分別是負12％和正7％，2002年分別是負22％與正6％，在這幾年難過的空頭市場歲月裡，雖然有些避險基金、而且不限於偏空的基金，創造了20％以上的報酬率，但是也有很多大型基金減損了5％到20％；這種績效大致上遠勝過只從事多頭操作的基金──2002年內，多頭基金至少減損了20％到25％，科技股基金更是減損了40％以上。但是，相信自己的基金在多頭和空頭市場都可以賺大錢的投資人，卻覺得失望。這次布雷克斯大飯店的會議上，群眾的情緒低落，但是沒有到達反彈的地步。結果這一年，也就是2003年，股票市場大好，避險基金的表現大致上不如只從事多頭操作、充分投資的基金。然而，避險基金的吸引力沒有減少，整個2004年裡，資金持續湧入。

參加布雷克斯大飯店會議的避險基金公司大約有四十家，代表很多不同的投資教派，我們全都信心十足，因為我們必須如此，不過潛在買主卻有著輕視和略為厭倦的神色，他們已經聽過每一種可以想像到的投資理念，帶著降貴紆尊的好奇心看著我們。績效最好、他們真正想買的熱門避險基金不必降貴紆尊，參加這種大型會議，因為他們不必這樣。組合基金與捐贈校產基金會一再叩求，懇求熱門避險基金准許他們投資。事實上，熱門基金的門票一票難求，正是最好和最大型組合基金的競爭優勢之一。

這真是漫長的三天。晚餐和雞尾酒會之間，有無數的努力和精心展示，無休止的推介和客套令人麻木，也多少讓人覺得茫然。組合基金努力爭取基金會和富有的個人，避險基金爭取每一個人。三天結束時，我不知道我們是否籌募到了任何資金（結果我們的初步努力沒有爭取到多少資金，後來卻得到好結果）。競爭極為激烈，有太多高明的說明會，我覺得我們沒有凸顯自己的不同，對於投資人為什麼應該把錢交給我們，說得也不是很有說服力。雖然經過連續十五場說明會後，我們還是打起最大的精神，解釋我們的總體經濟投資之道，而且大膽吹噓我們的記錄和名聲，我在觀眾臉上，卻沒有看出敬佩和很願意投資的神色。中場休息時，沒有人走上來，喘不過氣地說要投資我們，有些人表示願意再跟我們見面。星期四結束時，我們精疲力竭，搭乘捷藍航空（JetBlue）的飛機夾著尾巴回到紐約。

頭痛、失眠、好憂鬱

2003年3月17日，我們回到紐約，忙著建立我們公司的會計、法務和辦公室管理的結構，也忙著找人。工作多得驚人，對一般新的避險基金來說，合夥人的工作負擔一定很大，這就是大多數新創基金要半年到一年才能開張的原因。

接下來的幾天，我們再度修正和加強我們的行銷說明方式。有一天早晨，我們用新的方式對摩根士丹利的私人財富管理部門說明。有人警告過我，說很多人對我的動機覺得奇怪，因此我一開始就直接簡要說明我為什麼要離開公司、創立避險基金。我說

的話大致是這樣的：到6月1日，我在摩根士丹利公司任職就滿三十年了。在別人還要你的時候離開，似乎勝過等別人把你趕走。我告訴他們，我沒有興趣打高爾夫球，或是在希臘各島之間航行，但最重要的是，我這樣做是因為專業投資是世界上最好的工作，而且我喜歡競爭。此外，這件事或許是年齡唯一可能占優勢的工作。

「你對放空知道多少？」有人問。我告訴他們，1960年代末期，我經營避險基金費爾菲合夥公司（Fairfield Partners）時，曾經放空零售與化學類股，這兩種類股當時的本益比都是30倍，大盤的本益比只有17倍。換句話說，這兩種類股都是景氣循環股，但股價卻跟成長股一樣，此外，兩種類股都在過度擴張產能，隨後幾年裡，兩種類股的盈餘沒有長進，本益比都崩跌下來。接著，我告訴他們，我從電腦租賃類股與集團企業類股學到一點，就是泡沫破裂時，瘋子認為是成長股的炒作股和垃圾股，通常會跌到3美元，為什麼是3美元？沒有原因，只是3似乎是神奇數字。我也告訴他們，我們經歷過太早放空70年代「五十種績優股」（Nifty Fifty），然後又太快回補的經驗。放空讓人頭痛和失眠，但至少我不是童子雞。

2003年3月時，股市的環境很可怕，伊拉克戰爭即將爆發，經濟情勢混亂，企業貪婪醜聞似乎無休無止。空頭似乎神采飛揚、占盡優勢，多頭絕望節節敗退。經驗指出，根據定義，空頭市場觸底時，悲觀氣氛一定會到達最高點，如果是這樣，我們已經接近底部了。美國股市剛剛跌破前一年夏季創下的低點，世界其他股市也跌破2002年所創的雙重底，技術專家認為這是很可怕

的跡象，顯示會破底再創新低，國家廣播公司商業台的策略師宣稱，標準普爾五百指數會跌到500點（當時為760點），著名的價值型投資專家史密瑟（Andrew Smithers）從倫敦打電話來，說他所做的重置成本淨值研究明白顯示，美國股票仍然高估30％之多。

然而，如果我們的判斷正確，市場不是接近、就是已經落到主要的底部，這樣就是我們開張的大好良機，問題是在這種時刻，我們除了自己的資金之外，是否能夠籌募到足夠的資金。股市看來好像要連續第四年下跌，我跟摩根士丹利公司營業員的情緒都很低落。

某一天晚上，我走到中央車站搭火車要回格林威治，走過一些雞尾酒酒廊和酒吧，看到年輕的業務員、交易員和分析師在裡面喋喋不休、滿面笑容、互相打趣、互相說謊。我心想，他們全都這麼無憂無慮，他們難道不知道中東即將爆發戰爭嗎？不了解世界經濟多麼脆弱嗎？不明白自己的工作有危險 —— 不是失業六個月，而是可能永遠失業嗎？他們不擔心嗎？聊天的聲浪似乎還是那麼高昂，表情還是這麼開朗、這麼熱切。我想到奧登（W. H. Auden）著名的詩篇〈1939年9月1日〉（September 1, 1939），這首詩發表時，正是另一個讓人十分憂愁的時代，希特勒的裝甲部隊似乎所向無敵，世界大戰即將爆發。奧登坐在五十二街一家廉價酒館裡，寫道：

酒吧裡的張張臉龐，
墨守他們尋常的一日：
燈光必須一直照耀，

音樂必須永遠演奏。

詩人講述的是在低迷年代之後，他們那一代人是如何迷失希望。如今，經過兩代之後，摩根士丹利的營業員感到無所適從和害怕，如同希望漸漸迷失。但是世事總是如此，木已成舟我們無路可退。

Chapter 6
血淚交織、苦樂參半——法說會

投資經理人最重要的是績效,不是比誰最受歡迎。

　　本章是關於我巡迴說明會的日記。它按時間順序記錄了新創避險基金籌募資金過程中我們所遭受的折磨、侮辱,以及所經歷的辛酸。之後,我會談談當時我的焦慮、不安,以及我稍早前的一次投資冒險回憶。

投資花癡「彼得大帝」

　　2003年4月5日:一位投資銀行家今天打電話來,說私募基金界以套利槓桿收購出名的傳奇人物「彼得大帝」,可能有興趣投資我們的基金。我聽過「彼得大帝」,他從克里夫蘭勞工階級的背景,靠著勇氣、狠毒和頭腦崛起的傳奇事跡廣為人知。光是他買進的謠言,就可能使紐約州辛內寇克到洛杉磯鄉村俱樂部挺腰凸肚的高級經理人和賣出賣權的人膽顫心驚,這讓我感到很興奮。

　　「彼得大帝」辦公室的接待室很大,鋪了超大的東方地毯,放

了精美的古董家具。這位投資銀行家坦白告訴我：「彼得現在渴望加入暗溪俱樂部，他認為商業銀行很高級，他在另一個房間見幾個英國騙子，但是他們只是幌子。」牆上掛了一些英國獵狐版畫。接待室裡一位粗壯的年輕人接過我們的西裝，投資銀行家低聲告訴我：「他原來在特種部隊服務，彼得自從看過比爾蓋茲有前特種部隊人員當保鏢的報導後，也要找這樣的人，他非常喜歡諜對諜之類的事情，搞代碼、偽裝、安全電話之類的東西，好像你在中央情報局一樣。」

我們等待的時候，這位銀行家告訴我更多彼得的事情。「他很難纏、很有競爭力，善於利用優勢，大學時是摔角選手，比賽前他會吃大蒜，好讓口氣變臭，認為這樣會使對手慢上一秒鐘。這個傢伙愛現到了極點，希望自己是每一場婚禮上的新郎、每一場葬禮中的屍體。我所認識的50歲以上的億萬富翁中，只有他打高爾夫球時還作弊，會在粗草區偷動自己的球。他對能者多勞和金錢有強迫性的信仰，總是同時至少做兩件事。我聽說他在自己的大轎車裡，裝了一部固定自行車，這樣他坐車上班時，可以同時健身、看報、看國家廣播公司商業台。他宣稱自己一晚只睡四小時，這個地方真的是血淚工廠，一半的分析師都精疲力竭，最後進了奧勒岡州的公社區。」

「特種部隊」帶我們進入彼得的辦公室。好大的房間，可以看到整個天際線，中間有一個巨大的設備，一半是辦公桌、另一半是控制中心，沒有椅子，但是桌旁有一台健身爬梯機，角落上有一套金色的舉重設備。彼得身形精瘦、膚色顯得日曬充足，他沒有穿西裝，但是服裝雅緻，打著馬拉女伯爵牌（Countess Mara）

的領帶，配著紅色的吊褲帶。顯然有人一直咬他的指甲，因為指甲剪到見肉。

「歡迎到『星際大爭霸』（Battlestar Galactica）來，」說著，他比比控制中心的控制台，上面有很多螢幕，閃著五顏六色的價格。比較底下的一排分成二十格，每一格上，都可以看到一位研究人員或交易員。彼得說明他怎麼跟其中一個人直接談話，或是把某一個人的臉孔放在大螢幕上。他連珠炮似地說：「他們擺脫不了我，也看不到我，除非我要他們看到我。我開除了一位替我工作時一再挖鼻孔的人，紀律和控制是經營這家企業的關鍵。」

電話響了，我們可以聽到片段的談話，似乎是在說誰的太太跟誰有染，彼得突然掛了電話。「這些企業練習生想阻止我，他們最好準備開戰！」他大吼著說：「我的人什麼東西都挖得出來，而且我會拿來用。這位董事長的太太跟職業網球選手亂來，」他厭惡地說：「他們以為只要把我捧得高高的就可以過關。什麼嘛？耶魯跟哈佛的友誼賽啊？我搞死他之後，這個人渣再也不能在奧古斯塔俱樂部露臉了。」

陪我去的投資銀行家似乎很喜歡這種情形，不過我知道他以前上的是耶魯大學。「搞死他們，彼得，這正是你這麼偉大的原因，你做這麼有創意的事情時，他們怎麼可以說槓桿收購基金是寄生蟲一般的禿鷹、毫無建樹？大公司不應該由太太跟穿短褲亂來的小丑經營，你是活生生的市場經濟，是改革資本主義本質的先鋒，是美國最好的一面。」

彼得點點頭，看著我說：「噢，告訴我，你要做什麼？你想要什麼？」

我把公司平常宣傳的說法簡要地說出來，但是他突然打斷我的話。

「你的投資組合通常有幾檔股票？」

「大約二十到二十五檔，我們利用融資，希望略為分散投資。」

「我不相信分散投資，我對不同的人或酒喜歡的程度不同，因此，建立投資組合時，不同股票的持股比率為什麼要一樣？你對真正喜歡的東西要擁有超大的部位，融資要用到最大限度，否則的話，你只是在練習而已，這一切是貪婪跟恐懼的對抗，做風險控制只是浪費精力而已。」

我張口結舌，他又說：「錢包就是我的主人！你最好相信這一點！除了我的小孩、大概還有我太太之外，其他的一切都可以買賣。我是投資花癡，死時有最多錢的人是勝利者，但是我也希望造福世界，我捐這麼多錢，應該當自然歷史博物館和福特基金會的董事，不該讓那些自以為是卻沒有能力的混球當董事。」

他目光炯炯地看著我。「你知道我捐很多錢行善，包括捐給宗教研究、黑人小孩獎學金和輪迴研究，新聞界提都不提，只是亂說我買下一家公司時開除了多少人，這一切全都是陰謀詭計。」突然間，他心情變了。「我得忙了，謝謝你來，祝你好運！」電話又響了。

「什麼輪迴研究！」我們等電梯的時候，這位投資銀行家厭惡地說：「他對輪迴會有興趣，大概是希望找出自己來生會變成什麼人，然後可以把錢留給自己。祝你好運。」

每個人都祝我們好運，似乎有點不吉利。

億萬富翁的悲劇人生

　　2003年4月6日：令人痛苦萬分的巡迴說明會從今天開始。巡迴說明會就像字面說的一樣，是籌募資金的一環，你到各地去主持說明會，努力宣傳。沒有人說這種事情很有趣，我們從舊金山的三天說明會開始，從早餐到晚餐都排滿了會議，要跟法人、團體和有錢人見面。有些會議、像跟史丹佛大學校產基金見面，因為有投資方面的互動，令人覺得刺激；其他的會議由於某些原因，讓人覺得無精打采，在某些集體會議上，我們會面對帶有敵意和懷疑的問題，我猜這全都是籌募資金的一部分。

　　2003年4月7日：今天又是馬不停蹄地說明會。摩根士丹利私人財富管理部門（這個部門是經紀人構成的精英團體，專門做資產龐大的投資人生意）的一位仁兄帶我們到矽谷。我們見到了最熱（現在最冷）的創投基金公司普雷斯馬克資本（Placemark Capital）的三位創辦人。接待室的牆上掛滿了裱好的「墓碑」，敘述他們如日中天時完成的交易，看來讓人有點傷心，因為他們創立的公司當中，有太多都沒有活下來。

　　三位還很富有的合夥人顯得意氣消沉，就像最近家裡有人過世一樣(請記住，這時是2003年4月，那斯達克指數正在1200點上下起伏)。他們客氣地聽我們說，我們問他們，他們旗下的公司現況如何。他們喃喃自語地說還沒有好轉的跡象，企業買主都很小心。我問他們，從1999年起，因為企業界大量減少資訊科技支出，而且這段期間裡，科技方面有很多進步，會不會有數量驚人的延滯需求。他們說沒有，過去幾年裡很少有真正的創新，只是

升級而已，硬體和軟體支出都沒有回升的理由，我認為他們太悲觀了。

2003年4月8日：我們跟超級富豪有四場會議。這些人全都是小型科技股的大投資人，現在都在療傷止痛。他們對我們不敵視，但是我覺得他們都希望規避風險，而且虧損已經讓他們麻痺到動彈不得，投資新避險基金不能吸引他們。我唯一的安慰是：雖然這種輕蔑態度對我們籌募資金是壞預兆，卻很可能是我們初期表現的好預兆。

這天晚上，我們在主要經紀部門為我們舉辦的晚餐會上，像平常一樣說明，然後回答問題。就像平常一樣，我們說我們希望創造超過標準普爾五百指數的長期報酬率，但是我們的回溯測試顯示，波動性大約跟標準普爾五百指數相當。換句話說，如果我們每年的長期報酬率大約是15％，我們的年度報酬率最高應該會達到30％，最低會降到零——換句話說，就是正負15％。一位負責大型組合基金的女性站起來，說她認為我們估計的15％波動率大致正確，但是這樣讓我們不適合有很多投資人。她說，這種波動性有時候可能使淨值減少10％，10％的降幅一定會引發投資人大量贖回，對基金的績效產生惡性循環的效果，換句話說，會出現贖回危機。又是一個讓人高興的想法！

2003年4月9日：今天早上我們飛到休士頓，跟私人財富管理部門的二十位顧客一起吃中餐，很多富有、精明的人問我們難以回答的問題，但是他們似乎對我們的說法有興趣。

摩根士丹利的私人財富管理部門由精英組成，業務員和投資經理專門為富有的個人和比較小型的機構服務，他們全都很精

明、堅強又貪心。換句話說，他們對財務上的誘因會有反應。然而事實上，他們大致是忠於客戶，而不是忠於公司，因為客戶是他們的長期飯票。他們通常會有效率又敏銳地利用我們，但是偶爾會欺負我們，今天下午就是這樣。

吃完中飯後，梅哈夫和我跟著摩根士丹利的人去拜訪一位很成功、年紀很大的石油業者，帶我們的人說客戶是億萬富翁，很可能投資我們。這位億萬富翁在十分漂亮的接待區見我們，拍著我的背，說我看來「比春天還年輕」。他的氣色很糟，因此我說不出話來。我們走進跟麥迪遜廣場花園一樣大的辦公室，開始簡要的說明。

「說得真好，」我們說完後，這位億萬富翁說：「但是，小伙子，我有一些問題，我在委內瑞拉挖到了一些乾井，奈及利亞人剛剛把我在那個鬼地方的公司國有化。另一件事情是，自從我的女朋友離開我之後，我就變成了寂寞的老頭子，為了找伴，我去參加休士頓所有慈善舞會，每個人認為我極其富有，因此拚命找我捐錢，我承諾了一些鉅額的捐款，所以我得找出錢來。換句話說，小伙子，我現在陷入了嚴重的流動性危機。我喜歡跟你們在一起，但是今年我錢軋不過來。」他傷心地看著我們，我們也看著他。

最後他打破沉默：「我還得了攝護腺癌，他們給我植入『種子』做放射治療，你們知道走路時褲襠中帶著一堆種子是什麼滋味嗎？」然後他十分詳細地告訴我們診斷、治療和他的攝護腺癌病歷，讓人極為痛苦。他描述的直腸檢查非常可怕，讓我局促不安，梅哈夫看來好像已嚇出病了。

隨後，這位尷尬的業務員先逃了，梅哈夫和我在炎熱的春日午後，走在好像鬼城一樣的休士頓市中心，若有所思。我們沒有談這次見面，我們其實無話可說。我們兩個在摩根士丹利時，都碰過難過的日子，但是那時候你知道至少還拿得到薪水。我們現在十分清楚，除非我們能夠找到一些資金，否則就會無依無靠。回到旅館後，我們都去健身房。

我對健身已經上了癮，我認為要保持正常，健身是最好的良藥，難過時尤其如此，理想狀況是做競爭性的運動，能爬山會更好，但是時間這麼晚了，又在德州休士頓，要做這兩件事情都不容易。我也迷上了閱讀，但是作者的文筆一定要好，至少要簡潔，對文字我可是非常挑剔。舉重或跑步時，我會一邊聽有聲書，我的興趣很廣泛，從小說到歷史都看，我迷上一本好書時，書其實會促使我上健身房。我看的非財經書籍大部分都是在流汗時看完的，我也在爬梯機上看很多研究報告，其中的好處是沒有人打擾你。

終於，金主出現！

4月10日，我們受邀到薩羅斐（Fayez Sarofim）的家裡吃晚飯，薩羅斐的年齡跟我相當，我們是多年的朋友。他的投資管理公司費也斯薩羅斐（Fayez Sarofim & Company）記錄絕佳，薩羅斐是真正偉大的投資人。他用鐵腕經營公司，但是人很仁慈又相當保守。他的公司已經成長為大企業。另一方面，在個人投資組合方面，他喜歡投機，會大手筆從事總體經濟投資，也大量融

資。我總是認為，如果他經營避險基金一定會非常成功。我懷疑業務員只是利用我們好跟他見面，他應該對我們的特雷西公司沒有興趣。

「絕對不是，」這位仁兄說：「薩羅斐告訴我，他確實有興趣。」我很驚異，他不需要我們，但是我知道跟他共進晚餐對味蕾和頭腦都是饗宴。

薩羅斐龐大的家掛滿了印象派的傑作，最近一次婚姻所生的小孩到處亂跑，還有一堆堆的研究報告。走進他裝潢雅致的圖書館，地板、沙發和咖啡桌上，又是一堆又一堆的報告。雖然僕從如雲，整個房子和空地都顯得亂中有序。自行車、籃球和溜冰鞋堆在門廊上，這位矮胖、有點皺紋的埃及法老總是穿著暗色的西裝，裡面還有背心，安靜看著這一切，所有的家人和僕從似乎都非常快樂，而且心情輕鬆。

我們跟薩羅斐和他的長子吃了一頓精美的晚餐，他的長子也在他的公司裡工作。薩羅斐是很奇怪的人，對餐廳、美酒、美食、雪茄、藝術和股票，總是有無懈可擊的品味。他的腰圍很粗，也有很多錢可以供養他的腰。他把客戶的資金投資在世界知名的績優消費成長股上，不必像投資科技成長股一樣，每五年要重新投資一次。他的標準是這種股票也要能夠產生可以自由運用的現金流動，這樣公司可以買回股票提高股利。他認為，在成長緩慢、通貨膨脹和利率低落的情勢中，這種股票具有極為稀少的價值，本益比會很高，就像1950年代末期和1960年代初期的情形一樣。

他的投資風格總是這樣，買進然後長抱絕佳的成長股。「我

最喜歡的持有期間是永遠。」說著,他的笑容中帶著一點諷刺的意味。唯一的問題是這種公司很難找,而且通常很貴。我們談到百事可樂公司(Pepsico),薩羅斐認為,即使百事公司的營收成長率大概只有6%到7%,每年盈餘仍然可以成長12%,他認為百事公司很有競爭力,經營階層很傑出。

薩羅斐也很熱愛美國大型製藥公司的股票,跟市場其他類股相比,製藥股目前已經降到歷來最便宜的水準。他認為,製藥股雖然面對更多的管制,新產品又遲遲推不出來,而且成長很可能沒有過去那麼快速,卻仍然是絕佳的成長股。製藥股現在面對法律問題,他認為這種情形跟十年前菲力浦菸草公司(Phillip Morris)遭到拋售的情形類似。薩羅斐說,**成長的意義就是盈餘與股利成長速度超過通貨膨脹,這樣股東的購買力會因為投資收益流入而增加。**他提到三十年前替堂姐買的默克大藥廠(Merck)股票,目前的經常股利是成本的2倍,我計算過,這段期間裡,默克的股利成長速度是通貨膨脹率的3倍。納稅人的購買力要複合成長,這個方法多麼美妙!

雖然如此,要從目前眾多的成長股中看出長期贏家卻難多了,而且幾乎是不可能的任務。紐約的研究業者伯恩斯坦公司研究過企業維持未來成長地位多年的可能性,令人害怕的結果列在表6‧1。過去半個世紀裡,你看出可以長抱二十年的成長股,機會只有4%,看出長抱十年的機會只有15%,即使只抱三年,機會也只略超過一半。在健保股(就是大型製藥股)和民生消費股中尋找,成功的機會略高一點。這個研究沒有說的是:成長股沉淪時,落地不但很重,經常還是墜機。然而,薩羅斐自有魔法,

企業維持成長股地位的可能性

	所有類股	主要成長類股				
		科技股	健保股	基本消費股	循環消費股	金融股
1955-2003						
三年	58%	55%	57%	69%	61%	46%
五年	37	36	38	48	44	24
十年	15	14	23	24	18	8
十五年	7	7	13	16	7	4
二十年	4	3	9	9	3	2
1980-2003						
三年	51%	55%	57%	57%	55%	41%
五年	31	35	37	45	39	23
十年	12	10	19	27	16	8
十五年	5	4	7	18	4	2
二十年	2	2	4	5	1	1

資料來源：Sanford C. Bernstein, Inc., Strategic and Quantitative Research Group

他富有的個人管理的投資組合週轉率很低，而且找到五年成長股的長期記錄一定都維持60％上下，十分驚人。

我們交換了許多想法，過了興奮、美妙的一晚，薩羅斐迷住了我的夥伴，食物和酒都很精美。然而，我知道薩羅斐多麼喜歡自己主宰投資冒險，我並不清楚他是否有意投資我們。此外，他對我們的基金隻字未問。

後記：總之我錯了，薩羅斐投資了我們的基金，我們深感榮幸。

績效！績效！績效！

2003年4月10日至12日：我們從休士頓前往亞特蘭大和棕櫚灘，其中有任何讓人容光煥發的時刻嗎？其實沒有。我認為富有的個人不知道怎麼理財，他們對現有的投資顧問感到失望，但是對是否換人表示不確定。他們說現在無處可逃，認為債券是輸家，因為長期利率很快就會上升。另一方面，貨幣市場利率比通貨膨脹率還低，表示你實際上會虧錢。在理性上，你很難跟他們爭辯，但是我猜想**每個人都認為無能為力時，表示在股票上很可能可以大有作為。**

我在棕櫚灘跟燈塔公司（Lighthouse）的西恩見面，讓我覺得興味盎然，燈塔公司是歷史不長、記錄完美的組合基金。幾個月前，我們開始做說明會，其中一場就是在紐約跟西恩說明，他讓我們深感鼓舞。西恩大概30多歲，高高瘦瘦，神情開朗，和藹可親。我直覺上就喜歡他，他很專業，而且清楚表明他管理避險基金投資組合紀律嚴明，只對投資組合和投資人忠心，跟避險基金經理人的個人關係無關，他會根據自己的判斷，冷靜減少或撤回所有投資，就像我們也會無情地賣掉我們已經失去信心的投資一樣。就像號稱亞當斯密第二的古德曼（Gerry Goodman）說的，「股票不知道你擁有它。」你擁有的避險基金不知道你擁有它們，但是如果你從事資產配置業，你跟他們的個人關係對你判斷是否繼續投資還是贖回，不應該有任何影響。

西恩談到，他發現連成功的避險基金，績效優異的期間都相當短暫，不但規模是績效的大敵，而且成功和財富會讓基金的主

持人變得傲慢，或是乾脆退休。在他眼中，顯然這兩件事情都是心腹大患，他說，連最高明、最執著的避險基金經理人，都很難通過成功的考驗。避險基金投資辛苦之至，優異的投資績效讓人興奮之至，很多最高明的投資經理都受到傲慢、身心俱疲或分心之類的傷害。

2003年4月16日：梅哈夫和我搭著夜班飛機飛到倫敦。倫敦的海德公園在春日映照下青翠閃亮。摩根士丹利主要經紀部門的人替我們安排了兩天半密集的行程，要對富人、法人和組合基金舉行說明會。我們也要面試年輕的俄羅斯分析師賽潔（Sergei），賽潔似乎聰明而有野心，也有精明能幹和渴望的神色。我們的第三位合夥人席瑞爾在摩根士丹利和他同一個辦公室，跟他很熟，大力推薦他，梅哈夫和我不敢這麼確定。我大致上對分析師很好奇，如果你雇用分析師，你必須想出要他們研究的東西，聽他們說他們發現的東西，偶爾甚至必須聽他們的建議行事。他們是困擾還是資產？我不敢說。一位非常高明的避險基金經理人曾經告訴我，他規定所有分析師一定要用電子郵件跟他溝通，因為面對面談話要結束時，很難避免表現出唐突和粗魯的樣子，用電子郵件溝通也可以為分析師的工作留下記錄，到了年底可以方便拿出來參考。

基金管理最重要的是績效，不是比誰最受歡迎，你當然不希望請個人來浪費你的時間。同理，也不希望他們浪費時間跟業務員打趣，他們的工作是對你提出建議，你的工作是吸收資訊，做出妥善的決策。我剛剛提到的避險基金經理人是我所知道最嚴屬、最快結束談話的人，他認為已經獲得談話的大意後，會說

「謝謝」，然後結束談話。

歐洲巡禮，窘境延續

　　到倫敦的第一天晚上，梅哈夫和我在巴克萊跟老朋友羅伯共進晚餐，長久以來，羅伯很成功地經營一檔全球避險基金，雖然他才40多、將近50歲而已，但獨力管理這檔基金壓力沉重，造成的傷害卻已經顯現出來，現在他長期背痛，又因為太常出差，總是處在某種程度的時差和失眠中，婚姻也漸漸不保。今晚他帶著黑眼圈，似乎很沮喪。（事後我跟梅哈夫說，羅伯不是需要一個合夥人，就是需要太太，梅哈夫說：「不對！他需要一些溫暖、討喜的跡象一起入睡。」）

　　他說對了！雖然羅伯的長期記錄優異之至，雖然他替主要投資人賺了這麼多錢，他們卻煩躁不安。他在1990年代末期連續創造良好績效後，淨值又連續三年小跌，資產從十多億美元，降為四億美元，這時他不願意採取堅決作多或作空的立場，因為他擔心如果做錯了，剩下的客戶會認為他確實已經喪失了魔力，一定會撤資。我告訴他，這種策略很危險，因為如果市場反彈，他沒有跟上，客戶同樣會不滿。投資避險基金的人忍受昂貴的費用結構，本來就很苛求、很精明，根本不會忠心耿耿，也不該如此，你最新的績效就是你有多行的證明。但是這種想法錯誤，如果經理人很高明，仍然努力不懈，最近績效不佳是加碼投資、而不是撤資的機會。

　　附錄：後來羅伯的投資和個人行為都恢復正常，也跟一位年

輕貌美的模特兒談戀愛。不論原因是不是新女友，他的基金2003年內成長了25％。然後2004年又萬事如意，基金成長了38％，其他投資專家大都很難過。2005年到現在，他繼續有優異的表現。

2003年4月18日：我們從倫敦搭早班飛機飛到日內瓦，天氣很暖和，日內瓦湖在陽光下閃閃發亮，大噴泉的水花高高噴到空中。我們在日內瓦最大的私人銀行比特公司（Pictet et Cie）進行說明會。我認識比特公司的合夥人三十年了，他們都是上流人物，前資深合夥人彼耶‧比特（Pierre Pictet）是我的老朋友，他們的家族仍然掌控這家合夥公司。比特公司旗下有一檔大型組合基金，現任資深合夥人查爾斯‧比特（Charles Pictet）參加了說明會，讓我們深感榮幸，然而他的手機不斷響起，令人分心，更糟糕的是他不關機，而是不斷地接聽電話——這不是對我們有濃厚興趣的跡象。

接著我們沐浴在清新的春陽下，過橋走到四季大飯店，為三十五位客氣卻抱著懷疑態度的瑞士人進行中餐說明會。我們又碰到同樣的問題：「梅哈夫先生，你真的會變成三胞胎的父親嗎？這樣會不會讓你分心，對基金不利？」這次梅哈夫有了新的回答。「另一位三胞胎的父親給了我最好的建議，他告訴我，『早早出門上班，晚晚回家。』」這些瑞士人顯然不認為這樣好笑，因為除了我之外，沒有人哈哈大笑。吃中餐時，我明確感覺到這些人很好奇，想聽我們的說明，想了解我們對市場的看法，但是不可能一開始就投資。

那天下午、那天晚餐和隔天，我們還有幾場說明會。日內瓦的避險基金相當少，卻有很多組合基金，都由私人銀行經營。我

對瑞士銀行的專業特性印象深刻，他們是敏銳的分析師，而且以客戶為重。

之後那個週末，我去法國拜訪我女兒及她們家的農莊。我忘了法國內陸鄉村的田園之美：整齊的灌木籬、高大的懸鈴木，以及老式的石頭屋。在孩子的嬉笑聲與馬蹄聲中，我找到了寧靜。

會見柴契爾夫人

2003年4月22日：過去幾天，我都在倫敦尋找潛在的投資人。今天是我在倫敦的最後一天，我的老友兼戰友羅伯森幫我安排了與柴契爾夫人見面，地點位於「王子門」，她的辦公室。一直以來，她都是我崇拜的偶像。若說她在不幸與危機中重塑了英國也不為過。她幫英國重新贏得在世界上的地位，在雷根總統的經濟政策及對蘇聯軍事競賽戰略的背後，她是智囊與支持者。正是這一戰略導致了蘇聯體制的瓦解，為冷戰劃上了句號。雷根只是對世界的大趨勢有所感覺，而她卻能清清楚楚地說出來。還記得那張著名的照片嗎？唐寧街10號的晚餐上，柴契爾在講話，坐在旁邊的雷根全神貫注地盯著她，聽得入迷。雷根把這張照片寄給了她，在後面親筆寫著：「親愛的瑪格麗特，正如你所看到的，我同意你說的每一個字。永遠！致上最親切的友誼，你誠摯的隆納。」他的話發自肺腑！1990年，她又在伊拉克入侵科威特時成為喬治‧布希的堅強後盾。（她跟布希說：「這不是退縮的時候，喬治。」）

我最初遇到柴契爾夫人是在20世紀90年代中期，那時她和

我都是羅伯森老虎基金董事會的成員。她精力充沛，對避險基金如何運作興趣濃厚，與其他被請入董事會的政治家截然不同。那些人雖然也很有魅力，但往往在投資方面不甚聰明，對經營管理的貢獻也十分有限，而柴契爾夫人不是這樣。我還記得她走過老虎基金的辦公室和交易室的情景，散發著活力與智慧和每個人交談，帶著好奇心提出各種問題，當老虎基金關閉時，她主動到美國來參加了摩根士丹利為羅伯森舉行的告別晚宴。

1998年6月，有一次在倫敦的老虎基金董事會午宴上我坐在她旁邊。她問我對俄羅斯投資前景的看法，我說我正在賣空。她拖過我的手，掰著手指數出了五條理由，說明俄羅斯仍是一個巨大的投資機會。我完全折服在她的魅力之下。午飯一結束我就取消了賣單。不幸的是，那次她錯了（至少一開始錯了），因為幾個月後就發生了俄羅斯的債市和股市崩盤。

幾年後，在老虎基金的告別晚宴上，我和她坐在一桌。晚餐結束後的餘興活動是一個「讀心」遊戲。表演者在裝模作樣地露了幾手之後，不識趣地走到柴契爾夫人面前，對整個宴會廳宣布他可以讀出夫人在想什麼。她面帶輕蔑又同情地看著那人，淡淡笑著說：「不一定，年輕人，不一定。」她就說了這麼多。全場轟然而笑。

今天，她和往常一樣穿著雅致的套裝，頭髮一絲不苟，彷彿剛從髮型師那出來。她坐在一把巨大的扶手椅上，光亮的窗子就在她身後。她請我喝咖啡。看著她，我不自覺地想起法蘭索瓦‧密特朗[1]的話：「她有羅馬皇帝卡里古拉的眼睛和瑪麗蓮夢露

1.法蘭索瓦‧密特朗（François Mitterrand，1916－1996），曾任法國總理與法國社會黨第一總書記。

的嘴唇。」在七十七歲的年紀，她的健康已經開始出現問題，一些小病侵擾著她，但她的智慧和熱情絲毫未減。

我先是問了柴夫人（就像她身邊的工作人員對她的稱呼）一個有點愚蠢的問題，問她這些年來遇到過最難忘的人物是誰。她的答案挺實在。她說，雷根很棒。但是很多人可能看不到他的偉大。他在工作和決策風格上比較寬鬆，但是會訂下大的原則方向，讓下屬去執行。「隆納知道哪些是大事，好比稅收還有冷戰。」她覺得他自信、善良，而且從不在國際會議上趾高氣昂。此外，他是一個超級出眾的演說家，「聲音的魅力無與倫比」。她說她非常喜歡他。然後，她問我了不了解雷根的近況。總統夫人南茜還每晚餵飯給他吃嗎？她也特別喜歡南茜。不過，我當然不清楚南茜是否仍然每晚餵總統吃飯。

戈巴契夫也非常令人印象深刻。他不像柴夫人所認識的那種老態龍鍾、木頭般的俄國共產官僚。他微笑、大笑、而且很會說話，同時也是厲害的辯論家。柴夫人與戈巴契夫變成朋友，幾乎算是知己。令人意外的是，柴夫人也很推崇雷莎‧戈巴契夫，認為她聰明、見識多廣。當戈巴契夫週末去下棋時，柴夫人發現雷莎正在看霍布斯的《巨靈論》。雷莎說一口流利的英文，而且能翻譯給她的丈夫聽。有一回，柴夫人與戈巴契夫正展開一場關於勞工階層的討論，柴夫人發現，雷莎比戈巴契夫更開放、心態更自由。回想起來，柴夫人相信，雷莎對她的丈夫有強大的影響力，而且在蘇聯轉變時也扮演主要角色。

我問柴夫人對於當今世界的風險有何看法。她說，風險永遠都在，但環境已不像冷戰期間那樣險惡。她接著說道，恐怖主義

是個威脅，但我們已取得了進步，在這一點上我們絕不能妥協，任何時候都不能高枕無憂，我們必須要強硬。然後，她用富有感染力的語調說：「殘暴的恐怖無法扼殺自由的呼吸。」

見過柴契爾夫人之後，我到唐寧街10號去拜訪阿納布‧巴納吉(Arnab Banerji)。阿納布曾經是英國最大一家投資管理公司的董事長，如今是英國首相東尼‧布萊爾的私人秘書。他聰明過人，魅力十足。在他帶領下，我參觀了唐寧街10號。徜徉在那些莊嚴富麗的房間和豐富的歷史之間，我被這處絕妙的老建築迷倒了。整個建築散發出威嚴而內斂的歷史感與帝國氣派。比起我們那永遠自詡為宇宙中心的白宮和它那掛滿新主人照片的西側牆，唐寧街10號是如此不同。

悲觀沮喪，回到紐約

2003年5月6日：我回到濕冷、陰雨的紐約，柏油路在低矮的烏雲籠罩下閃爍出微光。我們繼續拜訪更多潛在的投資人，但是這些投資人的情緒似乎相當沮喪，我們也一樣。我們像躁鬱症患者一樣，心情劇烈起伏，對我們基金創立時的規模忽而興高采烈，忽而沮喪消沉。除了我家人的資金之外，實際簽約確定和匯入的資本似乎很少，大約只有一億美元。大家不斷告訴我們，初期的規模不重要，重要的是拿到錢之後的績效。然而，我發現讓我困擾的是，主要經紀部門的人最初預測我們可以募集到八億多美元的資金，風風光光地開業。真會信口開河！照這種情勢發展下去，最後能夠募集到二億五千萬美元就算幸運了。

今晚我在中央車站做上八點十一分的火車，剛過125大街站，火車不知為何停了下來。我的目光無意識地飄向窗外一片柏油球場。這是個沉悶的紐約之夜，孩子們在球場上抽著菸、閒聊、拍球。旁邊的一角，一個十幾歲的男孩正對著一只沒有網的籃框練習中距離投籃。兩個梳著長辮子的女孩(我猜是他的妹妹們)在後面為他練球。他讓她們把球扔回給他，她們扔得輕飄飄的，東一個西一個，他總得跑來跑去地接，接到後再投。空氣很悶，他好像流了不少汗。一會兒功夫，他已經連續投進去四個。我看得入迷。這時火車啟動了，就在他從我的視線中消失之前，又進了一球。幹得漂亮！我想，一切都會轉好的。

2003年5月15日：今天有更多不好的消息，我們指望大筆投資的兩個大型捐贈校產基金告訴我們，因為不同的原因，不能在6月2日投資我們。另一方面，摩根士丹利多位總經理的積極回應讓我振奮。尤其是一些老朋友承諾大筆投資，確實讓我覺得好過些。今天我們聘用了梅哈夫和我在倫敦面試的俄羅斯青年賽潔，我們的研究團隊就算是成立了。

2003年5月22日至23日：這個週末我在菲爾德俱樂部時，有六個人——其中有幾位我很熟，說要投資特雷西公司五十萬美元到二百萬美元不等。後來我回想時，突然了解如果我們的績效很差，情形就會變得尷尬、難堪，興奮之情突然消失。去年我朋友約翰的公司抱了幾檔差勁的股票。約翰是傑出的價值型投資人，但是他把一些客戶轉給另一位陷入價值投資陷阱的經理人。總之，約翰對他們的虧損深感抱歉，在他參加的鄉村俱樂部裡，有太多他代管資產的朋友參加，去那裡讓他很尷尬。他說，他覺

得自己像瘋癲病患一樣，事實上，為了避免痛苦，他參加了費用很貴的波切斯高爾夫球俱樂部，他在那裡認識的人不多，可以平靜、安心地打高爾夫球，約翰是很嚴肅、很有良心的人。

2003年5月23日：又是漫長的一週，不斷舉行說明會。私人財富管理能夠讓你跟很多人接觸，但是我們覺得我們爭取到很多投資五十萬和一百萬美元的人，卻沒有爭取到大投資人。一家有帶頭作用的退休基金法務人員在合約條件上討價還價，讓我們十分苦惱，這件事讓我們特別難過，因為去年8月他們的初步支持鼓勵了我們創業。

我跟這家退休基金的高層很熟，替他管理資產很多年，他很精明，善於投資，2002年8月的某一天，我坐在他開了冷氣的辦公室，我流著汗告訴他我們要做什麼。我不知道他會生氣還是會支持。「我們會給你們五千萬到七千五百萬美元，鎖死三年。」他毫不遲疑地說。梅哈夫跟我在一起，我們離開時心情愉快，他給了我們繼續前進的信心。現在這種讓人失望的情形顯示，籌募資金充滿了驚訝，有些是驚喜，有些是訝異，有些只是時機不對的結果。你永遠不知道最後誰會堅持到底。

同時，表現優異的股市也讓我們很苦惱，因為我們正兩手空空，我們最不希望發生的事就是開業時，股市已經來到高點。我睡不好，席瑞爾的感冒一直好不了。

Chapter 7
投資震撼教育

不幸的是，市場不理性的時間可能比你維持還債能力的時間還久。

　　實際募得資金、開始投資前，回憶始終揮之不去。在投資方面，我想你可以說我是家學淵源，家父當年是很成功的專業投資人，擔任紐約銀行投資長，也在很多家公司擔任董事。我們年滿18歲時，父母給我們每個兄弟姊妹一個大約由十五檔股票構成、價值約十五萬美元的投資組合，也鼓勵我們了解我們擁有的財產，鼓勵我們問問題。我年紀漸長之後，我們在晚餐桌上經常討論市場和經濟，但當時我對這些不太有興趣。有一年，家父安排了家人的選股競賽，我們每個人要挑選五檔股票，我得到最後一名，家母對股市一無所知也毫無興趣卻是冠軍。她的方法是挑選生產她所喜歡產品的公司，或是在感情上跟她有牽掛的企業。例如她挑選的兩大贏家是寶僑公司（P&G）和愛荷華電力（Iowa Power）——因為她在愛荷華州出生、長大。當時我對這些深感厭惡。

避險基金先驅瓊斯

我上耶魯大學時，雖然當時是承平時期，服兵役卻是義務，我選擇海軍陸戰隊軍官訓練計畫，熬過了兩個暑期排長訓練可怕的身心折磨，1955年6月我從耶魯大學畢業，進入美國海軍陸戰隊當少尉，熬過在匡堤口（Quantico）陸戰隊學校十個月更艱苦的基礎訓練，最後奉派到琉球在步槍連當排長。當時是承平時期，我從來沒有聽過戰火中的槍聲。我喜歡偵搜與逃生訓練，喜愛陸戰隊的體能操練。1958年我退伍時，像大多數不知道要做什麼的年輕人一樣，曾經在華盛頓地區的蘭登預校教過一陣子英文，踢過半職業的足球，設法寫美國最偉大的短篇小說。我沒有注意股票，卻興趣盎然地看著自己的投資組合成長，事實上，我對經濟無知到當時的聯邦準備理事會主席馬丁（William McChesney Martin）來我們家晚餐跟家父談論經濟時，我連聽都不想聽。

同時，晚我三年進耶魯大學的二弟傑瑞米，剛剛念完倫敦政治經濟學院的兩年課程回來，他很快就在華爾街找到工作，在美國鋼鐵與卡內基退休基金公司（U.S. Steel & Carnegie Pension Fund）任職。突然間，我成了晚餐桌上談話的局外人，遠遠落在大家後面，我厭煩了踢足球，厭煩了收到退稿紙條，因此去找家父，告訴他我希望當投資專家。他告訴我，把葛拉漢的經典傑作《證券分析》從頭到尾好好看一遍，然後我們再來討論。我辛辛苦苦看了六百頁，不斷畫重點、記筆記，看完之後我去找家父，他把我翻爛的書拿走另外給我一本新的，他說：「再看一遍。」他希望我在價值型投資方面奠定深厚的基礎，了解投資是困難、艱

苦的工作。

我以最優異的成績從商學所畢業，1961年，我進入華爾街，在赫頓公司（E. F. Hutton）當分析師。家學淵源發揮了作用，因為赫頓董事長柯爾曼（Sylvan Coleman）跟家父很熟。我的教父經營當時最好的研究公司貝克維克斯公司（Baker Weeks），他也要我去當分析師。我選擇進赫頓的原因不很光彩，只是因為赫頓的薪水比較多，有七千二百美元，另一家是六千五百美元。

1964年時，美國只有一家避險基金公司——瓊斯公司（A. W. Jones & Company），由兩檔基金管理大約八千萬美元的資產。公司是瓊斯（Alfred Winslow Jones）在1949年，以十萬美元資本創立的，主要是管理他太太的財產。瓊斯自己在美國外交界和新聞界工作過，沒有多少成就。他認為自己是企業家和知識分子，念過哥倫比亞大學社會學研究所，出版過一篇名字很長的論文，叫做〈生命、自由與財產：對立權利的衝突與衡量〉。

1940年代裡，瓊斯當過《時代》和《財星》的記者，到1960年代中期，瓊斯〔沒有人敢叫他的小名艾爾，就像沒有人會以同樣的小名稱呼葛林斯班（Alan Greenspan）一樣〕變成富有、勢利、狂妄自大的人，卻不是傻瓜。他是現代避險基金觀念的創始人：成立未上市的基金，利用融資，同時作多與放空股票，積極管理基金的淨多頭風險，並且根據績效分紅。大崩盤前，紐約有很多利用融資操作的多頭合資基金，但是家父告訴我，其中沒有一家利用放空來有系統地控制風險。

凱因斯早在1920年代初期，就在倫敦管理過一檔總體經濟基金，這種基金也叫多空基金，但是他後來有更多的作為。

接著到了1930年代，葛拉漢經營一家叫做葛拉漢‧紐曼（Graham Newman）的基金公司，他利用以價值為基礎的深入證券分析，找出主要產業中最貴和最便宜的股票，然後用同等的金額，同時放空與作多。這種作法績效不很好，因為其中沒有足夠的差價，而且葛拉漢雖然是絕佳的分析師，卻可能沉迷於價值型理論，變得有點過於理論派，這檔基金經常放空一種產業中最好的公司，作多最差的公司。葛拉漢也可能像同時代的很多人一樣，受到大崩盤大屠殺及其後遺症太大的傷害，不願意利用很多融資，也不太願意承受風險。

瓊斯並不會假裝自己是投資專家，他認為自己是善於創新、管理和延攬人才的人，他確實也是這樣的人。1960年代時，投資世界仍然有點昏昏欲睡，大部分資金從食古不化的銀行信託部流出，當時也沒有分析師利益衝突的規定。瓊斯認為，如果他能夠在資訊方面取得優勢，找到精明、積極、對消息反應迅速的基金經理人，他的基金就可以創造優異的績效，勝過昏昏欲睡、相當差勁的銀行信託部競爭對手。他也認為，這樣就可以向投資超級基金的投資人，收取比較高的固定費用，外加20%的分紅。

瓊斯公司請了一些基金經理人，但是瓊斯也巧妙運用券商的分析師人才。例如，如果某位券商分析師推薦過一些好股票，有一群人跟著操作，瓊斯會請這位分析師共進晚餐，建議他們為瓊斯公司管理模型或紙上投資組合，瓊斯可以直接觀察分析師的思維和績效。實際的安排是如果分析師改變投資組合時，要打電話告訴瓊斯公司的三位基金經理人之一，並說明自己的想法。

分析師所屬的券商公司會得到豐厚的手續費作為報酬，其中

一部分會直接流入分析師手中，因為當時最好的分析師都替券商公司工作，都要登記。如果模型投資組合成長，模型就會成為真正的投資組合，設在瓊斯公司裡，分析師會得到更多的手續費，對分析師來說，這筆錢相當多，而且根據當時的規定，這樣做完全合法。投資組合的表現愈好，分析師拿到的手續費愈多。瓊斯從來不暗示分析師先實際操作自己的投資組合，或是為券商的客戶先操作，但是他清楚說明，分析師會得到報酬，完全是因為提出有用的投資構想，而且瓊斯公司非常重視冗長的學術性研究報告。此外，瓊斯很無情，如果你的模型投資組合績效不好，你就完了。瓊斯比任何人都先了解績效的意義，了解從研究報告中獲得優勢的價值。

1966年，他告訴《財星》的陸米思（Carol Loomis），說他發展出一種模型，可以在風險管理的架構下配對交易。我認為這些話是一派胡言。基本上，瓊斯用手續費取得資訊上的優勢，再雇用精明的年輕人利用資訊優勢，幸運的是，紐約州總檢察長史匹哲當時還包著尿布。

1964年開始時，我在赫頓公司當分析師已經三年多一點，我很幸運做過一些正確的預測，真的是幸運，因為我剛剛從商學所畢業。瓊斯在哈佛大學比家父晚一屆，多少聽過我的名字，就邀我和他的營運長到他所屬的俱樂部共進午餐。他的公司雖還不出名，卻表現優異，成長驚人，因為公司從1955年5月創立開始，每年創造28％的複合成長率。我們一坐定，他的第一個問題就是：「你在餐廳上廁所時，是先洗手還是後洗手？」

我呆住了。「後洗手，先生。」

他不懷好意地看著我。「這個答案不對，你是一個常規思考者，而不是理性思考者，我總是先洗手，而不是後洗手。」

65、66歲的他坐在那裡，看起來矮胖、近視、勢利，他看著我的履歷表，好像我是他要用的人一樣。他對我當過海軍陸戰隊軍官，在耶魯大學打過橄欖球感興趣。他對市場所知很少，因此他實際上有興趣的是我的職務，以及從我回答他的奇怪問題中，了解我的投資眼光。後來我認為，其實他只在乎替他工作的人是否能替他賺錢，他對我的出身有興趣，只是因為他認為我會讓他的公司，在他富有的社會名流投資人心目中，變得更有信用。吃甜點時，他建議我操作模型投資組合。

1964年裡，我管理自己的模型投資組合，創造了不錯的績效，我也跟瓊斯公司之前的合夥人兼基金經理人雷克里夫（Dick Radcliffe）成為好友。雷克里夫比我大9歲，也住在格林威治。五年前，瓊斯說服他離開懷特威爾德公司（White Weld），為瓊斯公司工作。1965年1月初，瓊斯開始對我施加龐大的壓力，要我離開赫頓到他的公司去，我左右為難，十分苦惱。我替瓊斯操作的投資組合績效優異，但是在赫頓公司也賺很多錢，而且1964年底時，我成為赫頓公司的合夥人，原因之一是我替公司從瓊斯公司賺到的手續費極為龐大，我知道如果我拒絕瓊斯，他會跟我切斷關係，這樣會很痛苦，因為瓊斯的手續費遠超過我薪資的一半以上。我喜歡避險基金的觀念，卻不特別喜歡瓊斯先生。

過了一陣子，我跟雷克里夫談到我的問題，他冷笑了一番，告訴我他討厭瓊斯，覺得瓊斯勢利又善變。那年春季的某一天，我們出門吃中飯，我建議我們自己成立基金公司，雷克里夫很感

興趣，建議把公司設在格林威治。家父很支持，卻用嚴厲的語氣告訴我，戰後的大多頭市場歷時已久。「股市表現太好的時間已經太久，接下來絕對會出現五或十年的空頭市場，」他警告說：「你心裡對這種可能性要有準備。」我想像不到這麼長久的空頭市場，認為他還活在1930年代，不然就是已經變老了。

瓊斯發現我們的計畫後氣極了，一年前，他的另外一位基金經理人卡爾‧瓊斯（Carl Jones）離開他，自行創立避險基金城市公司（City Associates）。因為包括我在內，每一個替瓊斯工作的人都得到豐厚的報酬，瓊斯認為我們應該滿意而且感激。他立刻威脅要告雷克里夫違約和竊取顧客。

隨後的歲月裡，避險天地一再上演這種戲碼，助手會離開敬愛的大師。像索羅斯、培根（Louis Bacon）、羅伯森之類以大師手法管理鉅額資金的太陽之神，都慷慨地讓手下的人才分紅。但是，大型基金不斷流失最高明、最執著的年輕人，原因之一當然跟錢有關，但最主要的原因是自立門戶、自行做投資決定的終極欲望。助手對大師敬畏有加，但是大師都有堅強、自信的人格，通常會持續不斷控制和主導投資組合的內容。老虎基金的羅伯森受手下的小老虎尊敬、崇拜，但是這樣不能阻止大家離開他、自行創立基金。但是他們會用他的名義捐贈獎學金，而且確實敬仰他。索羅斯的量子基金（Quantum Fund）一直是投資專家的旋轉門，索羅斯是備受尊敬的投資專家，卻也以專橫和事後嚴厲批評聞名，但是你能期望什麼呢？

出師不利

　　1965年6月1日，雷克里夫和我的費爾菲合夥公司開張，管理的資產有九百七十萬美元，其中二十萬美元是我自己的。前一個交易日是5月30日，道瓊工業平均指數收盤為912點，十六年後，還是在相同的水準，因此家父的警告的確是先見之明。到1981年，經過通貨膨脹調整後，道瓊指數的購買力平價比1965年減損了一半以上，即使你加上這段期間的股利，也是一樣。總之，1965年6月1日，雷克里夫和我選擇了一系列要作多和放空的股票，整個早上，我們都忙著把新募得的資本投入市場。我們的理論是，正確的作法是立刻建立你希望擁有的部位，我現在仍然認為，這是處理新資金的正確方法。但是那天下午，備受尊敬、具有學者氣息的聯邦準備理事會主席馬丁在華盛頓的一場午餐會中演講，用嚴峻的語氣警告，指出1929年和1965年夏季雷同的地方讓人擔心。

　　當時像現在一樣，這種言論引發了股票可怕的賣壓，道瓊工業指數暴跌45點，光是那天下午，我們的淨值就損失5％。整個6月裡，也就是我們進場的第一個月，我們虧損了6.3％，相形之下，道瓊工業指數才下跌4.7％，這個月裡，我們的多頭部位下跌6.7％，空頭部位只下跌0.45％。很多有限合夥人打電話來，問我們尖銳的問題，有人問有沒有提早贖回的規定。6月20日是我們的最低潮，我們虧損了10％，我敢說我完了，經過這麼慘烈的失敗後，我怎麼在投資業再找另一個工作。

　　但是，第一年要結束時我們的表現十分優異，淨值成長55％

之多，道瓊工業指數只上漲了3.6％。這一年裡，美國股市非常具有選擇性，我們放空基本工業類股，例如本益比25到30倍的化學、鋁業與零售類股，作多科技與中型成長股。投資之神眷顧我們，我們放空的標的下跌，作多的股票上漲。隨後的三年裡，我們一直表現優異，到1969年6月1日，我們的投資組合成長了略微超過200％，相形之下，道瓊指數在這段期間裡，只上漲4.7％。1965年6月1日投資二十萬美元的有限合夥人，扣掉付給我們的費用後，得到五十四萬三千美元。我們的資本成長到當時堪稱相當龐大的五千萬美元，我們認為自己是天才。雷克里夫買了一艘比較大的遊艇，我們引進第三位合夥人莫頓（John Morton），我把自己的舊房子拆掉，在上面蓋一棟大很多的新房子。

接著大洪水出現，到1970年初，美國股市變得極為投機，科技、電腦租賃和新時代成長股的本益比高得驚人，避險基金大為增加，業務員、營業員還有你從來沒有聽過的人，都出來募集資金，私募非常流行。1970年冬末，可怕的空頭市場來襲，重創1968和1969年飛躍上漲的投機成長股。我們作多新時代股票中最好的股票，放空最差的股票，此外，我們放空一些號稱「五十種績優股」、我們認為股價被高估得離譜的績優成長股。到1970年5月，我們作多的新成長股慘遭屠殺，我們放空的垃圾股卻跟「五十種績優股」一樣屹立不搖，相當抗跌，讓人無法了解。

真是悲慘的時刻，我重建的新家才蓋到一半，我們住在小房子裡，我記得自己像時鐘一樣，每天半夜三點醒來，全身冷汗直流，聽著子女安祥的呼吸聲，為投資組合煩惱。我們應該回補美

瑞斯科技（Memorex）的空單嗎？應該賣掉迪吉多電腦（Digital Equipment）嗎？辨識設備（Recognition Equipment）是真正的好公司嗎？寶麗來（Polaroid）會下跌嗎？這是我經歷過最痛苦的折磨，夜以繼日、日以繼夜。股票慘遭荼毒，我們眼睜睜看著投資組合逐漸死亡，我也因為兩面挨刮，深受震撼。4月和5月很可怕，家父總是不贊成我們有點漫不經心的選股，質疑我們抱著的新時代股票是不是真正的好公司，警告說投機風氣愈來愈濃厚。到了5月下旬，我跟他在紐約銀行共進中餐，我抱怨市場不理性時，他抱著同情的態度，把凱因斯的話改了一下，告訴我：「**不幸的是，市場不理性的時間可能比你維持還債能力的時間還久，我建議你做好停損。**」

我們活了下來，但是1970年5月是我永遠忘不了的教訓，你管理投資組合的風險時，必須記住發生慘劇的可能，不論是漲是跌，市場都有走極端的傾向。我們在好日子裡操作時，都假設流動性隨時存在，如果一個部位出了問題，你可以迅速出脫持股，受到最少的傷害。那年春天，我在混亂的政治與經濟情勢中，痛苦地學到市場崩盤時，不但流動性消失，而且價格可能跌得極重，造成所有決定都可能產生嚴重不利的影響。我發現做危機決策時，關鍵是要找到不利程度最小的方法，但是就像家父事後告訴我的一樣：「在投資的試煉中，學到融資風險和必須認賠出場的教訓是好事。然而，不要從這些事情中學太多，不要變得像馬克・吐溫說的青蛙一樣，因為燙傷過，再也不坐在火爐邊，結果凍死。」

大空頭市場——我的胃出現無底洞

　　事後發現，1970年6月1日，就是我們公司會計年度的最後一天，正是1966到1974年長期大空頭市場第一隻腳的底部。將近一半的投資夥伴把我們罵得灰頭土臉，就像傳說中古代海盜船的船員，因為喪失信心，把船長打得鼻青臉腫一樣。接下來的會計年度裡，市場反彈，道瓊工業指數上漲29％，我們成長了67％，因此我們收復了前一年虧損的一切。但是我們的基金規模已經萎縮，可以想見，我們很多的投資人不能忍受這麼劇烈的波動。

　　此外，避險基金喪失了光彩，從1970到1973年間，很多避險基金土崩瓦解，因為這些基金其實只是利用融資的多頭基金，因此承受鉅額的損失。其他基金買進私募的創投股票，結果在情勢不利時，完全喪失了流動性。當時基金還有一個作法，就是以大幅的折價，附上所謂的投資同意書，購買公開上市公司的私募股票，這些公司通常都有問題，不然就是迫切需要資金。避險基金買進之後幾個月，會把私募股票的價格，拉抬到跟當時的行情一樣高，卻不能賣出股票。後來基金碰到贖回時，投資組合中有一大堆價格不對、又不能賣出的股票。今天避險基金競相投資私募股票，讓我憂心忡忡。

　　1972年春季，摩根士丹利公司替我們在歐洲和中東募集了一千萬美元。這家公司裡有幾位我從念耶魯大學時就交好的朋友，也有一些同屬格林威治足球隊的好友，當時摩根士丹利是品質非常高的小型投資銀行，跟一些極為績優的公司有融資關係。公司的資深合夥人多少有點勢利眼，但是堅決相信要聘請最好、最聰

明的員工。當時摩根士丹利沒有出版研究報告，看不起併購業務，也沒有流通能力，承銷每一種股票時，就找全國各地的地區性公司組成聯合承銷團，大型通訊經紀商開始變成公司的威脅，因為這些經紀商有流通能力，又試圖發展投資銀行的能量。

1973年的證券市場景況慘澹，摩根士丹利的處境艱難，因為市場上根本沒有承銷活動。我那些年輕合夥人的朋友希望成長，把業務擴張到新領域。他們認為，第一步是發展研究和機構銷售部門，以便獲得一些募資能力。我是他們選定負責創立研究部門與投資管理的人選，1973年5月，他們提議讓我成為合夥人，擁有3%的股本，價值三十萬美元，另外還有五萬美元的年薪。我深感榮幸，接受了他們的邀約。我成為合夥人當天，摩根士丹利公司有二十七位合夥人、二百五十五位員工，資本額一千萬美元。1973和1974年內，摩根士丹利公司的營運都略為虧損，到1974年夏季，當時的資深合夥人鮑德溫（Bob Baldwin）下令：所有出差、包括國際出差，只能買經濟艙機票。

費爾菲合夥公司熬過了1970年代的空頭市場，一直蓬勃發展到1985年雷克里夫和莫頓退休為止。

那段期間有三件事的回憶現在還煩擾著我。第一是1965年6月我們開業第一天，一下午就虧損5％，使我的胃部出現一個像大圓石一樣大小的凹洞。第二是1970年那個可怕的5月令人無力和絕望的感覺。第三是1974年9月，股價天天下跌，正好是2000年初春科技股天天飛躍上漲的相反。

現在到了2003年，我們看好市場，卻顯得緊張，下面的日記可以說明這一切。

2003年5月26日：隨著6月2日接近，市場不斷攀升，緊張逐漸升高。今天我半夜三點醒來，看著滿室的月光，擔心我們拿到錢後怎麼投資。法國人說，從上床到半夜三更，是所有事情結束的時候，聽起來浪漫，實際上就是失眠。讓我困擾的是，每個人都告訴我們，頭幾個月不虧錢很重要，這樣說代表保守的立場。把錢投資下去，接著股價下跌，虧損10％，會變成慘劇。另一方面，如果我們不參與熱鬧的反彈，不管大家現在說什麼，到時候都會有人對我們不滿。經驗告訴我們，該做的事情是到達我們想到的地方，安下心來，而不是玩戰術性遊戲。我們仍然看多，因此我們打算建立大量的淨多頭部位。我們三個今天同意每個人要分別建立一個投資組合，列出部位規模之類的所有細節，以便從6月2日開始投資，我們也同意星期天下午要開會討論。

2003年5月28日：看來我們的創業資本只有二億七千萬美元，加上摩根士丹利和我家族的資金，會增加到三億九千萬美元。我們當初期望的五大金主當中，只有一位真正拿出錢來，但是投資金額卻是當初說的一半，其他人不是因為法務問題，趕不上截止日，就是有某種時機問題。另一方面，也有一些讓人很驚喜的意外，我們最大的投資人是倫敦一家組合基金，投資金額四千萬美元，奇怪的是，我們甚至記不得最初怎麼跟他們說明的。整個募集資金的經驗顯示，說明會之後的欣喜很短暫，而且什麼都靠不住，有這麼多朋友入股，讓我覺得榮幸，卻也覺得惶恐。

2003年5月29日：今天我很早就醒來，聽著樹蛙鳴叫，為投資組合煩惱。股市反彈三個月之後，我們還能做什麼？我不斷修改我這份創業投資組合。我很有信心，利用我們的投資風格和系

統，經過幾年後，我們可以創造優異的絕對報酬率，畢竟我們經驗老到。讓我們這麼害怕的是，我們是生是死，要看未來一年的變化，我應該說，要看未來七個月、到12月31日的變化。這麼短的時間裡，什麼事都可能發生，我們可能犯錯、可能運氣不好。如果我們在短短的第一年裡表現差勁，基金會萎縮一半，要靠好幾年的良好績效，才能恢復我們的信用，吸引新資金。誰知道我們三個能不能一起熬過去，我只能想像所有惡毒的批評。最新的壞消息是我們的退休基金大金主因為法律問題，趕不上6月1日的截止日。席瑞爾的感冒還沒有好，在我們辦公室舉行的一場投資說明會中，補的牙掉了一塊下來，是身心失調嗎？股價急漲到週末，確實讓我們失望。

2003年6月2日：週六我跟山姆在格林威治打網球，星期天又跟經營避險基金多年的菲爾打。山姆年紀輕輕，經營一家小型科技股避險基金，他通曉事理、精明能幹，每週要跟五到十家科技公司經營階層討論，他說他們認為訂單還沒有真正回升。他也做一些銷售工作。他本來擔任新興市場基金經理人，但是在俄羅斯恐慌之後，轉移陣地到科技股。我告訴他，情勢每況愈下。他對新興市場投資有一些高明的看法，其中之一是本國投資者最後會勝過外國人，碰到政治事件引發的恐慌後，本國投資者會高高興興地用超低價買下你的股票。然而，不要自以為下次你可以把漲很多的股票賣給本國投資者，外國傻瓜要從新興市場把利潤帶回家，唯一的方法是以更高的價格賣給更傻的外國人。

老手避險基金經理人菲爾看好股市。經驗和投資所累積的創傷會使某些人衰弱，菲爾絕非如此！打網球他贏了我之後，我們

坐在陰影中，他告訴我他是自己基金最大的投資人，而且經歷無數苦惱後，他得到的結論是經營基金時，必須把錢想成全部是自己的。換句話說，不要根據事業考慮做決定，要完全從投資專家的眼光來考慮，這種看法很中肯，因為我們的良師益友都告訴我們要小心，最重要的是最初幾個月不要虧損。我看好市場，比較樂意投入。菲爾抓住了反彈，今年已經成長了25％。

菲爾很有勇氣，今年1月，經過兩個績效不好的年頭後，他提高了固定費用，他告訴投資人，他遠低於高水線（high-water mark），需要提高固定費用，留住最好的分析師，否則他們會跳槽到一家不是低於高水線的基金，以便2003年操作績效不錯時可以拿到報酬。有些客戶因此離開，而且說：「你過去績效良好時，已經賺了千百萬美元，因此你應該動用自己的雄厚財力，付錢給你聘的分析師，不是要我們付錢。」當時菲爾操作鉅額的淨多頭部位，把整個公司前途賭在上面，現在他得到豐厚的報酬，他經營這檔基金時，的確是把錢想成是自己的。

談到高水線，避險基金除了收取固定費用之外，也從當年的成長中分紅20％。但很明顯的是，如果沒有成長，就沒有分紅。如果基金在某一年裡虧錢，經理人隔年就沒有錢可拿，除非能把虧損賺回來，讓投資組合轉虧為盈，這就是所謂的高水線。因此，菲爾績效連續兩年下降時，他要賺回龐大的前期虧損，手下才能拿到報酬。這種規定鼓勵虧損的基金不是關門、用新名字東山再起，就是退出這一行。我認為關門後重新出發，幾乎可以說是不道德，因為這樣背棄了你跟投資人的簽約精神。

然而，有些高明的投資人看法不同，如果經理人保持良好記

錄很多年，接著運勢變壞，遠低於高水線，如果這位經理人結束基金重起爐灶，他們會交錢給這位經理人。他們的理論是，幾乎所有的東西都會回歸平均數，避險基金經理人也不例外。其次，他們認定重起爐灶的經理人會迫切需要資金。他們言行一致，很可能會從連續創造好幾年驚人績效的避險基金贖回。事實上，我朋友傑夫就碰到這種事，他維持絕佳的記錄好幾年，然後連續兩年異軍突起，每年成長40％。結果如何？有些投資人申請贖回，因為他的表現太好了。傑夫不太在乎，因為反正他有很多資本，但是他仍然覺得不快，如果你不是像傑夫這樣堅強而不朽的人物，這種情形可能讓你苦惱，你表現不好或是表現太好，都會碰到贖回。

總之，我今天下午到紐約去，我們的辦公室暫時設在洛克菲勒廣場一號四樓，是跟我朋友李文（John Levin）租的，地方黑暗、骯髒、又破又舊，會議室的地毯發出霉味，每次我走進去都會嗆到。然而，梅哈夫、席瑞爾、道格和我小小的辦公室都有大大的窗戶，可以俯瞰廣場上眾生忙碌的景象，也可以直接看到樹頂。窗戶實際上是開著的，廣場上樂團和歌手的音樂會飄上來。在超高、封閉、無菌的辦公室環境裡過了多年之後，新鮮的空氣和街頭的噪音令人很愉快，或許我們會在明快的音樂聲中起舞。

（結果證明，我們第一年就搬了三次家，每次四周的環境都有改善，最後我們把自己擁有的辦公室重新裝修，並不豪華卻很怡人，可以看到第五大道迷人的景色。異常的是，我們的相對績效跟辦公場所的破舊程度成反比。我們在光線忽明忽暗、霉味撲鼻的四樓表現優異，創造了最好的績效，百無一失。）

我到場時，每個人都已經到辦公室，包括我們的交易員菲爾、幾位分析師和辦公室經理蘇珊。當時的氣氛讓我想到運動大賽前的更衣室，你害怕運氣不好，頭五分鐘就痛失一城，你知道你不能加強要求，只能盡力而為，但是說來容易，做起來卻很難。傍晚時分，席瑞爾、梅哈夫和我在會議室裡開了幾小時的會議，比較我們準備的模型投資組合，發現相似的程度高得驚人，這樣是好還是壞？

　　隨後，我們三個出門到洛克菲勒中心裡一家便宜義大利餐館共進晚餐，我們買了一瓶義大利琪安提美酒，我像吟詩一樣說：「噢，這不是開始的結束，就是結束的開始。」席瑞爾認為這樣說相當陳腔濫調。隨著琪安提紅酒發揮作用，我開始覺得我們是即將同赴戰場的兄弟，是戰爭沒錯，我們要對抗市場和所有其他人。

　　我在投資戰場上的老朋友菲瑞爾（Bob Farrell），是我所認識最高明的技術分析專家，因為他真正了解市場歷史和奧祕，他用電子郵件傳給我下面這段絕佳的文字，是從好久以前的一本舊書、溫克曼（Barnie Winkleman）所著的《華爾街十年生死》（*Ten Years of Wall Street*）中節錄出來的，我印了三份，在晚餐時發給大家。

　　討論股價和經濟狀況的關係時，絕不能不強調交易所裡投資力量的衝突，情緒在其中扮演的角色，是正常工商程序所無法比擬的。華爾街從來沒有中庸之道，因為投資機能會把一切推向極端，連至高憧憬與至深絕望時的反應，都伴隨著跟企業較平靜的高音不同的抽搐。凡是想在股價波動和目前經濟統計之間建立關

係的人、凡是忽略股票操作對想像力強大影響的人，或是忽略漲跌的技術性基礎的人，必定慘遭敗亡，因為他們的判斷是以平凡的事實與數字空間為基礎，參與的遊戲卻是在情緒的第三度空間和夢幻的第四度空間裡上演。

　　不管作者是誰，他都了解，金錢遊戲是在第三和第四度空間中上演。

　　時間太晚，我不能回格林威治，就跟著梅哈夫回他的公寓，吃了一顆安眠藥，在他書房睡椅上睡得很不安穩。看來明天是特別差勁的日子，不適合操作一大筆至為重視績效的新資金，不過話說回來，這就是投資生涯，自有愛唱反調的自我。

　　「現在」總是最難投資的時候，總是最難解讀第三和第四度空間的時候。

Chapter 8
形形色色的避險之徒

成功的投資專家中沒有哈姆雷特那種優柔寡斷的人。

　　正常的一週裡，總是會有業務員帶著策略師、經濟學家和分析師，到我們辦公室做簡報。這些人可能相當有趣，甚至讓你覺得刺激，但是基本上，他們不像我們一樣冒著風險行事，因為如果他們錯了，他們總是可以回頭改變說法。我們沒有這麼好命，你不能篡改績效數字。因此我們最美好、最深入的互動經驗，是跟擁有公開績效記錄的其他投資專家，以及多年來已經變成知己的人互動。他們可能還是不會把自己所作所為的全部事實告訴你，但是至少他們跟我們一樣，在同樣的遊戲中冒險。

　　身為實際管理別人資金的投資專家，會吸引對自己的智慧有自信又固執的人。**探索的精神、賭博的直覺和面對不完整證據時痛下決心的能力，就是所有應有的基本特性。**成功的投資專家中沒有哈姆雷特那種優柔寡斷的人，因為績效是由明確訂定的量化標準衡量，輸家無法長久生存。避險基金投資因為某些原因，特別能夠吸引性格奇怪、對世事運作很有定見的人。以下是長久以

來跟我聯繫過的一些其他玩家。

豬絕不會把吃到嘴的食物吐出來──提姆

今天提姆來吃午餐，我們深感榮幸，因為他是避險基金業中真正的傳奇人物。他大概55歲，身材瘦削、一頭黑髮、面貌英俊，他的語調柔和略為有點英國腔，舉止冷靜而優雅。他在肯亞的咖啡農莊中長大，現在仍然擁有這座農莊。他神態高雅，博學多聞。1990年代大部分時間裡，他創造了避險基金世界最傑出的記錄，他現在已不再公布績效，但是表現仍然極為優異。他的投資組合很集中，利用很高的融資，因此他的績效波動極為劇烈，但是這樣又如何？如果你是長期投資人，你應該高興地接受波動劇烈、五年間每年複合報酬率25％的基金，而不是接受穩定成長10％的基金，但是你必須能夠容忍波動性，而且碰到勢難避免的壞年頭時不會恐慌。

提姆的辦公室寧靜而寬敞，擺滿了古董家具、高貴的東方地毯和瓷器，坐落在林蔭茂密的倫敦郊區，整個辦公室裡只有一位祕書。我猜想他管理的資產超過十億美元，很可能有一半是他自己的錢。他精美的齊本德耳式辦公桌上放了一塊小牌子，上面寫著「十足的豬」。桌上還有一隻小瓷豬，上面寫著「要有勇氣，才能當豬」。我認為他的瓷豬是想出這句話的朱肯米勒送的。**要得到真正龐大的長期報酬，你必須當豬，必須緊抱著讓你出奇制勝的資產。**

提姆是總體經濟、也就是由上而下的全球型投資人，他研究

全球情勢，尋找投資機會，所選擇的投資類別、國家和主要類股都很集中。2003年6月的某一天，他來拜訪我們公司，當時他作多日本銀行股、俄國股票、美國國庫公債、歐元和韓國股票；同時大舉放空美元，放空的部位可能是淨值的3倍。他也放空歐洲和美國食品飲料之類的民生消費股；他沒有信心時，會降低融資成數、減少操作部位，他把這樣做叫做「靠緊岸邊」。

提姆的作法跟一般受託經理人的想法正好相反，他大量利用融資，操作標的極為集中，而且不依賴任何投資機構。像他這樣利用這麼高的融資，需要鋼鐵般的意志和極度的自信。高融資表示波動劇烈，也表示你能犯錯的空間很小。例如，像提姆這樣操作基金時，融資很可能達到4倍。這點表示如果他的投資組合虧損10％，淨值就下跌50％。一旦你虧損超過20％就很難復原，因為你必須從低很多的基礎再度複合成長。假設提姆整體虧損了10％，淨值卻下降50％，如果隔年他成長了10％，跟開始時相比，仍然下降了25％，然而，不利用融資的基金如果績效相同，淨值只會減少1％。此外，不管什麼時候，你的投資組合虧損超過20％時，你的頭腦就會嚴重糾結不清。

提姆認為，避險基金因為客戶壓力的關係，而變成很害怕每個月的淨值下降。因此避險基金採用停損限價單和各式各樣的風險控制機制，讓這種作法機械化地替他們做投資決定，這種決定大部分都不好，他們從來不會對抗盤勢，還吹噓自己多麼市場中立，因此變成偏重波段操作的短期交易者。他認為，這樣會為利用融資、樂於接受劇烈波動又看長的投資人創造機會。他認為：「投資人必須接受劇烈波動和集中投資，分散投資是績效的大敵。」

提姆說了另一個有趣的看法。他說：「管理投資組合是孤獨的活動，對我來說，有合夥人根本行不通。最好是一個人在死寂的夜裡做所有買賣決定。」團隊的意義是妥協，團體更是等而下之，能做出好決策的次數一定不如專管一個投資組合、其中又關係到自有資金的個人。他說他可能做出錯誤的決定，而且經常這樣，但是至少決策過程不受汙染。

　　你一定要真正相信提姆才會投資他的基金，你也必須忽略或不煩惱績效的激烈起伏。2002年裡，他虧損了大約20％，但是2003年的成長超過100％。2004年的某一個時點，他成長了18％，然而到了年底，成長卻接近40％。我猜提姆有一些大投資人長期投資他，我也敢說他甚至不會回組合基金的電話。他一年寫兩次長度只有一頁的信說明他的想法，真的只有一頁！他每週在一個不對外公開的網站上公布自己的淨值，他的投資人可以從網站了解他的作法。

　　除了少數他精心挑選的策略師和分析師之外，提姆完全不跟別人接觸，他會跟其他基金經理人和實際在產業工作的企業家談話。我認為他不太看華爾街的研究報告，但是會注意看技術圖表。我問他怎麼想出自己的投資構想時，一開始他有點茫然，想了一想之後說：關鍵在於長期累積知識基礎，然後某種事件或新資訊會憑空激發思考過程，突然間你就發現了投資機會，你不能強迫而必須有耐心等待靈光閃現，如果靈光不閃現就「靠岸」等待時機。

　　提姆通常大約持有十種部位，認為創造優異績效的正確方法是持有幾筆你能夠發展出優勢、又真正有信心的大筆投資，然後

必須密切注意這些投資。最近他告訴我，他持有三種部位，他放空美元的部位是淨值的3倍，持有日本股票的部位是淨值的1倍以上，其中一半是銀行股，另一半是日本東證一部指數。此外，他持有淨值兩倍的二年期美國國庫票券作為保險。有時候，他也會持有一些奇怪的部位，例如現在他擁有北韓一家銀行的大量股權，這家銀行的股價只有淨值的三分之一，他還擁有俄羅斯聖彼得堡的商業不動產，每年為他賺進15%的報酬率。

他不斷旅行，人很好奇、很好問，幾乎像間諜一樣行事。例如，他擁有俄羅斯與日本銀行龐大的部位，光是公司會議、莫斯科與聖彼得堡政府官員的一般訊息並不能讓他滿意。因為石油對俄羅斯極為重要，去年他到西伯利亞辛苦地旅行了一週，拜訪俄羅斯石油公司。在日本的銀行股方面，他運用很多不尋常的資訊來源，我知道他跟其中兩家銀行的高級經理人有悠久的關係，他一年大概去東京四、五次。

我前面說過，提姆認為投資管理大致上是孤獨、苦惱的獨腳戲，若和別人關係密切，大致上會讓你困擾和分心。你必須把全副心力放在投資組合、市場和世界發生的事情上，你的目標是創造績效，不是締造永續經營的企業或培養傑出的年輕總體經濟分析師。我認識的所有真正成功的避險基金經理人，幾乎都希望創造傳奇，建立身後還能存在的企業，這種執著經常成為他們失敗的原因。

提姆一定很富有，但是他的生活並不奢華，他在倫敦有房子，在肯亞有咖啡園。有趣的是，他為什麼要用壓力極大、高度集中、大量融資的方式管理資金？他為什麼無休無止地到日本、

俄羅斯和印度,這些算不上豪華的地方旅行?他沒有合夥人可以分憂,他的績效起伏極為劇烈,即使是不受影響的人也一定痛苦難當。每過一陣子,你就會聽到提姆遭到追繳鉅額保證金、即將斷頭的虛妄傳說,當然從來沒有一次是真的。

我所能想到唯一的答案是,他喜歡高度爆炸性的投資,我知道,他認為這是管理資金正確的方法。他一定喜歡旅行,像他這樣安靜、嚴肅、溫柔的人,對於驚人成就造成的腎上腺素刺激,一定覺得興奮,一定能夠忍受大跌。如果你是避險基金的投資人,你的五年目標是什麼?是波動劇烈、每年20%到25%的複合報酬率,還是10%到12%的穩定報酬率?

大鬍子末日預言家──文斯

我認識文斯很多年了,去年夏天我跟他共進晚餐後,寫了這篇短文。

我在1970年代末期初識文斯,他是當時最大避險基金的首席交易員,現在已經退休,經營自己的避險基金,雖然他有絕佳的市場敏銳度,只把他當成交易員卻太小看他了。事實上,他對重大長期觀念的了解遠勝過短期陣痛。沒有人是完美的,但是他曾經做過一些重要的長期預測。我可以告訴你一些經常向文斯請教的投資大師名字。1973年,他盯上了「五十種績優股」,1980年時,他談到油價泡沫即將破滅,利率已經升到高峰,而且認為雷根總統代表通貨緊縮。他也犯過一些錯誤,對日本的看法尤其如此,對科技股的看法也早了一些。他不輕易改變心意,現在他經

營自己的小型避險基金，其中大部分是自己的資金，有一些朋友認為他可能是先知。

也有某些人認為文斯是怪人，甚至可能有點瘋狂。

有些人說他是「大鬍子末日預言家」，但是我聽他的話，是因為他的想法超凡脫俗、十分極端，而且在財務和社會生活上，有時候情況的發展會擺盪到一般人無法想像的極端。他閱讀很多歷史書籍，十分相信歷史學家詹森（Paul Johnson），相信他所說「非預期的發展性後果」（unintended consequences）是很重要的理論。國庫公債殖利率高達15％時，文斯說殖利率至少會跌到5％才結束，道瓊指數三十種成分股本益比只有9倍時，他說本益比會升到25倍。當時我同意他說的方向，卻認為他太極端了。

文斯說話很快、很熱情，有種神經質的笑聲，他有點像技術分析專家，有點像歷史學家，卻很像神祕主義者。他是希臘人，以難民身分移民美國，在紐約歷練後變得很堅強。他沒有上過大學，有時候似乎顯得缺乏教養。有一次，他走進一家豪華大飯店的酒吧間，大聲對鋼琴師說：「演奏一些畢卡索的曲子。」鋼琴師目瞪口呆。「好吧，」文斯說：「那就換彈林布蘭的曲子。」他有一嘴大鬍子，卻堅持要跟別人親臉頰，那種刺痛的感覺讓我不太敢領教。他可能會變得聒噪、讓人難堪。他現在不住在紐約，但是他打電話給我，說有些事情要告訴我，因此他開車來，我們在一家昏暗、昂貴、服務生有點神經質、表情勢利的法國餐廳共進晚餐。

文斯自認是社會與金融變化的預言家，認為價格與社會是根據一種中心價值觀變遷，長久之後會回歸平均數，但是人性極為

情緒化，因此容易走向混亂的極端，造成盛衰，這個世界靠電視溝通，網際網路又無所不在，重大的情勢幾乎立刻發生，速度遠比過去快、也比較頻繁。他認為，1990年代的過度只是開始清洗，第二波的後果是社會與金融革命，會摧毀另一大塊紙上財富而改變社會。文斯具有強烈的宗教傾向，因此他開始對我引用《聖經》傳道書裡的話。

> 凡事都有定期、天下萬物都有定時。
> 生有時、死有時。栽種有時、收割有時。
> 殺戮有時、醫治有時。拆毀有時、建造有時。
> 哭有時、笑有時。哀慟有時、跳舞有時。
> 拋擲石頭有時、堆聚石頭有時。懷抱有時、不懷抱有時。
> 尋找有時、失落有時。保守有時、捨棄有時。
> 撕裂有時、縫補有時。靜默有時、言語有時。

「這是美國的罪惡時刻，」文斯告訴我，他的眼裡閃著光芒從滿臉的大鬍子中透出，他繼續說：「哀痛的時刻、失落的時刻已經來臨，華爾街和美國企業嚴重的腐化和貪婪，毒化了資本主義的財富水源。世界各地的人民從電視和網際網路上，知道資本主義和全球化是邪惡的制度，會讓富者愈富、貧者愈貧。他們聽說過去二十年裡，執行長的待遇從一般工人的43倍，增加為531倍，誰知道這件事是真是假？但是大家都相信。」

文斯對著我噴菸（不錯，他還抽紅盒子的萬寶路香菸）。「投資人現在知道，會計師已經腐化，連美國資本主義偶像企業申報

的盈餘，都經過英雄般的執行長篡改，以便他們執行認股權。連一些最優秀的證券商都承銷垃圾公司，旗下都有說謊的分析師，證券經紀商只是爪牙，屈服在惡狼的淫威下。投資人總是知道華爾街是賭場，卻認為華爾街至少是誠實的賭場。結果卻是龐大又複雜的投資詐欺機構，他們只是傻瓜，大家在一、兩年內不會原諒、不會忘記這麼嚴重的創傷，這是長期趨勢，不是循環趨勢。」

我說：「對，但是你說的一切，電視和報紙頭版都已經報導過，大部分人都已經麻痺了，這就是股市連續下跌三年的原因，這是舊聞了。」

文斯發出刺耳的笑聲。「不錯，」他說：「但是第二波後果還沒有出現，股票型共同基金投資人在歷史上最大的多頭市場中，每年只賺6％，同時標準普爾五百指數每年複合成長17％，因為最重要的是，基金業賣給他們已經上漲的熱門基金。現在很多股票型基金比高峰時下跌50％；科技股基金下跌70％。《紐約時報》的摩根森（Gretchen Morgenson）正對投資管理公司、基金經理人和基金董事發動聖戰。這只是開始而已，負責集體訴訟的律師會愈挖愈深，找到各式各樣的垃圾，他們會賺大錢，然後贖回風潮會出現，現在根本還沒開始呢。要重建信心，要花一代的時間。別忘了1970年代裡，美國共同基金跟高水位時相比，喪失了50％的資產，1990到2000年間，日本共同基金業喪失了90％的資產，這種龐大長期空頭市場的後遺症才剛剛開始。」

「另外還有退休基金慘劇，簽了各種固定提撥計畫的人都有個人帳戶，帳戶中資金不足的情形極為嚴重，這是定時炸彈。這是泡沫的後遺症，大家對銀行與經紀商的控告會永遠持續下去，這

些公司會被迫吐出大筆資金，在風波結束前，他們的股價會一直低於淨值，沒有高於淨值的機會。」

想到我擁有的摩根士丹利公司股票，我不由得膽顫心驚。「我了解你擔心的事情，」我壓低聲音說：「但是除非股市再跌一大段，你說的末日不會發生，價格崩潰、情勢不利時，很容易喊空，但是巴菲特說過，看壞美國從來都不對。」

「巴菲特已經變成既得利益結構的誘餌，」文斯回答說：「股票會再跌一大段，現在還太貴，美國經濟會走緩很多年，因為債務太高、儲蓄太少、退休準備不足。住宅不動產是爆發下一個重大慘劇的地方，大家主要靠浮動利率抵押貸款再融資，借短期資金來從事長期投資。短期利率上升後，債務本息的負擔會高漲，房價會下跌。隨後消費者會受到兩面夾擊，在財富效果與可支配所得萎縮的衝擊下崩潰，這種情形叫做文明竭盡，也是美利堅帝國衰亡的開始。」

「此外，另一個泡沫也即將破滅，在房利美（Fannie Mae）和房貸美（Freddie Mac）[1]的融資下，成屋價格每年上漲7％到8％。從紐約的公園大道到洛杉磯的比佛利山，從南安普敦到艾斯本的豪宅價格會崩潰。歷史上每一個金融泡沫破滅後，所有類型的紙上財富都會蒸發，這些財富是憑空創造的，會像霧氣一樣在風中吹散。東京豪宅公寓平均價格從1990年的一百二十萬美元，跌到去年的二十五萬美元。1930年代時，藝術品價格下跌了80％，東方地毯的價格崩盤。延後的反彈效果總是一樣，為什麼這次就不同？第二波後果要花時間、可能要花很多年才會出現，中央銀行

1. 房利美與房貸美於次貸危機後，於2008年9月7日由美國政府正式宣布接管，現為國營事業。

急遽調低利率、把龐大資金灌到系統裡時尤其如此，但是慘劇只能延後、卻不能避免。美國經濟在三年內會陷入蕭條，標準普爾五百指數會跌到500點，美國會爆發革命，可能像1930年代德國的那種法西斯革命。」

「文斯，你又走偏鋒了，」我嘲笑他。「過去你預測了九次空頭市場，實際上只發生三次。不見得會出現末日，美國社經體系是歷史上最有彈性、最能因應變化的。主管機關有很多財政與貨幣工具，不會坐視美國經濟崩潰。1930年代發生在美國、1990年代發生在日本的蕭條，不只是泡沫破滅而已；根本原因是重大的政策錯誤。聯邦準備理事會銀根太鬆可能不對，但是假設發生最糟糕的情況，結果也應該是停滯性通膨，不是蕭條和通貨緊縮。」

「太晚了！我還沒有談到更多恐怖主義對經濟的衝擊，還有天花、核子武器爆炸、購物中心裡的自殺炸彈客……。」

「別說了，我可以想像，你準備怎麼辦？」

「我有五萬美元的金幣存在紐約一家大銀行的保管箱裡，但是我一直在想，嚴重的恐怖攻擊會切斷電力，因此我不能進金庫拿我的黃金。此外，這些大銀行都是娼妓。即使我能進入金庫，在一片混亂和搶劫當中，街上會有很多惡棍，會搶走我的黃金。因此最好的避險方法是攻擊步槍和罐頭食品，或是在紐西蘭有個家。」

我最近見過文斯，他的看法沒有什麼大改變。他承認他判斷的時機早了一點，但是末日無法避免。我為什麼要聽文斯說話？第一，因為我們必須了解世界末日的狀況，心裡至少要記住這一點，這樣末日開始時，我們才能尋找跡象設法因應。文斯曾經對

我說：「你們生為美國人，活在獨一無二的黃金時代裡，從來沒有碰過什麼問題。我們歐洲難民的子女信奉現實主義，知道無法想像的災禍會發生。」其次，文斯做過一些正確的重大預測，而且不幸的是他的話裡有幾分真實。1930年代造成了全面毀滅，再度發生並非不可能。我有時候會想要擁有黃金，雖然黃金很少能夠吸引我。黃金是一種殖利率為負的投資，沒有明確的真正投資價值，價格主要由恐懼決定，包括對通貨膨脹、戰爭與紙鈔的恐懼。

對我來說，文斯是背景音樂，我從事投資這一行這麼久以來，始終有能言善道的瘋子提出表面有理、卻極不可能的末日景象，如戰爭、瘟疫或金融崩潰。而且爆發可怕事故的可能性總是有那麼一點點，像2001年9月11日的恐怖攻擊，或是像禽流感一樣的流行病，但是你不能以此為基礎來管理投資。

年輕猛將──羅伯森的門徒

2003年夏天，我跟家人搭羅伯森的飛機飛往太陽谷度假。

羅伯森是我極好的朋友，管理有史以來最成功的避險基金老虎基金多年。他現在管理自己的資金，培養新的避險基金。換句話說，他資助他認識的精明年輕投資專家，金額從一千萬美元到二千萬美元，他也在自己的辦公室裡安置這些人。他因為出資和提供基本結構與空間，所以分到一定比例的管理費，大約是20％。他也設法創造具有支持性的環境，讓這些年輕的老虎交換意見。羅伯森極為開放、友善，是創造這種環境的絕佳人選。

一起搭乘羅伯森飛機的人當中，有一位是他的新門徒，這個人三十出頭，有吸引力、充滿自信，而且很合群，從哈佛大學和哈佛商學院畢業後，一直從事避險基金這一行，他太太是另一檔避險基金的兼差交易員。起初他為老虎門徒之一創設的另一檔基金工作，然後在羅伯森的協助下，創立了自己的基金。2000到2002年的空頭市場中，他的基金還成長，羅伯森說現在大家根本就是丟錢給他。

　　這個人經營多空市場中立基金，資產規模為五億美元。市場中立的意思是多頭和空頭部位經過波動性調整，使基金的風險暴露程度降到很低的水準。換句話說，他們的資金經過波動性調整後，可能作多80％，放空60％，因此資本的淨風險只有20％。他聘了七位分析師，專門研究中小企業，對所研究的公司徹底了解。他們放空沒落、炒作和可能有弊案的公司，作多價格合理、事業計畫健全的公司。他告訴我，他們現在大約放空七十檔股票，作多三十種股票，他快速說出的公司名稱當中，我只聽過幾家，今年到現在為止，他們的表現不好，淨值下跌了幾個百分點。

　　他很開誠布公，他告訴我2003年第二季，標準普爾五百指數上漲10％時，他淨作多35％。在這一季裡，他的多頭部位上漲10.5％，空頭部位上漲24％，他賺了2％。如果他放空的公司這麼糟糕，為什麼會漲這麼多？他說，不是因為他的分析師錯了，而是因為有太多多空股票基金彼此互相妨礙，回補空頭部位時尤其如此。一家公司可能有問題，但是市場上漲時，如果有太多空頭，你可能仍然希望回補，在市場轉折時，分析師根本幫不上忙。他也說，他對這麼多分析師已經不抱希望，他已經變成分析

師的經理，而不是從事選股和投資這兩件他自認為擅長的事。這場談話真有意思。

沙裡淘金──塔雷伯

今天我沿著蜿蜒曲折的太陽谷山徑，往上爬了三千二百英尺，在愛達荷州安祥、寂靜的美景中，想到我們的投資組合。沒有什麼事情像爬山一樣，能夠讓人與世隔絕、又能從事沉思，想不兩者兼得都很難。

投資人碰到的最大知性問題，很可能是必須對抗持續不斷的小道消息和權威意見。小道消息無所不在，多半是空穴來風，對投資沒有什麼幫助。權威意見來自那些有地位、有分量的人物，這類人物不在少數。認真投資人的重大課題是把數量驚人的資訊沉澱成知識，然後從中得出跟投資有關的意義。意義理當會導向智慧，智慧應該會轉化成無比重要的績效。說話很快、聽來很精明的確很好，甚至是很好的公關作法，但是基本上，我們的投資人一點也不在乎我們有多能言善道、消息有多靈通，他們只在乎數字。管理資訊洪流和篩選訊息變得比較困難，因為在網際網路時代裡，隨手可得的意見和資訊太多了，各種消息始終存在。

小道消息和權威意見可能嚴重危害你的投資健全程度，而且這種資訊通常出自良好意圖，大量的四處傳播。身為投資專家，我每天必須應付這種資訊。曾經經營避險基金的塔雷伯（Nassim Nicholas Taleb）寫過一本書，叫做《隨機的致富陷阱》，談到很多跟小道消息和權威意見有關的觀點。塔雷伯的重要論點之一是：

聰明人會從話中聽出意義，傻瓜只能聽到雜音。古代詩人菲洛史查圖斯（Philostratus）說過：「神看未來的事情，一般人看現在的事情，但是聰明人看即將發生的事情。」年代比較近的希臘詩人卡瓦菲（C. P. Cavafy）寫道：

他們在深入的沉思中，恭敬傾聽即將發生的事情暗藏的聲音，街上的人卻一無所聞。

我跟塔雷伯只見過一次，是在麥迪遜大道上見的面，他的書金光閃閃的藍底封套寫著，他是避險基金業安皮瑞卡資本公司（Empirica Capital）的創辦人，他的公司專門尋找危機，不管是什麼樣的危機。《隨機的致富陷阱》是嚴肅、智識上很深奧的書籍，非常值得精讀。這本書有時候會表現出優越感，好像作者發現了至高無上的投資之道。投資沒有至高無上的方法，書中一副見多識廣的語氣可能有點讓人厭煩，不過其中有一些精闢的看法。

塔雷伯在書中用下面的例子，說明雜音和意義的差別。

假設有個傑出的投資人，可以賺到比國庫券高出15％的報酬率，年度波動性是10％，標準差分析表示，在100個樣本中，大約有68個樣本的報酬率落在正25％到正5％之間，95個樣本路徑會落在正35％到負5％之間。事實上，這位投資人在任何一年裡，有93％的機率創造超額報酬率。然而，隨著時間標準愈變愈短，超額績效的機率會急遽下降，如下表所示：

賺 錢 的 機 率	
時間標準	機率 (%)
一年	93.00
一季	77.00
一個月	67.00
一天	54.00
一小時	51.30
一分鐘	50.17

　　這是標準蒙地卡羅模擬（Monte Carlo simulator）分析得出的結果，然而，塔雷伯的精闢看法是，幾乎所有投資人從虧損中經歷的痛苦和焦慮，都超過獲利時得到的欣喜。苦惱超過喜悅，真的是這樣，我不知道為什麼，但是確實如此，或許是因為投資事業會引起不安全的感覺。

　　但是如表中所示，投資人如果注意自己投資組合每天、甚至每一分鐘的績效，痛苦的時間會在無意間增加，歡樂的時間會減少。痛苦時刻比歡樂時光更深切時，這樣就是特別不好的交換。問題是（塔雷伯沒有說）投資的痛苦會造成焦慮，進而使投資人做出不好的決策。換句話說，持續不斷地注意績效，對你的精神健康和投資組合的健全都不好，不過即時性的投資組合管理系統供應商卻強力推薦這種產品。有些避險基金的螢幕上，有持續不斷的即時盈虧報告，他們整天看著，想想看會有什麼結果。塔雷伯認為，如果他們注意每個月甚至每年的績效報告，他們的表現很可能會比較好（也會比較快樂）。坦白說，我認為他的說法太不食人間煙火，知道自己的績效不表示會受績效左右。

　　大多數投資人都認為自己很理性，事實上卻容易陷在隨機狀

況中，情緒被短期績效波動折磨。塔雷伯說：「我看到投資人用手機或掌上型電腦，注意投資組合的即時價格時，都會覺得很好笑。」換句話說，把彭博資訊關掉。投資人注意短期漲跌時，看的是投資組合的變化，不是報酬率的變化──簡單地說，是「受到隨機狀況愚弄」。人類的情緒本來就不能了解這個重要的問題，但是身為投資者，我們必須了解情緒上的負債，塔雷伯承認這樣並不容易。

塔雷伯說，他能夠這樣做，靠的是不接觸資訊，除了十分罕見的例外情況。他說：「我寧可把時間用來讀詩，我知道我需要擺脫資訊，在公園的長椅和咖啡廳裡沉思。」他認為，就出版頻率和知識性內容的龐大差距來看，每週從頭到尾將《經濟學人》看完，勝過每天早上看《華爾街日報》。「我在生活中唯一的優勢是我知道自己的一些弱點，大部分弱點是我不能夠清楚地看績效。」然而，如果你要坐在公園長椅上沉思，你最好先閱讀和傾聽。

超級巨星──傑克

幾天前，我在電話裡跟一位真正的避險基金之神長談，他過去二十年的記錄驚人，但是偶爾當然也會像每個人一樣犯錯。他的基金資產現在大約有五十億美元，他在總體市場投資方面有優異的演出。他可能有七、八種資產類別的投資組合經理人（例如生物科技、亞洲市場、垃圾債券、歐洲市場、新興市場等），每一位經理人管理的資金從一億到四億美元不等，資金多少要看傑

克對他們的資產類別看法而定。傑克靠著在不同資產類別中進行配置創造績效，理論上，其他人會靠著創造勝過資產類別指數的績效，額外增加投資報酬。有時候，傑克會買賣指數避險。如果有一位經理人不能創造績效，就會遭到砍頭，傑克以嚴厲但卻公平和慷慨聞名。

歸根究柢，投資界只有屈指可數的超級巨星，幾位很優異的投資者，然後是一大堆你可以稱作投資老手的人。超級巨星像我心目中的這位神一樣，持續不斷地創造驚人的報酬，他們通常會經營自己的避險基金。優異的投資者通常表現傑出，扣除費用之後，長期都能創造勝過指數幾百個基本點的記錄，功力超凡脫俗。至於投資老手，偶爾會在某一年裡，創造出在夜空中大放光明的績效，但是長期而言，扣除費用後，不管男女老少，都不能持續一貫地打敗指數。至於績效幾乎總是不如人的真正蠢材，很快就會消失。

這點不表示投資老手能力不足或人不好，事實上，他們通常都聰明伶俐、能言善道、頗有魅力、服裝雅緻，有一套言之成理的投資之道。你不必為他們難過，這一行有一個非常諷刺的地方，就是雖然投資報酬率只打平基準指數或略高一籌，但跟世界上任何行業相比，這些投資老手的待遇都很優厚。這種異常起源於投資管理是成長行業，投資老手扣除費用後，能夠達成跟指數可以比擬的報酬率，因此對公司有一些價值。避險基金經理人可以賺到更離譜的報酬，但是至少他們的報酬幾乎完全要看績效而定，很像職業運動員。

至於超級巨星，大家對於他們是否確實才氣縱橫有不同的看

法。優異的投資者、甚至連大多數投資老手，同樣都受過良好的教育，專注而深入，因此差別在什麼地方？是天才、魔法還是有幸運的因素？我認為巴菲特做的比較很有趣，他把投資界的超級巨星跟假想的全國丟錢幣大賽決賽選手拿來比較，情形如下所述：

假設有一個全美丟錢幣大賽，所有參賽者要交十美元報名費，獎金要分給八位參加複賽的選手。想像一下，有兩億人報名，獎金有二十億美元。為了提高戲劇性，每週舉行一次擲硬幣淘汰賽，經過六個月後，將剩下三十二位選手，每位應該都已經創下連續二十五次正確預測的記錄。想一想，媒體會炒作出什麼樣的狂熱氣氛！

這時，情形應該會開始變得有點瘋狂，雜誌會刊出專文，討論其中一些參賽者由赤貧變成巨富的故事，其他選手會在談話秀上現身，每次拿到五萬美元的報酬，說明他們具有獨一無二的能力，能夠在硬幣還在半空中時預測出來，以及神祕的反射性透視能力，能夠在硬幣即將落地時看出哪一面會向上。很多選手會出書，書名類似《如何靠擲錢幣賺到千百萬美元？》、《為什麼耶穌選擇我成為贏家》。同時，憤怒的大學教授會在《華爾街日報》上寫文章，說明效率市場、擲錢幣機率、零和遊戲以及這種競賽其實只是隨機漫步。參賽者當然會回答說，如果大家都做得到，為什麼只有我們三十二個人做到？在第十六回合開始前幾星期，勝利者應該已經受到眾多迷人的異性熱切地追求，有些勝利者應該已經在詢問艾斯本滑雪別墅和佛羅里達州公寓的價格。

就我記憶所及，這種略為牽強的比喻有一個意義：從某方面來說，超級巨星投資大師類似全國擲硬幣大賽的勝利者。換句話說，根據定義，在擲硬幣單淘汰賽中，一定有一些贏家，他們並不聰明，也不是天才，只是在隨機的一系列預測中一直保持幸運。同樣的現象適用在投資業中，否則的話，你怎麼說明所有專家都這麼類似但績效卻如此不同？超級巨星沒有比較高的天分、比較高的學測成績或任何其他明確的獨特性。投資老手參加同樣的會議，跟同樣的分析師談話，閱讀同樣的研究報告，大部分人很可能同樣努力。

　　我有一個不同的理論，超級巨星像過去善於在馬旁邊耳語的人，長久以來，只要人類嘗試馴服野馬，把野馬變成人類的坐騎，都會有一些優秀又強壯的快馬。最優秀又強壯的快馬通常都相當狂野，但是即使是最狂野的馬，總是有一些男男女女能夠安慰和馴服牠們，沒有人知道他們怎麼做到的，他們也從來不說明──可能也說不出道理。他們的後面口袋裡，是否放了從月光映照的小溪中撿到的漂白青蛙骨頭，還是他們擁有上帝賦予的天分，就像某些人特別善於把棒球打出去一樣？看過他們馴馬的人，有些人會說這是魔法，也有些人會說他們頂多是薩滿巫醫和江湖郎中，說難聽一點就是巫師。有些人因此致富，中世紀時，很可能還有不少人被綁在木樁上燒死。

　　別人說，避險基金投資巨星類似全國擲硬幣大賽中的隨機勝利者，我一點也不相信，當我說他們像會對馬耳語的人，也只是開玩笑；不過股市倒真的像未馴服的種馬一樣，狂野而無法預測，總是有人擁有特殊的方法能夠應付野獸。我真正的理論是，

投資超級巨星擁有一些特殊的魔力能夠應付市場，讓他們在大部分時間裡，幾乎都可以靠直覺做正確的事情。超級巨星多少要用智慧灌溉自己的心靈，因此他們也可能「看出即將發生的事情」，就像古代詩人菲洛史查圖斯所寫的一樣。這就是邱吉爾所說的「透視眼」，他在1937年出版的文集《當代偉人》（*Great Contemporaries*）中，用精彩的文字描述特立獨行的英國首相勞合‧喬治（David Lloyd George）時，說他擁有「善於透視的頭腦」。

威爾斯鄉村出身的喬治天賦異稟，這種天分是伊頓公學與牛津大學貝利奧爾（Balliol）裡學不到的東西，是眾多學子的神仙教母沒有賦予他們的庇佑，是所有其他才氣極度相形見絀的特殊天分，他天生「透視眼」。

他擁有十分原創的本能，能夠看透文字與事物的表面，看出磚牆另一面朦朧卻明確的東西，或是超越群眾，看到兩塊地之外的獵場，跟這種能力相比，勤奮、學習、學識、口才、社會影響、財富、名譽、有條理、勇氣十足等特質根本微不足道。

現在回頭看傑克，那天他教我時間管理和怎麼應付權威意見的問題。他說，你不可能什麼都看，不可能跟每一個人談話，時間根本不夠。談到權威意見，你必須規範和控制自己研究它們的時間，你不能讓別人替你控制時間，這種事情在大型投資管理公司的辦公室環境中常常發生，你要緊閉辦公室的門，阻止想進來閒談的人，自己不要接電話，讓祕書代勞、記下留言。不要衝動閱讀桌上或螢幕上出現的每一篇垃圾，不要讓業務員跟你聊天，

他們的工作就是跟你談話。你必須理性管理時間，不能讓別人浪費你的時間，你有時候必須粗魯一點，可能必須打斷別人的談話，你的投資人不關心業務員是不是跟你一樣都是高盛公司的人，所有投資人只關心績效。

巧得很，傑克出名或惡名昭彰的地方，就是打斷別人的談話，如果他接聽你的電話，他也只聽幾分鐘，都不回答然後說「謝謝」就掛斷電話，打電話來的人覺得自己像白癡一樣。

不幸的是，不友善可能要付出代價。幾年前，傑克在羅德島州華其山丘，買了一棟可以看到著名海灘俱樂部的大房子。我不知道華其山丘長什麼樣子，但是顯然海灘俱樂部是正當人士親切聊天、彼此對看、共進晚餐和游泳的好地方。我想那裡的海灘比較多沙、海水比較藍、小孩子規矩比較好，因為他們全都上私立學校。我只去過那裡一次，服務生的確比較不友善。總之，傑克的太太為了自己和小孩的緣故，渴望成為會員，好讓他們跟適當的孩子一起堆沙堡。

因此傑克請投資客戶中的一位富豪代為提出申請。海灘俱樂部很慎重地處理會員問題，可以說由入會委員會祕密審查，申請人的名字在委員會中傳閱。只要你的餐桌禮儀良好，子女上私立學校，你又願意付很高的入會費，要加入並不太難。但是，如果少數有影響力的會員因為任何原因不喜歡你，你的名字就被打入等待名單，一年、一年過去，最後你會了解情形而撤回申請。傑克運氣不好，入會委員會主席是白鞋公司（White Shoe & Company）業務經理，傑克多年來對他不假辭色。白鞋公司多年來當然沒有提出過有創意的構想，這位業務經理只會談高爾夫球

和棒球。但是他自視甚高，因為他是公司合夥人，他太太繼承了大筆財富，傑克卻討厭他。

問題不只是他而已，另一位在摩根士丹利公司擔任聯合承銷經理的人認為傑克不好說話，還有一位經營投資顧問公司、客戶轉投入傑克懷抱的人說，傑克是傲慢的人，其中嫉妒一定是很重要的因素。因此代為提出申請的人回話給傑克，說俱樂部沒有空缺。經過幾年後，傑克又請他幫忙，這個人再度走完全部的申請程序，這次答案很明確：不可能，現在不准、永遠也不會准。

傑克其實不太在乎，他財大氣粗，美國東岸的每一家高爾夫球俱樂部都追著他跑，但是他太太卻受到傷害，十分生氣，到現在還沒有平復。她每天要開車經過海灘俱樂部，看到富人開著車子進進出出，她宣稱傑克不客氣的電話禮貌嚴重妨礙小孩的社交發展，每過一陣子，她就會讓傑克的日子難過。

高明的投資績效，蹩腳的高爾夫球技——阿特

去年冬天，我在佛羅里達州跟一些共同基金業的朋友，一起打高爾夫球，其中一位是我十分尊敬的阿特，阿特大概55歲，十分富有，和藹可親又客氣。他管理四十億美元的資產，以總體經濟的操作方法經營全球多空股票基金。他說話和顏悅色，十分精確，又能徹底自制與自律，也是極有分析能力的投資專家，會從每一個角度思考，考慮投資的所有次要後果。他以公平領導聞名，又不會大吼大叫，替他工作很愉快。事實上，他說話極為溫和、極有條理，幾乎不能想像他會發脾氣或提高聲音。

我十分敬重阿特，因為他從可怕的第一年中存活下來。大概十二年前，他創立自己的基金時，自有資金很少，承受驚人的事業與家庭風險，他募集了五千萬美元，以當時來說不算太少。第一年他一進場，淨值就減少25％，他看錯了市場方向，很多小問題都對他不利，一半的投資人背棄他，每個人都認為他完了。但是他挺了過來，隔年他創造了82％的驚人成長，隨後十年裡，他的投資人得到20％的淨複合報酬率，他的基金成長到二十五億美元。

　　2001年裡他的淨值略為下降，2002年又損失了15％，又有一半的錢回家找媽媽。你能夠想像到嗎？經過這麼多年美好的歲月之後，碰到跟市場狀況相比不算差的兩年虧損，一半的錢就離開了。阿特咬緊牙關，在2003和2004年又創造了很好的績效，牛羚當然又跑了回來。

　　阿特很努力練習高爾夫球，但是他很晚才開始學打球，又是緩慢、慎重的球手，站在球道上發球時，都要先試著揮桿五次，推桿又慎重之至，好比參加美國名人賽最後一回合。他會在自己的個人電腦上，記下詳細的統計，例如每一回合推桿的次數，而且不管狀況多差，每個洞他都會全力打完。總之，我跟他一起打的那一回合，他打得相當好，接著我們來到第十四洞，標準桿為三桿，中間有個水塘，阿特揮桿不順，把球發進水裡，他咬著牙關，說要另外發球，這次他把球打得很高，飛進熱氣騰騰的佛羅里達州空中，落在離果嶺二十碼的水裡。

　　阿特看著球落水的地方，然後拿起球桿，狠狠地一再敲打地上，不小心打到一棵樹打彎了球桿，然後把壞球桿遠遠一拋丟到

水池裡，從頭到尾沒有說一句話。我們看著他怒火勃發，在一旁覺得尷尬，裝作沒看到靜靜地走開。下一次發球時，阿特回到我們身邊，還是沒有說話，但是臉色鐵青。

打完球後，我們決定去吃已經延誤了的午餐，阿特說他不吃，他要去小丘下方，要在佛羅里達州中午熾熱、刺眼的陽光下練習揮桿。我吃飽後，信步走到小丘下，草地上空蕩蕩的，只有阿特在遠處，當時阿特連續打了兩棵樹，樹根本飛不起來，然後他生氣地往前急衝，他沒有看到我，突然又怒火沖天，同樣又緊閉著嘴巴，拿著球棒狂揮猛打，我偷偷溜開了。

我想一定有什麼事情讓他怒不可遏，他的避險基金表現絕佳，家庭生活似乎相當美滿，世界上眾多的好東西他都供得起，包括灣流四型噴射客機的分時租約、猶他州的滑雪度假別墅和漢普敦的房子。我記得幾年前，在一次晚宴中我坐在阿特太太旁邊，她告訴我，她總是知道阿特的基金什麼時候表現不好，因為他會變得極為不高興，晚上睡覺時會磨牙。阿特是很緊張的人，凡事要求盡善盡美，他投資這麼成功，原因就在這裡，但是現在他顯然希望變成高爾夫高手。

或許高爾夫球跟投資績效一樣，好壞無法掩飾，也可能是因為避險基金同業競爭極為激烈，自尊心極為強烈，但是不管什麼原因，很多人都沉迷在高爾夫和差點中。有些人覺得，高爾夫球打得好，就能夠應付跟賺多少鈔票有關的壓力，推十英尺的推桿，或是在第十八洞冷靜、穩健、完美地打出二百八十碼遠的球，多少是證明男性氣概的考驗。在比賽相持不下的轉捩點時刻，保持冷靜，鎮定地打球，證明他們擁有鋼鐵般的意志、膽識

和適當的本事。

此外，你希望誰替你管理資產，是在第十八洞能夠冷靜地以低於標準桿一桿、用長推桿打出曲球進洞的人？還是在重要的一個洞口，只要再打一桿就能進洞，卻打出高於標準桿兩桿的笨蛋？海明威用名言「壓力下保持優雅」描述勇氣，顯然很多執行長都有同樣根深柢固的心態，大企業高級經理人千方百計想加入阿古思俱樂部（Augusta）、辛內寇克（Shinecock）和絲柏點球場（Cypress Point）。何況對於忠誠之至的高爾夫球迷來說，還有蘇格蘭聖安德魯斯皇家高爾夫俱樂部，以及必須打著黑領帶參加的該俱樂部晚宴。

高爾夫球愛好者總是堅持說，跟一個人打十八洞，比跟他做生意多年，還更能了解這個人的個性和內心。坦白說，我認為這是廢話，我喜歡打網球，不是特別喜歡高爾夫球，算不上是真正的高爾夫迷。總之，我想告訴你的是，很多避險基金的經營者十分在乎自己的高球技巧。他們富有到某一個程度後，除了家人之外，高爾夫變成他們人生中最重要的事情。

畢竟一旦你擁有五億美元的身價時，再賺五億美元不會讓你的生活型態和幸福度有什麼重大差別。你當然可以多買幾棟房子，擴大基金會的規模，改買更快的噴射客機，但是所有這些額外的東西只是讓你的生活更複雜。你會說，多賺五億美元，風險會增加，就是額外的財富會傷害子女的主動精神，擾亂家人的思想。我當然知道金錢是記錄我們成就的方式，但是在高不可攀的巨富天地中，有一個轉捩點，太多錢是讓生活複雜的負債，會遭致搶劫、嫉妒、綁架之類的麻煩。

因此對很多人來說，一旦你擁有了五億美元，最能讓人滿足、又能持久增進幸福感覺的方法，是改善高爾夫球技巧，意思是降低差點。讓女兒進哈佛大學或是讓兒子加入足球隊，當然令人十分興奮，但是這種感覺不會持久，會逐漸消退。這樣不是說避險基金經理人不愛家人，他們愛家人，但是對他們來說，或許在日常生活大事中，高爾夫球最後會變得跟基金投資績效一樣重要。

要了解這一點，不打高爾夫球的讀者必須了解，事實上高爾夫球中有一個階級制度。十幾個差點表示球技不錯，但是大致上，你配不上十個差點以下的大人物。你跟他們打球時，縱使你再能言善道，其實也比不上他們。同理，九個差點和兩、三個差點也是重大差異。然而，要降低差點很難，尤其年紀大了以後。你可以跟名教練學習，在草地邊緣打幾小時的球，買世界上最好的設備，可能也毫無進步，尤其是年齡會無情拖累你的技術，大概過了50歲之後，你會碰到無法再進步的牆壁。

有一天晚上，我們一幫人包括阿特在內，坐在這裡一起討論這一切。有人提到避險基金業裡名聲響噹噹、高爾夫球卻打得不好的山姆，整個夏天都請矯正過老虎伍茲揮桿的專業名師跟他到處奔跑。

有人說：「一個夏天下來，他至少要破費五十萬美元。」

「那又怎樣，」第一個人說：「山姆樂意付出一千萬美元，好讓差點下降幾點。」

我帶著尊敬之情指出，一千萬美元是山姆一個下午交易不利的結果，而且你是否在乎自己的差點，真正的考驗是你願不願意

把基金績效的百分點，交換降低的差點點數。我提出假設性的問題：「如果魔鬼來找你，提出浮士德式的交易，說：『如果你願意給我基金績效的5個百分點，同一個期間裡，我會讓你的桿數一直降低五桿。』你願意嗎？」

他們很有興趣，因為他們都喝了幾杯酒，處在反射性的情緒中而認真思考這個問題，也可能沒有認真思考，反正我不知道。

阿特說：「這樣很有吸引力，但是我不會這樣做，這樣對我的投資人很不公平。」

「是哦，」另一個極力想把十四個差點降下來、財產早已超過五億美元的人說：「我想你的投資人對你總是這麼忠心囉？」

「我是受託人，我的記錄是我的傳承，我以此為榮，不願意破壞掉。」

「忘了你的傳承吧，」，那個人說：「這不像美式足球名人堂，可以讓以後的小孩去參觀，看布朗（Jim Brown）高明的衝刺影片，或是看尤尼塔斯（Johnny Unitas）觸地得分的妙傳。我的小孩長大了，我太太常常心煩意亂，擔任慈善團體董事也很無聊。但是高爾夫就是高爾夫，我馬上就會答應魔鬼。」

對他來說，他的答案很有理，他要的玩具他全都有了，有些玩具他甚至找不出時間來用，同行都很尊敬他。然而，雖然他有這麼多成就，他的高爾夫球技仍然讓他處於難堪的階段，以他的年齡來說，以後也不會有很大的改進。球技不能大幅進步，他永遠不會受邀參加一流會員與賓客參加的「曲球」（Hook and Eye）之類的大賽。更不可能受邀參加阿古思俱樂部，主導入會委員會的執行長沒有多少時間應付格林威治來的邪惡又富有的避險基金

業者。一點差點大概是他用錢唯一買不到的東西。

另一位聽說球打得很好的年輕小伙子搖搖頭說：「我不會這樣，我會向魔鬼提出對案，我雖然很喜歡高爾夫，卻願意跟魔鬼簽約，如果他願意讓我每年的績效提高5個百分點，我願意再也不打高爾夫球。」他的答案也沒有讓我驚訝，他的記錄不錯但卻起伏不定，而且他相當窮。

然而，我有一個顯得有點傲慢的看法，就是避險基金的每一個投資人，都應該考慮基金經理人的個人動機。

Chapter 9
市場多空循環的宿命

股票不知道你擁有它，死忠抱著也不會有報答。

　　投資和投資業會變得這麼困難、這麼混亂，原因是其中有動盪、長時間的長期循環（secular cycles）。長期循環一代只發生一次，繁榮至少延續十年，經常還更久，衰退經常比較短，但是會摧毀生命、財產和事業模式。根據韋伯字典的定義，循環是「某種時間或現象以相同次序重複發生、所形成的歲月或反覆週期回合。」

　　如果你是企業家，市場與資產類別的長期循環，會使大型投資管理公司變成衝突嚴重、難以管理的企業，因為從投資和長期利潤的觀點來看，為了儘量提高短期利潤所做的合理行為，正好是錯誤的行為。例如2000年間，雖然泡沫破滅，以業務為重的摩根士丹利投資管理公司行為像企業家一樣，大力促銷科技股和積極成長股基金，因為這些基金是業務人員能夠賣得出去、大眾也願意購買的基金。經營階層不是惡魔，所作所為是他們認為該做的事情。公司籌募了大量的大眾資金，卻很快就虧損掉。公司為

了賺取短期利潤，不但犧牲了大眾，也犧牲了公司的長期信用和獲利能力。

2003年春季，這家公司在另一方面又犯了錯誤，結束了亞洲股票基金，這檔基金完全投資日本市場以外的亞洲地區，基金規模從十年前人人談論亞洲奇蹟時的三億五千萬美元，降到一千萬美元以下。以這種資產水準來說，顯然是虧損的事業，因此結束營業是正確的短期事業決定。當時似乎沒有人對亞洲有興趣。然而，當時比較小的亞洲市場便宜得不可思議，亞洲經濟蓬勃發展，亞洲股票正是應該投資的東西。我大聲疾呼，希望維持這檔基金，而且我認為，隨著市場反彈，新資產會流入。結果我這樣做徒勞無功，沒有人認同我，大家不認同我這件事就是買進信號。要是投資大眾和以利潤為重的投資管理公司經營階層，能了解不愚蠢地追隨群眾有多重要就好了。澳洲石油業者馬斯特斯（John Masters）在某一年的公司年報裡，簡單明瞭地談過這件事。

你必須了解，每一個發人之先的行動都很寂寞。與芸芸眾生為伍確實比較自在安全，但這種自在安全說明你將不會有任何成就，這種一切順利的溫暖感覺通常是群眾中心的體溫。除非你冒險往前，否則沒有機會得到豐厚的報酬。

散戶常見的錯誤——買高賣低

結束這檔基金似乎是特殊共同基金常見的例子。大眾資金大

量流入時，都是基金有良好表現之後、而不是之前，然後在基金表現差勁、即將再度有優異表現之前贖回。1999和2000年間，那斯達克指數向5000點推升時，數十億美元湧入科技股基金。事實上，2000年春季的泡沫中，大約80％資金流入科技股基金。隨後三年裡，那斯達克指數慘跌到1000點，投資人的資本虧損了60％到80％。2002和2003年，那斯達克指數即將回升1倍前，贖回最厲害。

曾經有人問李佛摩採用什麼投資策略，他的回答是「買低賣高」。大眾的作法正好相反，他們買高賣低，原因之一是共同基金業努力銷售好賣的基金，有絕大的誘因（管他什麼後果），好賣的基金正好是熱門的基金。大眾永遠學不到教訓，共同基金業永遠不可能放棄賺錢的機會。然而，公平來說，經營共同基金業和銷售這種基金的人不是惡魔，在熱潮洶湧、股價飛漲的時刻，他們確實相信這次可能真的不同，但是當然從來沒有不同過！

幾年前，備受尊敬的研究機構大壩公司（Dalbar），針對大眾投資共同基金的報酬率做過研究，得到大約跟下面所說類似的結果：在2000年初結束的大多頭市場期間，標準普爾五百指數每年複合成長16％，美國股票型共同基金平均每年複合成長13.8％，這點不足為奇，因為所有費用平均大約為220個基本點。真正讓人震驚的是，大壩公司發現，共同基金投資人平均每年只賺到7％，為什麼？因為一般投資人正好在錯誤的時機，從一檔基金轉換（或被經紀商轉換）到另一檔基金，或是換成現金。對一般投資人來說，波段操作和趕流行一直是徒勞無功而且代價高昂的作法，新保守主義主張，一般美國人應該積極管理自己的社會安全

帳戶，自行做資產配置決定是瘋狂的想法。

1980和1990年間，美國共同基金的模式為基金供應商，包括投資管理公司、經紀商和基金經理人，創造了龐大的財富，卻徹底辜負了美國的個人投資人。不列顛之戰後，邱吉爾說「幾個中隊的皇家空軍在某些情況下，創造以一勝十」擊敗德國空軍的英雄事蹟，避免了慘劇，邱吉爾的結論是「人類史上從來沒有這麼多人，虧欠這麼少人這麼大的恩惠。」戴維斯基金公司（Davis Funds）總裁戴維斯（Chris Davis）是敏銳的思想家，他考慮過共同基金遠不如指數的可憐報酬率、也考慮投資經理人超高的待遇後，說過一段有力的話，「金融商業史上從來沒有這麼多人，付這麼多錢給這麼少人。」真是令人感慨，但卻是事實。然而，世界商業史上的不公平在經歷一番痛苦後，通常都會矯正。

投資散戶得到這種悲慘的結果，自己當然也要負一點責任。他們不論在性情、研究資源或時間投入方面，根本都沒有準備，不能跟專家競爭。理性的個人不會夢想跟職業運動員或職業牌手比賽贏錢，為什麼到了在金融市場就有這種夢想？然而，個人的確需要自己做長期的資產配置決定。如果個人對長期與景氣循環至少有大略的觀念，對反向投資法有點認識，就應該把指數型基金視為個人可以運用的工具。

長期空頭與景氣循環空頭的差別

我們首先看看「長期」空頭市場與「景氣循環」空頭市場的定義，我認為，**長期空頭市場是主要股價指數至少下跌40%——**

次要股票下跌更多——**跌勢至少延續三到五年**。跌勢之後是延續多年、掃除過度的長期後遺症。這段期間裡可能有景氣循環的多頭市場，但是要很久之後，新的長期多頭市場才會開始，主要指數才會衝破舊高點爬到新高點。

相形之下，**景氣循環空頭市場是至少下跌15%，但是不到40%，延續期間很少超過一年**。恐慌是很短暫的劇烈慘跌。長期空頭市場定義中，時間長短是重要因素，因為**時間與持續的痛苦是改變行為型態與社會的東西**。根據這些定義，我算出二十世紀美國有兩次長期空頭市場，一次是1929到1938年，一次是1969到1974年；另外至少有三次恐慌，分別是1916、1929和1987年，還有二十五次普通的景氣循環空頭市場。

二十世紀美國股市的長期循環可以定義為：1921到1929年是長期多頭市場；1929到1949年是長期空頭市場；1949到1966年是長期多頭市場；1966到1982年是長期空頭市場；1982到2000年是長期多頭市場。我認為新的長期空頭市場顯然從2000年開始，我們目前處在後遺症期間的景氣循環多頭市場反彈中。其中有兩個大問題：這次長期空頭市場的低點是否已經出現，這次長期空頭市場會延續多久？

我認為低點已經出現，但是我不斷想起日本，想到將近十五年後，長時間、可怕的長期空頭市場仍然困擾日本。這段期間裡，日本市場不斷出現短暫、劇烈的景氣循環多頭市場反彈，但是每次的反彈都是煙霧彈，最後會進一步下跌到新低點。我很尊敬的專家，如格蘭森（Jeremy Grantham）、史文森（David Swensen）和戴維斯（Ned Davis）認為，美國股票最後會跌破

2002年秋季與2003年春季的低點，標準普爾五百指數大約會跌到
600點左右，道瓊工業指數可能跌到6000點，也就是大約比今天
下跌45％。

如圖9‧1所示，空頭主張那斯達克指數十足遵循典型泡沫破
裂的型態發展，我同意他們的看法。很多年裡，那斯達克指數再
也看不到2000年的高峰，但是這樣又如何？那斯達克指數1970年
代的前輩──「五十種績優股」也花了十年才復原，這點不表示世

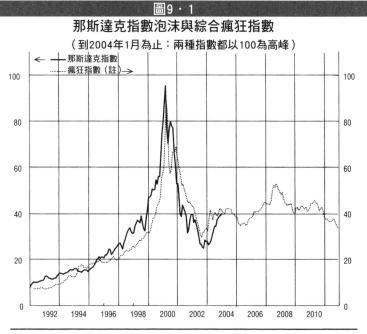

圖9‧1
那斯達克指數泡沫與綜合瘋狂指數
（到2004年1月為止：兩種指數都以100為高峰）

註：瘋狂指數由1980年的黃金與白銀指數、1989年的日經二二五種股價指
　　數與1929年的道瓊工業指數構成。
資料來源：Global Insight

界股市會再創新低，也不表示其他股市不會蓬勃發展。

　　空頭也說，他們最擔心衍生性金融商品尾大不掉。沒有人真正知道衍生性金融商品的問題有多危險，只知道這種商品的債務有二兆美元，外人難以了解，內部人很可能也不了解。末日派心急如焚，痛斥衍生性商品是巨大的腫瘤，像癌症腫瘤一樣，每天在世界的內臟裡無情地生長。根據定義，衍生性金融商品的確是為了減輕特定風險，實際上卻可能增加了系統風險，因為每家大型金融機構都陷在其中，糾纏不清。長期資本管理公司崩潰讓人驚恐，看出冒險死亡螺旋可能造成的金融慘劇，也證明世界最高明的數學家和天才就算他們計算與管理風險的能力再高，也根本不可能不犯錯。

　　但是以投資者而言，你能對末日風險怎麼辦？就像我跟文斯昭談時說的一樣，投資人該做的事情是賭我們不會回到黑暗時代，不該為不可知的事情擔心而避險。

　　我們很難猜測這次要經過多久，新的長期股票多頭市場才會真正開始，要死而復生，條件是資金應該很便宜，供應充分，債務結構應該緊縮，商品與服務應該有壓抑的需求，但最重要的很可能是根據絕對估價標準，股價顯然應該很便宜。今天資金成本低廉，供應充分，但是其他條件還沒有出現。美國股票一點也不便宜，但是如果考慮利率水準和通貨膨脹率，美國股票也不昂貴。誰知道道瓊工業指數和標準普爾五百指數要多久之後，才會超過2000年的高點，那斯達克指數會怎麼樣？世界經濟在中國和印度領導下，成長速度可能遠比所有統治者現在想像得還快很多。我也十分清楚記得，1970年代初期，長期空頭市場長久後遺

症造成的痛苦，很多年裡，美國股市在相當狹窄的幅度內盤整。

　　讓我困擾的是，1990年代美國和世界各國股市泡沫普遍過度的情形，超過過去大多數衰落期間之前的泡沫。然而，到目前為止，現在的情形根本還比不上1970年代末期的折磨，也比不上日本所經歷過的痛苦。日本股票即使在2005年反彈後，仍然比歷史高點下跌70％，日本不動產價格下跌了50％，才剛剛開始穩定下來，日本股票共同基金的資產比1990年的高峰減少了95％，這就是長期空頭市場對金融服務業的傷害。想想看，如果這種情形發生在美國，絕大多數美國金融服務業的情況會有多慘！如果精華地帶商業不動產價格下跌50％，會造成何等的衝擊？

　　過去的長期空頭市場總是把股價的各種估價，打回前一次多頭市場開始時的水準，甚至打得更低。股價淨值比是最穩定的價值指標，因為股價淨值比跟所有與盈餘有關的比率不同，對經濟的景氣循環起伏不敏感。請參閱圖9‧2日本股票的股價淨值比。狂熱的多頭市場和隨後的瘋狂泡沫，把股價淨值比抬高到超過5倍，現在將近十五年後，已經跌到1.5倍，大約是1975年開始時的水準。美國股市在2000年漲到最高峰時，股價淨值比也將近5倍，今天大約為2.9倍。

多頭市場與泡沫：日本與美國的比較

　　然而，美國與日本的長期多頭市場有一些重大的差異。2000年時，美國的情形主要是股市泡沫破滅，蒸發了很多財富，造成經濟衰退。日本的泡沫除了拖累股市之外，也牽扯到商業不動

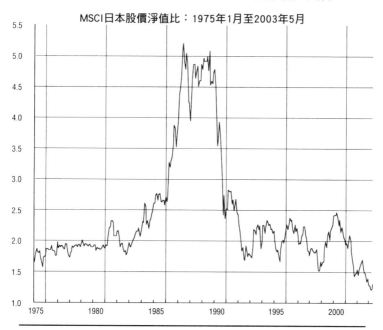

資料來源：Traxis Partners Quantitative Research, MSCI

產，但美國的泡沫並非如此。到1990年，日本不動產價格已經漲到離譜之至的水準。例如，光是皇居土地的價值，就超過加州所有不動產的價值。日本泡沫破滅時，全國財富大約蒸發了50％。相形之下，美國股票喪失的帳面價值由持續不斷上漲的房價彌補了回來，這是重大的差別。

　　固定資產價格持續狂漲，總是會造成借錢投機的現象，日本的銀行業前仆後繼，急於貸款給建商。因此，日本不動產泡沫破

滅後，隨之而來的是無法避免的呆帳後遺症，重創了日本銀行體系，進而造成通貨緊縮，使日本的經濟經歷了更久、更痛苦的蕭條、不景氣。巧合的是，現在經過十五年後，日本的銀行業終於復原，但是仍然步履蹣跚、相當窮困，壞帳問題仍然沒有解決。

美日泡沫還有一個重大差異，就是美國的瘋狂全部都跟股票資金投入科技與網路股有關，基本上是屬於提高生產力的支出。很多錢浪費掉了，很多錢虧掉了，但是另一方面，也有很多錢融通了創造新產品與發明的企業。日本的瘋狂除了少數例外，都以財務工程為主，也就是當時日本人所說的「財技」，幾乎毫無可取之處。此外，日本銀行體系參與的程度大多了，相形之下，今天美國銀行體系相當健全。

第三，泡沫破滅後，日本主管當局在財政與貨幣政策上都犯了嚴重錯誤，造成經濟衰退與通貨緊縮的惡性循環，幾乎等於經濟的死亡循環，要脫困而出變得難上加難。泡沫破滅時，日本（中央）銀行提高官方利率，經濟開始復甦時，日本政府提高稅率。相形之下，美國聯邦準備理事會大力降低官方利率，聯邦政府幾乎立刻在所得與投資方面減稅。事實上，美國經濟因為空前未有的財政與貨幣刺激而獲益，毫無疑問，這些措施避免了更嚴重的經濟衰退，至少暫時是如此，至於是否能夠避免或只是延後了無可避免的報應，還有待觀察。

1969 至 1974 年的長期空頭市場

我剛才小心指出了美日經驗的差異，無意主張美國沒有發生

股市泡沫或大規模的投機與詐欺，美國股市的確出現連續下跌三年的長期空頭市場。我擔心的是，這次空頭市場的嚴重性和後遺症延續期間，似乎都不如1969到1974年的長期空頭市場，這是我猜想這次空頭市場可能還沒有結束的原因。這次空頭市場的痛苦程度根本不能跟1930年代的情況相比。道瓊工業指數在1966年首次突破1000點，一直到1982年，才真正突破這個水準，這段期間裡，美國的生活費用膨脹了8倍，因此1966年投資在股票上的1美元，到1982年只能買到價值十三美分的東西。

那次空頭市場有個不尋常的地方，就是可以很清楚分為三個階段。問題真正開始時，道瓊工業指數和很多次要股票在1968年12月漲到高點。到1970年5月26日，道瓊工業指數已經下跌35.9％至631點，但是次要股票的屠殺慘烈多了。1960年代由三十檔主要投機熱門股構成的指數跌幅高達81％，這三十檔股票中，包括十檔主要的集團企業股，如李騰公司（Litton）、海灣西方公司（Gulf & Western）和已經倒閉的LTV公司；十檔電腦股如IBM、利斯柯（Leasco）與蘭德公司（Sperry Rand）；另外是十檔科技股，如寶麗來、全錄（Xerox）與費爾才照相機公司（Fairchild Camera）。後來LTV公司從170美元跌到15美元、國際度假公司從62美元跌到7美元，數據處理公司（Data Processing）從92美元跌到11美元。到這時，有些真正的詐欺股如國家學生行銷公司（National Student Marketing）、四季護理公司（Four Seasons Nursing）與巴文多曼公司（Parvin Dohrmann）實際上已經變得一文不值。

1970年5月26日的賣出狂潮之後，出現漲幅達到51％的反

彈，到1971年4月28日，把道瓊工業指數推升到950點。這段期間是動盪不安、令人激奮的時期。當時最大型的避險基金當中，有一家從1970年5月28日起大量淨放空，因此慘遭滅頂。「五十種績優股」率先反彈，從1971年持續到1972年，道瓊工業指數在1973年1月11日，漲到1051點的最後高峰。這次漲勢範圍狹小，集中於「五十種績優股」和一些績優產業股，1960年代晚期的熱門股低迷不振，有些股票如記憶科技公司與股票融資公司（Equity Funding）甚至進一步下跌。然而，很多人受騙，認為新的多頭市場開始了，重新投入這波反彈，同樣的事情今天可能再度發生。

隨後的重大崩盤中，整個「五十種績優股」兵敗如山倒，平均下跌60％，有些股票遭到毀滅性的摧殘，如雅芳（Avon）從135美元跌到18美元，寶麗來從70美元跌到6美元，康寧玻璃（Corning Glass）從61美元跌到13美元。美國證券交易所指數下跌56％。店頭市場的情況更糟糕，1974年夏末與秋季，看來過去大家鍾愛的每一檔投機股，不管基本面好壞，本益比都只有3到5倍，從最廣泛的股價指標價值線綜合指數（Value Line Composite Index），可以看出損害的嚴重性，價值線綜合指數在1968年到頂，六年後下跌了75％。經過通貨膨脹調整後，連主要股價指數都下跌70％。1970年代裡，耶魯捐贈校產基金的購買力喪失了45％，校舍延後維修，耶魯大學的財務獨立性遭到懷疑。長期空頭市場也改變了美國慈善事業的效能。

為了留下記錄，這裡要指出，如果前兩次長期空頭市場的時間表這次也適用，大約要到2017年，道瓊與標準普爾五百指數才會重回新高峰。至於「五十種績優股」，平均要經過十年半，才能

重回過去名目上的股價高峰，要經過十六年半，才能重回經過通貨膨脹調整後的實質高點；換句話說，不要屏氣凝神只為等待那斯達克指數重回5000點。

那次長期空頭市場給人什麼樣的感覺？感覺就像有良好題材、你信心十足、也曾經拜訪過的公司股價不斷下跌，跌幅超出你的想像，就好像沒有底部、沒有支撐水準一樣。1974年夏季與秋季，跌勢日復一日，無休無止。因為華爾街已經完了，你會認真考慮自己要怎麼養家活口，要到實質經濟中的哪個部門找工作。你找不到答案，這一行你認識的人，包括業務員、基金經理人、創設避險基金的人，就這樣消失了，幾年後，你聽說他們搬到托彼卡或杜魯斯，買了一家五金店或是在教國中一年級，或是當棒球隊教練。格林威治、南安普敦與比佛利山莊大大的房子、昂貴的豪宅、最上層的住宅不動產市場崩潰。

真的，那時就像現在一樣，弊案重創共同基金業，大眾損失數量驚人的資金，投資人海外公司（Investors Overseas Corporation）與夥伴企業基金（Mates and Enterprise Funds）沒落、衰亡。1960年代華爾街的很多英雄，到了1970年代都變成惡棍，一個接一個逃走，逃進了監獄，包括當時像快槍俠吉姆林一樣的大亨，以及康菲德（Bernie Cornfeld）之類好色的基金促銷專家〔高伯瑞（John Kenneth Galbraith）曾經很不客氣地問：「接待顧客的女孩哪裡去了？」〕，從1973到1979年間，投資管理公司的數目減少40％，股票型共同基金的資產減少一半。教授與投資顧問寫了很多文章和書，證明投資經理人不能打敗市場，專業投資穩輸不贏。

雖然 1970 年代的避險基金規模和影響力遠遠不如今天，在長期空頭市場中一樣崩潰、消滅。大多數避險基金不能像廣告中說的一樣，靠著在空頭市場大量放空保存投資人的資本。事實上，這些避險基金只是利用融資的多頭基金；換句話說，這些基金借錢買股票，卻沒有放空其他股票避險。很多避險基金涉足私募股票，最後這些股票沒有流動性又沒有價值，到 1974 年底，因為虧損和關門的關係，避險基金的資本減少了 80 ％〔1929 年發生過同樣瘋狂的事，聲名狼籍的高盛交易公司從發行價格 104 美元，跌到只剩 2 美元〕。

　　隨後的五年裡，包括第二大避險基金在內，很多最著名的避險基金紛紛倒閉。那個時代的索羅斯、我的老恩人瓊斯公司，到 1968 年為止，創下連續十年每年複合成長 30 ％的驚人記錄，卻在1970 年代慘遭摧殘，公司雖然繼續存活了一陣子，卻再也沒有恢復往日榮景。取而代之的是新一代比較專業的避險基金經理人，索羅斯、史坦哈特（Mike Steinhardt）、培根和羅伯森從灰燼中升起。當時跟現在有一個重大的差別，就是 1960 年代多頭市場的超級巨星全都是年輕小伙子〔像名叫富瑞（Fred）的小伙子，古德曼在《金錢遊戲》（*The Money Game*）這本書中，把他描述成亞當斯密再世，令人極為難忘〕，今天避險基金世界中的大人物大多數（並非全部如此）都是 40、50 歲的人。

　　我認為，這次長期空頭市場的低谷已經過去，但是我們必須保持開放的心胸。

股票不懂報答

　　有時候，我會跟合夥人建議，我們各自回家，假想我們只有現金，然後像我們創業之前那個星期天一樣，隔天帶著新的投資組合和新部位的建議到辦公室來。假裝你只有現金，必須建立全新的投資組合是絕佳的紀律訓練。你不受舊部位拖累，舊部位裡的題材已經腐敗、已經下跌，價格太便宜不能賣出。不管是避險基金投資人或其他投資人，投資人除了現金之外什麼都沒有時，會被迫注意新機會，會被迫購買當時最有吸引力的二十或三十種部位。舊部位的問題可能是所謂第一年現象的根本原因。我所指的是，統計顯示，存活下來的新避險基金中，第一年表現最好的比率很高，這樣說跟新避險基金表現最好不同，是因為經理人嚇得要死所以比較專心，還是因為其他原因？我想答案是後者。

　　你處理和調整現有投資組合時，會有無法體會、下意識的情感牽掛，阻止你客觀、冷靜地採取像賣出之類的投資行動，你已經擁有的東西是你的包袱，會妨礙你創造傑出的績效。你總是會有一些你很有信心、但是市場卻因為某種原因，愚蠢到還沒有發現的部位。你很難讓自己拋棄一種部位，尤其是當你認為只要你放掉這些部位，這種差勁又頑固的部位就會反彈。還有一種偏見會妨礙換股，因為你在下意識裡知道自己可能犯兩次錯誤。同理，要賣掉績效優異的好股很難，因為這些股票替你帶來好處，也因為你希望這些股票會帶來更多好處。

　　身為投資人，我們經常把部位個人化，跟它產生情感，然而投資決策過程應該完全知性與理性，因為畢竟這些部位只是紙張

而已。請記住：「股票不知道你擁有它。」這句話非常正確，忠心耿耿地死抱著並不會有報答，抱著的股票股價太便宜不能賣出，吸引力卻又不足以讓你買進，就是這種不上不下的股票使投資組合惡化、績效低落。

我總是看很多跟投資有關的東西。巴魯克（Bernard Baruch）和李佛摩很可能是二十世紀上半葉兩位最傑出的私人投資家，有趣的是，每次他們覺得情況不好、不確定或不安時，都會出脫所有持股去度假。他們回來後，都會重新開始買進全新的投資組合。這種從零開始的再投資型態，在巴魯克和李佛摩的著作中顯而易見，但是沒有證據證明他們刻意採取這種策略，還是先天直覺。總之，這點幾乎形成了他們投資操作的鮮明風格。

當然，那個時代如果你離開到佛羅里達州或亞利桑那州，換個景色避開塵世，你就真的是與世隔絕。今天顯然不是這樣，你擺脫不了廢話，然而你還是可以這樣做。某一年的聖誕節，我們家族到康納利群島的藍沙洛德島，這個島大約在西非海岸外一百英里，島上有一座一百五十年前爆發過的火山，島上鋪滿乾岩漿形成的岩塊，真的是上帝遺忘的地方。交易風日夜吹襲，呼嘯吹過老舊的旅館，吹進我的夢裡，但是那裡沒有報紙，沒有國家廣播公司商業台，沒有電子郵件，我的手機大部分時間都不能用——什麼都沒有。我看了史紀德斯基（Robert Skidelsky）所寫十分精彩的凱因斯傳記前兩冊，每晚睡得安穩之至，我抱怨天氣，跟小孩一起打網球。旅館的自助餐好吃極了，小孩深愛這個地方。十二天後，煥然一新地回紐約。

Chapter 10
只有自大狂或傻瓜才想找出頭部和底部

群眾在市場轉折點時總是犯錯。

　　我另一位老戰友戴夫（Dave）來到我辦公室，戴夫不是花俏或自負的人，上的是中西部的大學，1974年我初認識他時，他剛剛在中西部一家大型共同基金公司裡，從分析師升為基金經理人。他是堅強、精明、努力的人，當時他非常注重基本面投資。後來他管理一家大公司的退休金基金，創造了傑出的績效。1987年，他成立自己的投資管理公司，積極管理偏重基準指數的機構帳戶。1987年底，他管理的資產高達七千二百萬美元。

　　戴夫有趣的地方是，這些年來他徹底改變了投資信仰。對投資專家來說，這樣是好比換腦袋一樣的驚人大事，相當於十分虔誠的天主教徒去改信猶太教。戴夫原本是注重基本面的價值型投資專家，現在到了成熟的歲月，對基本面的注意少多了，變成了波段操作的投資專家，很注意世界各國市場、類股和個股的長期相對強勢模式。就像他說的一樣，他讓市場告訴他應該擁有什麼類股和股票，而不是設法告訴市場什麼類股應該有優異表現。換

句話說，他尋找持續的相對強勢，如果一檔股票或類股上漲速度比大盤快，他會命令分析師詳細研究。除非基本面有什麼嚴重問題，否則他會買進這些股票，抱著直到股票開始喪失相對強勢為止。他絕不會光因為價格便宜就買進股票，他從來不嘗試找出底部，他認為瘋子才會買進持有比率低落、不受歡迎、股價又低估的股票，要就應該買進和擁有上漲的股票，賣出或避免下跌或盤整的股票。

　　戴夫的績效總是劇烈波動，膽小的人不敢請他代操。舉例來說，1991年時，他的基準指數標準普爾五百指數上漲30％，他的美國股票帳戶上漲56％；1993年，標準普爾五百指數上漲10％，他的帳戶上漲31％。另一方面，1994年標準普爾五百指數微幅上漲1.3％，他管理的帳戶卻下降23％，隨後的三年裡，他的績效都略微不如標準普爾五百指數。1990年代末期，他的表現很好，因為他跟著趨勢擁有很多科技股。1998年，他的美國股票帳戶大增61％，標準普爾五百指數只上漲28％。隔年他的帳戶飛躍成長90％，標準普爾五百指數只上漲21％。他公司管理的資產飛躍增加到一百四十億美元，績效這麼驚人，得到的報答是很多客戶贖回四分之一或一半的資金，完全是因為他的表現太好了，他們的帳戶已經變得太大了。

　　結果這些投資人對了一半，理由卻是錯誤的，因為他雖然在2000年開始的空頭市場中受到傷害，表現比基準指數卻差不了多少，他沒有遭到摧殘，他的系統使他逃脫即將崩盤的股票。

　　例如，他持有北電網絡（Nortel）的龐大部位，買進價格大約為16美元。2000年4月，我拜訪北電，你不必是投資大師葛拉

漢，就可以看出這家公司即將爆發慘劇。股價和虛增的盈餘相比高達100倍，帳目一塌糊塗，公司不從事研究和產品發展，卻付出高得離譜的價格，併購新創的科技公司。公司從事的是高度競爭的大宗商品事業，執行副總裁卻一派胡言，對我高談闊論「創新者的兩難與顛覆性科技」。他告訴我為什麼「北電處在良性循環中」。簡直是瘋了！北電根本不是成長股！是高度景氣循環的資本材公司，讓我聯想到1970年代新時代股票的崩盤。

我回到紐約，打電話給戴夫，當時北電股價為62美元，他專心聽我說完我擔心的事情，然後說：「你很可能說對了，但是我要等市場告訴我。」北電繼續上漲，5月時漲到75美元。然後到了那年秋天，科技股開始遭到沉重打擊，北電跌到60美元，某一天早上，北電宣布第四季盈餘會大幅降低，手中訂單已經減少。北電那天早上延後開盤，一開盤就暴跌12美元，跌到48美元。戴夫那天把所有的北電部位賣光，接下來的兩年裡，北電跌到3美元。

「只有自大狂或傻瓜才想找出頭部與底部，」他來看我時笑著說：「你是哪一種人？」現在他喜歡美國科技股、亞洲、日本和新興市場。我問他美國製藥股如何，製藥股已經慘跌，來到1990年代初期希拉蕊‧柯林頓攻擊製藥業以來的最低水準，而且我們擁有製藥股。戴夫說：「毫無興趣，製藥股看來愈來愈弱，你為什麼想買這樣的股票？你只是猜想製藥股已經止跌，等市場告訴你吧。」

席瑞爾和梅哈夫走了過來，戴夫又說了一陣子話，然後坐在我的彭博資訊螢幕前，讓我們看香港股市、紅籌股、德國DAX

指數和東京股市的圖表，每個地方的圖表都顯示市場突破創新高時，隨後立刻再暴漲大約10％。戴夫說：「好像煙在煙囪裡上升一樣。」（當時他認為標準普爾五百指數下個月也會這樣，結果他說對了。）他認為美國股票大致上很昂貴，他不知道美國經濟是否強勁，但是他拒絕做判斷。他說：「市場比我或比你們都精明，目前市場告訴我，股價會再上漲，亞洲會再度變成老虎，美國經濟會繼續成長，所以我擁抱股票。或許市場知道一些我所不知道的世界經濟大勢，我希望持有具有強勁景氣循環盈餘收益的股票。」

聽著戴夫說話，我忍不住想到《股票作手回憶錄》中一段類似的談話。主角老火雞說自己是波段操作交易者，也是學習貪婪學的學生，說了一陣子後，老火雞針對股票不再對利多消息起反應時，提出下述建議：

雖然消息仍然很有利，但主流股開始喪失相對強勢，而且留強汰弱再也行不通時，大致上就是要退出股市，因為遊戲已經結束。有經驗的交易者應該有足夠的眼光，可以看出情勢不對勁了，他絕不能期望盤勢變成老師，他的職責是聽盤勢叫他「退場」的話，而不是等著拿退場許可的法律文件。

我前面說過，跟基準指數相比，戴夫極度追隨市場動能的模式造成績效劇烈上下震盪。他炙手可熱的時候，真的是如日中天，他狀況糟糕時，糟得一塌糊塗。1990年代末期成長股當道時，他真的是脫穎而出。接著，趨勢從注重成長變成注重價

值時，他的績效低落。他的波動程度把主張慎重投資的人嚇得魂飛魄散，不過，到2005年6月30日為止的十年內，他的成績每年高出標準普爾五百指數600個基本點，比羅素一千成長股指數（Russell 1000 Growth Index）高出800個基本點。然而，到2002年底，他管理的資產卻降為六十億美元，然後保持不動，過去四年大約都是八十五億美元。機構投資人顯然不能忍受他的波動性，這樣實在荒唐，因為他們應該關心的是長期績效。無論如何，我喜歡戴夫，也崇拜他。他這個人不會像懦夫一樣，畏畏縮縮地緊抱著指數，空談他們的績效比美指數。他也承認自己追隨大勢操作，我們大部分人也都是這樣卻不肯承認。戴夫是真正的投資人。

戴夫的風格和我不合，我的風格是注重價值與反向思考，不相信大勢。事實上，我的投資理念幾乎跟他正好相反。然而，我十分尊敬戴夫的判斷和對市場的直覺。波段操作投資經常表現絕佳，我們必須跟最高明的波段操作專家保持聯絡，所以我每隔幾星期，就會跟戴夫談話。

別對歐洲私募基金期望太高

戴夫來訪後，我前往巴黎，參加一個歐洲基金會的董事會，這趟旅行很值得。這家基金會是我們的重要投資人，基金會的投資專家像大家一樣，認為未來五年裡，美國與歐洲公開上市股票與債券只能創造低於10％的年度報酬率。他們的期望比較高，希望創造10％的名目報酬率，扣除通貨膨脹後，得到7％至8％的實

質報酬率。我告訴他們，以大型投資組合來說，這個目標很高。他們認為可以達成目標，方法是轉移到投資報酬比較豐厚的資產類別，如避險基金、林地、創投基金與私募股票。

基金會的員工指出，優異的歐洲私募股票基金扣除費用後，可以提供20％到22％的年度報酬率，但是他們覺得自己缺乏處理與選擇能力。最好的私募基金已經不接受新投資人，歐洲又有極多新設立的私募基金公司，基金會收到極多招股說明。因此基金會員工建議利用組合基金。董事會聽取兩位服裝雅緻的瑞士人相當自大的說明，他們是日內瓦一家大型私人銀行派來的，他們的說詞如下：

隨著歐洲戰後世代達到退休年齡，大量最好的未上市公司準備出售。歐洲私募基金是相當新的行業，因此有記錄可稽的公司很少。我們的背景是帳戶管理，但是我們研究私募基金很多年了。過去三年裡，我們的組合基金投資組合模式扣除所有費用後，每年以21％的內部報酬率（IRR）成長。我們估計，歐洲現在有四百檔私募基金，因此你不可能一檔檔去找出最好的十到十五檔。

我們承認以前沒有這樣做過，上面提到的報酬率是預測數字，但是我們是私人銀行，我們的經驗讓我們擁有獨一無二的見識與關係。透過我們的關係，我們可以讓你們投資原本不接受新投資人的最好私募基金。我們預測我們的基金未來十年裡，可以達成18％到20％的內部投資報酬率。我們開始投資一檔基金後，通常會成為基金的董事。我們持有基金投資的時間，是所投資基金整整十年的存續期間。我們對已承諾和未承諾的資金收取2％的

費用，另外收取利潤的10％。我們的基金已經全部認購完成，但是如果你們快速行動，我們可以替你們找到一點空間。

「如果歐洲股市報酬率只有8％，你們能創造18％到20％的年度報酬率嗎？」我問。

「我們預期我們投資的基金，會創造高出歐洲股市1500到2000基本點的總報酬率。」

我呆住了，或是應該說我深感懷疑？收取費用前，創造比股市高出15到20個百分點的報酬率！如果歐洲市場每年成長8％，他們希望創造20％多到將近30％的報酬率，太神奇了！我從來沒有聽過以這麼龐大的投資金額，有哪種資產類別可以持續創造這麼高的報酬率，世界根本不是這樣運作的。但是更令人驚駭的是，他們的基金潛在報酬率必須達到這種目標。我大致估算過，以雙重費用結構這麼沉重的負擔，這家基金會若要得到14％的年度報酬率，潛在的私募基金公司每年必須賺到24％的總報酬率。基金會要得到18％的報酬率，私募基金公司必須創造接近30％的報酬率。若是二十年前，或許你可能創造這種報酬率，因為當時利用融資與現金流量的重要性還不為人所知，而且當時只有幾家融資併購公司。現在有幾百家融資併購公司，已經投入但未動用的投資資金有千百億美元，每一所主要的商學院，幾乎都開設了創立與經營融資併購公司的課程。投身融資併購公司，是現在哈佛商學所學生最希望選擇的職業生涯，多麼不祥的跡象！

董事會對這家組合基金的宣傳反應熱烈。私募基金正流行，這家基金會希望投入，私募基金的領域很複雜，他們認為利用組

合基金很有道理，我卻絕對徹底懷疑。私募基金投資要成功不只跟進場有關，也跟退場有關。如果有四百檔基金爭奪融資併購的機會，難道不會抬高價格、降低投資報酬率嗎？融資併購基金的平均壽命大約十年，融資併購組合基金怎麼能夠為了一次的選擇，然後無所事事，只參加所投資公司的董事會，就每年收取2%的費用，加上10％的利潤？真的是錢多事少！哪有這麼好的事情！

我對董事會指出，以這家組合基金提供的服務與價值而言，費用實在太高，如果投資私募基金真的有道理，這家基金會應該直接投資。基金會員工覺得懷疑，說這個領域高深莫測，於是基金會投資這檔組合基金。管他的，在未來的歲月裡，歐洲基金成長與股市很可能很看好，會有極多資金投入私募基金，但是有個問題大致上沒有解決。還是老話一句：如果交易聽起來太好，好到不像真的，很可能真的是這樣。

美國私募基金令人困惑

私募基金的資料庫很多，最精確的可能是湯姆森風險投資經濟公司（Thomson Venture Economics）的資料庫，研究起來很有趣。到2002年為止的二十年內，所有私募基金公司的內部報酬率為13.7％，相當不錯，但是以完全沒有流動性、波動程度又很高的資產類別而言，這種報酬率其實不驚人，考慮到公開上市股票的報酬率大致相同時更是如此。前四分之一公司的報酬率與中位數之間的差距很大，十五等分中最好等分的公司每年賺24％。我

計算出來，1983到1992年間，融資併購的年度報酬率為16.2％，但是隨後因為大量資金湧進，1993到2002年間，報酬率只有8.2％，到2004年為止的五年內，報酬率只有1.6％。發現與成功總是會害死下金蛋的金雞母（請參閱表10‧1）。

私募基金與創投基金的吸引力一直沒有降低。例如，退休基金與各種信託仍然爭相投資創投基金，但是到2004年底，創投公

表10‧1
美國私募基金報酬率

至2004年9月30日為止，投資人所得到的綜合內部淨報酬率，
所有基金都成立於1969至2002年間

基金型態	一年	三年	五年	十年	二十年
種子階段創投基金	10.3	11.0	-1.4	16.8	10.7
早期創投基金	-19.1	-26.9	57.0	37.1	20.7
平衡型創投基金	-0.6	-18.0	19.6	20.5	13.5
晚期創投基金	-36.1	-23.1	8.0	17.8	14.0
所有創投基金	-17.2	-22.7	26.0	25.5	15.8
小型併購基金	-1.9	-2.6	1.0	11.3	26.8
中型併購基金	12.2	-6.7	4.6	12.5	17.8
大型併購基金	9.5	-6.5	2.8	10.6	13.4
超大型併購基金	14.1	-4.9	0.8	5.9	7.7
所有併購基金	12.5	-5.3	1.6	8.2	12.2
中位數報酬率	9.1	1.2	6.5	7.9	9.8
所有私募基金	3.4	-10.4	6.9	13.4	13.7

註：創投基金投資新創公司與非上市公司，從某方面來看，其實是早期的私募基金，但是創投基金不利用融資。

資料來源：Thomson Venture Economics/PricewaterhouseCoopers/NVCA

司沒有投資的多餘資金高達五百四十億美元。我有一些朋友從事這一行，他們說尋找投資案的資金太多，以至估價標準離譜到非常可笑的程度。這點對美國是好事，對創新更是大好的事情，因為企業家可以得到資金挹注，但是對投資人不好，因為進場時估價標準高，表示退場時報酬率低。

至於私募基金，熱潮還更驚人。瑞士聯合銀行（UBS）估計，2005年內，全球私募基金公司籌得二千億美元的資金，是2004年的4倍。這個數字不是實際數字，例如高盛與凱雷集團（Carlyle Group）都各自募得一百億美元的基金。因為融資併購公司一向融資5倍，必須投資的資金會從二千億美元變成一兆。瑞士聯合銀行的報告含糊地說，未來無盡的歲月裡，年度報酬率大約為15％到20％，既然如此，受託人為什麼要把錢拿去做別的事？精明的年輕小伙子為什麼要投身其他行業？祝他們好運！

耶魯校產基金的史文森（後面會詳細介紹）在他的傑作《投資組合管理先驅：非比尋常的機構投資之道》（*Pioneering Portfolio Management: An Unconventional Approach to Institutional Investing*）中指出，即使在過去二十年很有利的環境中，經過風險調整後，大多數私募基金公司的表現都很差勁，但是最優異的公司表現很好，而且即使在壯大之後，仍然繼續有優異的表現。事實上，私募基金情報公司（Private Equity Intelligence）研究四千檔私募基金後，在2005年中發表的報告中發現，1998到2003年間，每年募集規模占前四分之一的基金中，歐洲的基金績效勝過同業平均值6個百分點，美國的基金勝過2個百分點，樣本中二十四檔歐洲超大型基金有三分之二勝過平均值。

史文森認為，私募基金這一行裡，差勁與平凡的經理人表現始終如一，光是投資這種資產類別還不行，有真正的專家很重要。他強調，美國固定收益投資經理人當中，前四分之一與前四分之三經理人的投資績效差距極小，即使是股票型基金經理人，每年的投資績效只有3個百分點的差異。但是在私募基金天地裡，每年績效的差距卻超過20個百分點。

耶魯校產基金的績效證明了這一點。根據劍橋顧問公司（Cambridge Associates）的統計，到2004年6月30日止的十年內，耶魯校產基金龐大的私募基金投資組合每年賺到37.6％，每年勝過私募基金經理人平均報酬率達14.7個百分點。耶魯私募基金投資計畫從1973年創設以來，每年創造30.6％的驚人報酬率，但是一年與五年報酬率的起伏極大。出現赤字、一般之見認為私募基金是高報酬率資產類別時，正是加倍投資的時候。換句話說，這絕對需要堅持到底的力量。

史文森說得很有道理，專注改善旗下投資標的企業營運績效的融資併購公司，績效始終遠遠勝過只靠融資併購艱困企業的同行。大量舉債、低價買進平凡或差勁的企業行不通，主要原因是很難把這些企業賣掉，你又很容易受到經濟循環波動的傷害。連業者都很不願意承認，未來整個融資併購業的環境，一定會比這一行如日中天時艱困多了。事實上，史文森指出，即使是在如日中天的時候，如果你像融資併購公司一樣，以同樣比率的融資購買標準普爾五百指數，標準普爾五百指數基金的報酬率會比當時相當少的融資併購基金高出45％。他的意思是說，投資併購公司的人，大致上冒了融資與極度沒有流動性的極端風險，卻沒有得

到報償。

陸米思在2005年6月號的《財星》中，針對KKR公司（Kohlberg Kravis Roberts & Company），寫了一篇絕佳的文章。KKR很高明或只是比較早進場？答案似乎是後者。從1976年到2004年9月，KKR成立了十檔基金，把投資人的二百一十億美元資金投資到九十三家公司。KKR借了一千零九十億美元，因此是融資5倍，總資金為一千三百億美元。利潤為三百四十七億美元，股本報酬率為185％，但是總投資資金報酬率只有26％。換句話說，關鍵是融資。KKR的打擊率為六十二家獲利、二十二家虧損、平平的有九家。這成果根本不驚人！如果是股票型基金經理人，這種選股根本活不長久，而且隨著新進的無名小卒湧進，私募基金這一行愈來愈難做。包括所有融資在內，KKR最後四檔基金加權平均報酬率已經降到16％。

同時，回到美國美好的舊天地，今天你可能認為，私募基金公司可能會受苦受難，因為初次公開發行市場成長緩慢，又很有選擇性。私募基金公司必須創造利潤才能收到費用。然而，經營私募基金的人足智多謀，他們找到了新的逃生艙。投資圈迫切需要殖利率，因為國庫公債利率低到可憐，因此，固定收益投資人靠著大量購買高收益債券，也就是行話所說的垃圾債券來獲得收益。垃圾債券與國庫公債殖利率差距已經接近歷史新低。每個人似乎都忘了，每過一陣子，就在買盤口沫橫飛、高談闊論新時代時，垃圾債券就名實相符，倒債率就飛躍上升。事實證明，追求長期殖利率對你的財務健全極為危險。就像笑話說的一樣，「因為追求殖利率造成的虧損，超過在槍口下損失的錢。」

目前私募基金業者所做的事情，是強迫構成旗下投資組合的企業，在需求龐大的高收益市場發行債券籌募資金，然後用籌到的資金發放大筆的特別股利。這樣當然會使基金旗下債台高築的公司負債更多，下面是這種作法的例子。

　　2003年12月，融資併購基金業者湯瑪斯李合夥公司（Thomas H. Lee Partners）投資三億八千八百萬美元，加上舉債，買下床墊製造商席夢思公司。2004年夏季，湯瑪斯李合夥公司設法推動席夢思公司初次公開發行，但是沒有成功。因此這一年12月，席夢思公司發行一億六千五百萬美元的債券，把籌得的所有資金交給湯瑪斯李合夥公司作為股利，讓湯瑪斯李公司獲得超過40％的投資報酬率。巧合的是，湯瑪斯李合夥公司仍然擁有席夢思百分之百的股權。2004年裡，價值一百三十五億美元的七十七筆股利的資金來源，是靠發行垃圾債券籌得，向銀行借貸的高比率融資是另外九十四億美元股利的來源。這種情形大致看來不像健全的企業財務！

　　融資併購公司退場的另一個方法，是把部位賣給另一家融資併購公司，以獲得利潤因而作帳成獲利，收取投資人20％的分紅。這種交易叫做「次級併購」。我不知道買方將來要怎麼脫困。理論上，賣方已經盡一切力量，改善這家公司，而且可以假設賣方對公司的前景更了解。不幸的是，兩家公司的有限合夥人在這種交易之後，擁有同一家公司的股票，但是價值已經減掉付給賣方一般合夥人的費用。有些懷疑論者甚至猜想，大概發生過互相利益輸送的例子。

市場走極端時大眾總是犯錯

2005年夏季，很多避險基金投資人認為股市反彈過高，覺得害怕而賣掉一些股票。人人談論的安穩感覺似乎十分膚淺，他們全都琅琅上口，說幾乎所有人氣指標都顯示，看好的氣氛已升高到危險的程度。因此他們跟共識背道而馳，看壞前景。現在很流行反向操作，唯一的問題是，現在每個人都是反向操作專家，連華爾街經濟專家現在都變成反向操作專家。高盛公司最近出版了一篇探討通貨膨脹的報告，一開始就說：「我們對通貨膨脹的最新預測跟共識不同。」換句話說，報告作者認為預測中最重要的特點不是經濟分析，而是跟共識不同。因此現在或許不該反向操作，應該反反向操作。

人氣指標不容易解讀。戴維斯研究公司的戴維斯研究人氣指標多年，指出群眾在市場轉折點時總是犯錯，在人氣走向極端時也總是犯錯。他說：「如果能夠決定人氣高峰或谷底的時機，就可以反向操作，幾乎每次都正確無誤。」然而，因為除了事後，誰也不可能知道什麼時候是正確的極端時機，你可能早了幾星期或幾個月，這樣可能很痛苦。戴維斯人氣綜合指標從1999年1月開始，就出現極端的樂觀，然而，真正極端的樂觀要到12月才出現，但是泡沫要到2000年春末才破滅。對於在1999年1月就賣出的人來說，這段時間好比永恆這麼久，對於像我這樣，在1999年12月就減碼科技股的人而言，情況就很痛苦。1987年，戴維斯人氣綜合指標升到空前高峰時，離大崩盤只有一個月。這個指標的谷底也一樣，1990年8月，綜合人氣指標的悲觀程度到達極端，

卻比標準普爾五百指數跌到谷底早了四十七天，這段期間裡，標準普爾五百指數又下跌了12%。

戴維斯建議採用停損，但說來容易做來難。大部分停損單都以10%為限，大家公認在泡沫漲勢中，太早放空或賣出的投機客會被停損出場，或是在價格飛揚時重新進場，但是他們怎麼知道什麼時候應該再度賣出？以1990年為例，他們應該會在8月買進，然後隨著股價又下跌了10%，他們的停損單就在最後轉折即將出現時執行。交易的時機很重要，你對自營商或場內交易員下停損單時，經常會被這些造市者看上。換句話說，停損單會正好在反彈即將出現前執行。

你顯然根本不能反向操作，因為群眾在絕大多數的波動中段，幾乎總是正確的，這時人氣指標不會特別過度延伸，一定要有耐心！除非人氣指標到達歷史極端，否則不要反應，人氣指標很容易追蹤。戴維斯說過：「在人氣指標到達極端、開始反轉前，要隨波逐流；那種時刻才是反向操作經常有好報的時機。」美林證券針對四種主要的人氣指標，做過回溯測試研究，發現這些指標的市場達到高峰時，幾乎沒有預測能力，但是在市場底部表現卻很優異。摩根士丹利公司針對波動率指數（VIX）做過類似的分析，得到類似的結論。這種指數衡量安心程度，每個人每天都會查看，目前指數已經降到很低的水準，顯示安心程度很高，因此是利空信號，然而摩根士丹利公司回溯測試波動率指數時發現，這個指數在預測頭部方面幾乎沒有用。凡俗之見不過爾爾，還是老話一句，市場的性格不斷改變，沒有一種決定時機的系統能夠貫徹始終、永遠有效。

媒體是另一個人氣指標，因為媒體始終把焦點放在剛剛發生的聳動事件（這樣才是好報導），而不是放在即將發生的事件。很多年來，《美國商業週刊》封面故事一直是絕佳的反向指標，事實上，我有一位朋友訂閱這份雜誌，完全是為了這個原因，還收集了一堆封面。其他平面媒體和電視財經報導也以隨聲附和聞名。1979到1981年間，油價和通貨膨脹疑慮急升時，是一個典型的例子，專家出版了很多書，預測超級通貨膨脹、景氣蕭條與美元崩盤。有一陣子，十大暢銷書中，有七本是談論通貨膨脹和如何在通貨膨脹中存活下來。連坦伯頓（John Templeton）這樣聰明的投資人都發表演說，認為7％到8％的通貨膨脹率無法避免。當然，隨後出現的是一、二十年的通貨緊縮，而不是通貨膨脹，股票和債券價格都會飛躍上漲。

最近的例子是2004年12月美元跌到低點時，堪稱世界上最受尊敬的財經雜誌《經濟學人》的封面故事，標題叫做〈消失中的美元〉。不久之後，《新聞週刊》也刊出封面故事，叫〈弱勢美元令人難以相信〉。還有很多篇文章，報導巴菲特大規模作空美元，另一位著名的投資專家說，放空美元好比「灌籃高手」。華爾街經濟學家大言不慚，談到美國的雙赤字，備受尊敬的彼得森（Pete Petersen）出版了一本看空的書，書名叫做《坐吃山空》（*Running on Empty*），還成了暢銷書，很多避險基金都放空美元。

我承認自己沉淪在狂潮中，也去放空美元，結果如何？美元在一陣狂熱中觸底，然後開始強力反彈，美元指數（DXY）上升了將近10％，融資操作的投資客慘遭修理，美元現在上漲了，

每個人當然都想出各式各樣美元應該維持強勢的理由，例如歐元區在政治上分裂啦，美國短期利率比歐元區和日本高啦，美國的經濟成長比較強勁啦，美國聯邦準備理事會仍然在收縮銀根啦，美國的雙赤字開始萎縮啦。2005年春末，新聞媒體一窩蜂影射房地產泡沫即將出現，說泡沫很快就會破滅，帶來可怕之至的後果。嫌疑犯又像過去一樣，警告即將來臨的慘劇，因為房地產好比淘金潮是巨大的泡沫。忠實可靠的老朋友《商業週刊》在2005年4月11日出刊那期，封面故事叫做〈房市榮景之後：即將來臨的衰落對經濟和你有什麼意義？〉。《財星雜誌》、《財富雜誌》（Worth）、《經濟學人》和《紐約時報》全都同聲唱和，讓我不知道該怎麼想。

岳母大人與其他反向指標

我注意到另一種人氣指標，這種指標是我個人的指標，跟人有關，有些人具有可怕的直覺，會在股市趨勢即將結束時投身股市。我的合夥人席瑞爾的岳母似乎擁有這種珍貴之至的特質。她頗有風韻，人也聰明，卻不是股市老手，但是來往的人都跟市場有點關係，因此她會聽到大家的閒談。她不願意干涉席瑞爾的事業，因為她知道自己資訊不足，因此只有在她深信自己可能錯過真正重大的事件、錯過極為重要的趨勢時，才會跟席瑞爾說。過去幾年裡，她有三次就在市場做頭前，跟席瑞爾談到要投資。

最近一次是2004年12月，那天是星期天晚上，她和席瑞爾正在餵席瑞爾的兩個小孩，他們把一湯匙的燕麥粥塞進嬰兒的嘴

裡，嬰兒卻不肯吃，這時她說了這樣的話：「我覺得美元會再大跌一段，我們怎麼還能夠再去歐洲？我豈不是該買一些歐元？」

席瑞爾的太太奧利維亞也在場，她拚命忍住才沒有大笑出聲。

席瑞爾說：「喔，你怎麼會有這種想法？」

「因為每個人都這樣做。」奧利維亞的媽媽說。

隔天，席瑞爾把這件事告訴我們，果然經過一週後，歐元就到頭開始加速下跌。我說：「喔，我猜我們的新人氣指標，是利用你的岳母當成反向指標，但是她如果真的這麼行，你必須好好愛惜她。告訴奧利維亞，她不能笑。反向指標很容易遭到破壞，如果你岳母發現你利用她當反向指標，就會破壞她的頭腦，摧毀她的用處。一定要讓她保持徹底的自動自發和不知不覺。」我寫到她，當然傷害了她的魔法。

我說的可是真心話。有些人是很可靠的反向指標，很多年前，我跟高盛公司的一位業務員經常談話，我真的喜歡這個人，他很有良心，知道自己的職責是把高盛分析師和策略師的話傳給客戶，而不是亂發表自己的投資看法。然而，每過一陣子，大家的共識、也就是題材背後的動能，會變得極為有力，以致於他的信心十足而真的不斷催促我，而且會用有多少資金往這個方向流動的傳言，來支持他的說法。他這樣做時，幾乎每次都正好碰到或接近頭部或底部。我看出這種型態後，總是密切注意，而且接受他的預測。

接著，某一天晚上，高盛公司開完會後，很可能是因為喝了幾杯酒，我告訴他為什麼他對我們這麼重要，我一說出口就知道自己犯了大錯，我從他的眼神裡看出他受到傷害而十分生氣。他

不希望當反向指標，他也知道我說的是真心話。從此以後，他努力盡自己的職責，但是我可以看出來，他的魔力已經消失了。他不斷思考自己是否掉入動能的陷阱，有時候，他甚至會提這一點，最後我們兩個人的頭腦都搞昏了，我設法在思想上超越他，他設法解脫自己，一段美好又有象徵性的關係就這樣結束了。

另一個人氣指標已經近乎是投資傳奇、幾乎成為定義，就是除非出現真正徹底的投降，否則長期空頭市場不會結束。徹底投降是絕望之餘的無條件投降，1945年德國或日本就是這樣。今天比較悲觀的人認為，這次長期空頭市場造成的苦難還不夠，生活型態中還沒有表現出夠多的痛苦跡象。他們似乎希望憤怒的財神帶著報復心理，懲罰致命的貪念。帶有這種強烈卻受壓制的新教徒傾向的另一些人，希望在生活和好時光恢復前，先讓壞人接受公共懲罰之類的報應。恐懼必須徹底壓倒貪心。當然，希望血流成河的問題是，其中一部分可能是你自己的心血。然而，我們的確很難主張1990年代泡沫後遺症的痛苦程度，已經接近1930年代與1970年代後五年的情形。

無條件投降理論有個問題，就是怎麼看出是否已經真正投降了。很多企業家和投資人認為，他們在新世紀頭三年，個人泡沫破滅時已經投降。但是這樣夠嗎？有些惡棍已經失敗，有些甚至已經進了監牢，但是還有很多舊把戲還在上演。我的字典裡，投降的定義是「無條件投降」，但是我的同義字典裡提到宣告放棄、拋棄、割讓、讓度之類的同義字……，投資經典裡很少提到投降。金德柏格（Charles Kindelberger）在經典之作《瘋狂、恐慌與崩盤》中，幾乎沒有談到投降。索貝爾（Robert Sobel）在《華爾

街恐慌》（*Panic on Wall Street*）一書中，深入研究市場從恐慌或空頭市場中恢復所需要的時間，卻沒有討論任何所謂的社會跡象。

索貝爾針對恢復期間長短的歷史研究也不確定。他發現，1837年的恐慌之後，要到1844年市場才恢復平靜，1873年的恐慌發生後，要六年時間才能恢復。一般認為，1929年的大崩盤之後，要經過二十年新多頭市場才開始，但是期間出現很多次重大的空頭市場反彈，延續好幾年，可以叫做「新多頭市場」。1970年代空頭市場發生後的情形卻不是這樣，1792年、1869年與慘烈的北太平洋鐵路恐慌（Northern Pacific Panic）造成股價崩跌後，市況幾乎立刻恢復正常。

多頭市場做頭到現在已經超過五年，這次走勢只是曇花一現的短暫反彈還是已經進入新多頭市場？我想是後者。

Chapter 11
從俾斯麥到耶魯校產基金

看出目前的行動會引發哪些事件，是投資成功的關鍵。

　　我擔任一個家庭信託和一個基金會的董事，我參加的董事會會議讓我想到，家庭財富應該期望得到多少長期實質報酬率才合理，也想到為未來世代規畫良好投資管理的問題。這方面，史登（Fritz Stern）寫了一本有趣的書，叫做《黃金與鋼鐵：俾斯麥、布雷雪洛德與日爾曼帝國的締造》（*Gold and Iron: Bismarck, Bleichröder, and the Building of the German Empire*）。這本書是探討權力、財富、實質報酬率與如何保護未來世代，我第一次看這本書大約是二十年前。

鐵血宰相的投資顧問

　　布雷雪洛德是十九世紀的德國猶太人，一生充滿驚人的財務成就、迫害與個人的傷心事。俾斯麥代表舊普魯士——貴族、重農與階級主義，俾斯麥的野心與遠見締造了第一帝國。1859年，

布雷雪洛德37歲時，俾斯麥是逐漸嶄露頭角的貴族黨員外交家，布雷雪洛德則擔任他的銀行家與投資顧問，隨後三十年裡，兩個人發揮眼光與權力，創造了驚人的財富與名聲。在十九世紀的德國，普魯士貴族有一個習慣，就是像俾斯麥妙語所說的一樣，聘請一位猶太人當「多少有點神祕的工具」。巧的是，對投資顧問來說，這句話就是最高級的讚美。

布雷雪洛德除了當俾斯麥的神祕工具外，也是他的投資顧問、金融市場解說員和重要的情報來源。他是俾斯麥政府的幕後推手，他也讓大家確實知道這點。他利用自己的地位達成商業目標，取得熱門的股票，也達成社會目標，讓女兒找到好歸宿，而且在這段歲月裡，創設了一家傑出的公司，變成德國最富有的人。

幸運的是當時沒有證管會，因為布雷雪洛德利用只有特權才能得到的深入內線消息，為自己和傑出的客戶俾斯麥進行交易，可以想見，其中有各種形式的利益衝突，而且布雷雪洛德在判斷金融市場對國際情勢的發展有什麼反應時，始終高明之至。例如，在某一個重要時刻，德國首相俾斯麥的投資組合中，有70％是俄羅斯證券，因為他的投資顧問認定，他即將採取的行動會讓俄國鐵路股票受惠。有時候，他們先低價買進好公司股票，然後俾斯麥會推動讓這些股票上漲的事情。

俾斯麥和布雷雪洛德都是十分複雜的人，照俾斯麥自己的說法，兩個人都極為注重感官享受，他們都很好色，似乎無法跟女性建立真正親密的關係。布雷雪洛德沉迷於膚淺、紙醉金迷的柏林社交圈。雖然他在政治與財務天地裡，勢力無所不在，但最重要的是，他渴望得到尊敬與被人接受。他在自己的豪宅裡大肆招

待賓客，客人卻嘲笑他賣弄玄虛，他的太太身材矮胖，單獨坐著，身上珠光寶氣，而且他的風流韻事中，籠罩著訴訟與勒索的陰影。

　　身為伯爵、號稱「鐵血宰相」的俾斯麥十分努力，希望投射出尊貴的外表和無所不能的印象，新德國工業與政治帝國就是他創建的。季辛吉（Henry Kissinger）把他叫做「白色革命家」，不知道是什麼意思。然而，他也是詭計多端的人，貪心、傲慢，還是疑病症患者。經常受緊張的疲憊與怒火折磨。私底下，他經常談到自己心靈的苦惱，也談到自己為性慾所困。除了統治德國之外，他主要的夢想是在股市賺錢，以便買更多的林地，他對身邊的每個人都很壞。

　　然而，兩個人一定都有神祕的「透視眼」，能夠看出目前的行動將來會引發哪些一連串事件，這點現在還是投資成功的關鍵。處在神祕、懸疑不定和懷疑時刻，他們能夠維持自信和世界觀，絕對不會急躁、在不安下斷定事實或做出結論。

　　布雷雪洛德利用俾斯麥的長遠眼光，讓主人和他自己都變得很富有。但是在投資方面，他也有俾斯麥所說的「一點畏縮」。他告訴俾斯麥，希望為彼此創造每年4％的長期實質報酬率（扣除通貨膨脹），這樣表示他們財富的購買力每十七年或十八年會增加1倍。他的畏縮使他沒有捲入1870年代的新股發行市場，也沒有捲入摧毀很多人和很多德國銀行的殖民地投資狂潮。換句話說，他變得很富有是因為他能夠持久忍耐。我計算過，他替俾斯麥操作的帳戶在二十五年內，每年大約以10％的比率複合成長，通貨膨脹率平均不到1％。俾斯麥對這種報酬率非常滿意，但總是會把利

潤收回，投資在土地和樹木上。他相信投資證券很好，是一種快速致富的方法，但是真正能夠儲藏財富的寶庫應該是能夠種樹的土地。

俾斯麥對林地的胃口永遠沒有滿足的一天。他的理論是：地價應該會配合每年大約2個百分點的人口成長率逐漸升值。他的研究讓他相信，德國森林每年會漲價2.75％，因此他從林地得到的實質報酬率應該是每年大約4.75％左右，因為當時的通貨膨脹率幾乎為零。如果發生通貨膨脹，他敢說林地和木材價格會隨著通貨膨脹上漲。他認為這種方法沒有什麼風險，是讓財富複合成長的絕佳方法，結果證明俾斯麥絕對正確。隨後的半個世紀裡，德國爆發戰爭、通貨膨脹、投降與經濟蕭條，林地的保值能力遠勝過一切。

看到德國投資人微薄卻務實的報酬率預期時，我忍不住想到史文森，想到他設法降低耶魯校產基金報酬率期望的理性方法。史文森認為，目前的期望仍然過高，耶魯大學和校友必須接受現實，了解1980和1990年代期間，耶魯大學校產基金逼近20％的年度報酬率不是正常現象。不幸的是，一般美國投資人的期望仍然過高，他們注定會失望。

有一個故事跟邱吉爾和過高的期望有關，可能是捏造的，也可能不是。

1930年代裡，邱吉爾因為權力和財務困窘的關係，在劍橋大學教授人類社會學課程。有一天下午，他站在講台上，因為出於喜歡戲劇性，他問這個人數很多的班級：「人體有哪個器官受到

外在刺激時，會膨脹到正常尺寸的12倍？」

班上同學大吃一驚，邱吉爾顯然喜歡這種情形，指著第十排的一位年輕女生問：「答案是什麼？」

這位女生臉上一片羞紅，回答說：「呃，顯然是男性性器官。」

「錯！」邱吉爾說。「誰知道正確答案？」

另一位女生舉起手來。「正確答案是人眼的瞳孔，瞳孔在黑暗中，會放大到正常尺寸的12倍。」

「當然！」邱吉爾大聲嚷著，回頭對倒霉的前一位女生說：「年輕的小姐，我有三件事要跟你說。第一，你沒有做作業，第二，你的思想不純，還有第三，你將因期望過高而大失所望。」

同樣地，美國股票投資人也注定會過著期望過高的日子，調查顯示，他們仍然期望未來十年裡，從股票賺到15%的年度名目報酬率，經過通貨膨脹調整後，賺到12%到13%的實質報酬率。

俾斯麥也擔心後代會不知道怎麼處理由股票和債券構成的投資組合遺產，因為這些資產需要做明智的買賣決定。他對投資顧問也很懷疑，認為後代極不可能找到另一位布雷雪洛德。因此他喜歡擁有林地那種永遠不變的穩定特性，土地和林木讓他的後代不需要尋找投資天才來管理自己的財產，他們只要永遠保有林地，收取從管制性伐木得到的收益。此外，下雨時他們可以歡天喜地，因為他們的樹木會得到滋養。

這個簡單的故事中有很多意義。你今天留給子女金融資產時，如果他們不是從事投資業，他們要怎麼管理？連最優異的成

長股都會老死，到現在為止，還沒有人設計出能夠有效代管投資政策超過一代以上的信託，大部分經紀商糟糕之至，大型受託機構庸才充斥，連最有活力的投資公司都不太可能在創辦人身後繼續生存。考慮一切之後，留給後代林地，規定他們不能賣掉，的確有點道理。然而，單一資產信託可能很危險。事後回顧，1920年時，如果有一個信託規定買紐約─紐哈芬─哈特福鐵路公司（New York, New Haven, & Hartford Railroad）股票，或是後來的信託只容許持有美國電話電報公司（AT&T），都無法應付變化。林木似乎沒有同樣的危險，卻難以讓大筆資金發揮功效，因為根本沒有足夠的林地可以購買。

從破產、備受忽視到最搶眼──耶魯校產基金

我跟前面提過管理耶魯校產的史文森在紐約共進午餐時，還在思考董事會會議的問題，也在思考完成長期投資管理傳承與優異報酬率的困難。我相信史文森對耶魯的貢獻，超過老耶魯（Elihu Yale）本人以後的任何一個人。耶魯大學不該頒發榮譽學位給老年政客和聰明卻無關緊要的學者，應該頒給史文森。他從1985年接位成為投資長後，耶魯校產每年複合成長16.1％，創造超過任何大學或學院校產基金的最佳記錄，哈佛大學的複合成長率為14.9％，緊跟在後排名第二。耶魯的記錄使耶魯大學晉升所有大型機構投資人當中最優異的前1％。耶魯利用移動平均長期目標支出比率，這些年來，這個比率從4.5％提高到5％。校產基金現在提供耶魯大學營運預算的30％，遠高於1993會計年度的

14％！因此，強而有力的投資計畫讓耶魯受惠，規模大很多的校產和投資比率合理提高，也讓耶魯得到好處。

校產投資績效對大學的運勢、甚至繼續生存都很重要，一流私立大學很難光靠學費作為財源，也不能無限制地依靠校友捐獻來彌補不足。史文森上任前，耶魯是校產管理的負面個案研究教材，現在卻是哈佛商學院研究極為成功、不落俗套投資組合管理的實際個案〔2003年6月，〈耶魯大學投資辦公室個案研究〉（Yale University Investment Office）〕。

關於長期管理大筆資金有什麼艱險和陷阱的資料很少，因此耶魯校產基金是有趣的歷史性研究。

耶魯大學在1701年成立，卻一直沒有設立校產基金，一直到十九世紀初期，由於致力籌募基金希望建立耶魯學院的獨立性，而一時有很多校友捐贈。1811年，耶魯財務長席爾豪斯（James Hillhouse）和兩位著名的受託人——也是十分成功的企業家和備受尊敬的社區領袖——惠特尼（Eli Whitney）與伍爾西（William Woolsey），創辦了紐哈芬鷹揚銀行（Eagle Bank of New Haven）。他們非常有信心，認定這家新銀行一定會成功，服務區域一定會擴大。因此，除了投資自己的資金之外，也把大部分的耶魯校產拿來投資這家銀行的股票。不但這樣，他們還利用貸款擴大投資，不過當時耶魯的財務相當危險，有很多尚未償還的債務。

到1820年，整個耶魯校產（除了少數小筆的資產外）都投資在鷹揚銀行的股票上。到了1825年，突然晴空霹靂，鷹揚銀行因為承做擔保貸款不當而宣布破產，使紐哈芬經濟陷入蕭條，把耶魯校產的價值減少到只剩一千二百美元，耶魯的前途岌岌可危。

我提這件事，是因為其中具有教育價值。第一、校產或基金會的首要規則總是必須多元投資，避免集中。第二、雖然受託人是傑出人士，不表示他們懂得投資。第三、避免利益衝突。席爾豪斯、惠特尼和伍爾西，加上耶魯校產，是這家銀行的創辦人兼投資人。他們立意絕佳，卻對他們心愛的大學造成了重大傷害。想一想，如果鷹揚銀行沒有倒閉，耶魯校產今天的複合價值會有多少。諷刺的是，雖然發生這件慘劇，紐哈芬有一條主要的大街是根據席爾豪斯先生的名字命名，耶魯的體育館叫做惠特尼體育館，耶魯大學一棟極為出名的歷史性建築叫做伍爾西大樓。

　　耶魯熬過了這些受託人的愚蠢投資而活了下來，到1900年，耶魯校產價值五百萬美元，仍然由會計長和受託人非正式地隨意監督。耶魯由著名受託人組成的小型董事會管理，他們應該花很多時間在大學的事務上（一年要開六到八次兩天的會議）。耶魯大學校產因為大筆投資股票，在1920年代蓬勃成長。到1929年，耶魯的投資組合中，有42％投資在股票上，一般大學平均只有11％，因此耶魯的校產規模超過哈佛大學或普林斯頓大學。然而，大崩盤和1930年代的長期大空頭市場對耶魯的打擊也比較重。

　　1930年代末期，耶魯會計長泰伊（Laurence Tighe）是正直、謹慎的好人，卻是事後諸葛亮。他對校產基金在空頭市場的虧損做出反應，規定耶魯至少應該把三分之二的校產投資在債券上，投資在股票上的資產不能超過三分之一。他還進一步認為，會計長和受託人因為是有權有勢的名人，最適於為校產基金選擇應該持有的證券。隨後的三十年裡，耶魯校產基本上是由來來去去的

受託人管理，因此處在可以稱為「善意疏忽」的困境中。投資組合的70％仍然投資在高評等固定收益證券中，錯過了戰後股票的大多頭市場，卻充分參與了同樣盛大的債券空頭市場。

到1960年代末期，經過二十年的多頭股市後，耶魯校產基金受託人才遲遲決定，應該大幅增加校產基金的股票投資。當時的福特基金會（Ford Foundation）總裁、具有貴族氣息又是耶魯校友的傳奇性人物邦迪（McGeorge Bundy）贊助的專案小組報告，對他們有重大影響。這份報告認為，大多數校產基金因為害怕另一次大崩盤，管理都太保守。報告也認為「這種憂慮經不起客觀的分析」，股票、尤其是成長股，應該是校產基金的主要持股。

然而，1968年時，因為過去二十年股票表現極為優異，也因為邦迪以天才聞名，這份報告的結論很快就變成當時流行的看法。因為邦迪從念聖保羅預校（St. Paul's）開始，就以「金頭腦」聞名。他被人認為是美國的凱因斯。他念聖保羅預校時，學校每季都貼出學業平均成績和歷史性的百分比排名，邦迪總是列在百分之九十九的排名中。他參加大學入學考試那年，考生必須就「我去年夏天做的事情」或「我最喜歡的寵物」兩個題目，選擇其中一個寫一篇作文。

邦迪卻寫了一篇嚴厲批評的文章，攻擊出題委員出這麼空虛、愚蠢的題目，認為兩個題目都沒有意義，跟這個動盪的世界無關。第一位評分委員因為他沒有回答問題，對他的傲慢又不滿，給了他零分。有趣的是，第二位評分委員給他一百分。首席評分委員到場後，因為看了太多跟寵物和暑假有關的作文，也給邦迪滿分。因為邦迪在考試的另兩部分也得到滿分，就變成大學

入學考試第一位得到滿分的申請入學學生。他從耶魯大學畢業後不久，就被哈佛大學聘去，促使別人寫了下面這篇打油詩：

邦迪小子真不賴，
週一出耶魯，
週日進哈佛，
主持哈佛名學院。

邦迪後來成為最高明、最聰明的越南專家，最後他的判斷遭到更為嚴厲的質疑，但是1969年時，他的聲勢仍然很高。耶魯大學的受託人極為擔心校產基金的績效，決定採取戲劇化的行動，不但大幅提高股票的比率，也決定在波士頓協助創設一家新的投資管理公司，叫做校產管理研究公司（EMR）。受託人在這家新公司裡，聘用很多最近表現最好、主張積極投資新興成長股的投資專家（當時叫做快槍俠）。背後的理論是耶魯應該擁有校產管理研究公司部分股權，成為這家公司最大的優先客戶。

這次踏進共識核心的行動結果很悲慘。成長股、尤其是比較新、比較小型的成長股，即將創造長期天價記錄，快槍俠即將滅亡。時機也很敏感，美國股市即將作頭，成長股的本益比超高，長期空頭市場即將開始，標準普爾五百指數會下跌45％，成長股更是會遭到沉重打擊。

隨後的十年裡，耶魯校產的價值經過通貨膨脹調整後，減少了一半，耶魯的財務陷入混亂，有形設施延後維修。幸運的是，校友還是很慷慨，但是校產基金的惡劣表現傷害了募款情況。

1979年，耶魯切斷跟校產管理研究公司的關係，後來這家公司就結束營業。耶魯大學再度遵循大家認為傑出、又是知識分子領袖、卻不是投資專家的話，又沒有分散投資，因此深受重傷。

可想而知，1970年代時，邦迪除了考慮耶魯的資產配置之外，心裡還要煩惱很多事情。但不幸的是，他支持的波段投資主張影響了其他機構的投資策略，受傷最重的是著名的福特基金會，也是他曾經極有影響力的地方。集體思考和委員會癱瘓一定發生了影響。1980年，《包爾街日報》（*Bawl Street Journal*）以不可當真的態度，刊出一個絕佳的廣告，（見次頁）。

隨後五年裡，耶魯校產用相當隨意的方式管理。但是到1985年，教務長和經濟學家托賓（James Tobin）聘請得到耶魯哲學博士學位的史文森。這個選擇極為高明，尤其是因為當時才31歲的史文森從來沒有當過專業投資人，過去六年裡，他從事的是投資銀行家的工作。然而，托賓曾經教過史文森，知道他很精明、善於分析，樂於挑戰凡俗之見。史文森後來聘請高橋迪恩（Dean Takahashi）當他的心腹，史文森在耶魯唸書時就認識高橋，兩個人密切合作。巧的是，兩個人今天都可以輕鬆地找到待遇高个知道多少的職位，但是兩個人都喜歡學術氣氛與其中的挑戰，兩個人都在耶魯教書。根據2005年7月到8月號的《耶魯校友雜誌》（*Yale Alumni Magazine*），史文森2003年的薪資大約是一百萬美元，是耶魯待遇最高的教職員。

哈佛大學校產目前大約價值二百二十六億美元，過去二十年的管理也極為優異，到2004年6月30日為止，每年成長21.1%。哈佛很少投資國內股票，卻大量投資不動產、外國股票、絕對報

我們犯錯你發財！

投資是零和遊戲。每有一位贏家，就必有一位輸家。
如果你賣出的是我們買入的，或是你買入的是我們賣出的，
你就發財了！

1968年，我們大買股票，到1974年，虧損了將近了50％！1973
到75年間，我們投資一億五千多萬美元在房地產上，而且不是
隨便買，是集中買進亞特蘭大的房地產；我們虧了一屁股！
1978年，我們從哈佛大學請來一位聰明的理論派顧問，他用一
種「殖利率傾斜」模型，告訴我們能源股股價高估，汽車股很
便宜，聽起來似乎有道理，因此我們以8美元的價格，賣掉德
州油氣公司（Texas Oil and Gas），以60美元的價格買進通用
汽車（General Motors），我們虧了33％，如果你跟我們反其
道而行，你會賺到430％！
所有投資人都會做一些不好的決定，我們卻做了很多，而且一
貫如此。你現在第一次有機會利用我們的錯誤賺錢。每年繳交
一萬美元，你就可以收到我們財務委員會每季決定投資哲學的
會議記錄。每年再多付二萬五千美元，我們會在電話上，向你
報告我們每月更新的當前市場展望報告。一年只要付十萬美
元，你就會收到我們成交確認單據的影本，這樣你每天都會知
道什麼股票不該買，這是我們反向操作理論的一環。
這個建議看來很不尋常，但是你可以這樣想：我們似乎一直看
錯市場方向，因此我們請你付費，靠著我們的錯誤賺錢，我們
也終於找到一種方法，可以從我們的錯誤中獲利。
立刻訂購，時間有限。我們即將宣布調整投資組合，我們很不
希望看到你跟我們一樣陷入困境。

福特基金會
施恩不求回報

酬率方案與林地（包括價值六億美元的紐西蘭森林）。哈佛管理公司（Harvard Management）自行管理一大筆絕對報酬率方案投資資金，為了留住優異的投資專家，提供豐厚、又有競爭力的分紅待遇計畫。這種模式造成一些人領相當龐大的薪資（三千五百萬美元），以致一些極為愚蠢的校友十分不滿。因此，哈佛管理公司已經分裂，首席策士梅爾（Jack Meyer）和大多數投資明星已經離開自創避險基金。現在不知道哈佛管理公司要怎麼重組。相對來說，耶魯十分幸運。

史文森和高橋遵守五大基本原則。第一、他們對股票有強烈的信心，身為投資專家，他們希望當投資的所有人，不希望當貸款給投資目標的人。第二、他們希望持有多元化的投資組合，他們相信耶魯可以靠著限制單一資產類別的總部位，而不是靠著嘗試波段操作，來有效降低風險。雖然耶魯這個部門的員工專業能力高強，但除非價值會變得很極端，他們都不輕易嘗試微調資產配置的比率。第三個原則是在資訊不完整與流動性不高的非公開市場中，挑選優異的經理人，來大大提高投資報酬率，這也是耶魯員工投注心力的領域。

第四、史文森在我們共進午餐時提到，他認為，除了最例行公事的投資、也就是指數化的投資之外，所有其他投資事務都應該運用外界經理人。他們對自己極為了解耶魯聘用的投資經理人深感自豪。最後，史文森總是特別注意外界投資人面對的直接與間接獎勵，他相信，大多數資產管理公司成立的目的，主要是追求資產成長，而不是創造投資績效。因為可能發生潛在的衝突，他特別不願意聘用跟投資銀行和共同基金有關係的投資管理公

司。他希望自己聘用的投資公司由實際從事投資的人擁有和管理，而不是由企業家擁有和管理，照他的說法，企業家關心的是管理的資產能成長，而不花心力培養追求卓越和創造績效的文化，企業家最後會摧毀投資管理公司。

史文森認為，這次空頭市場的谷底還沒有出現，他認為從國內有市場性的證券（包括股票與固定收益證券），到私募基金之類的主要資產類別仍然被高估，大眾還沒有學到教訓，今後五到十年裡，股票與債券的投資報酬率，尤其是美國股票與債券的投資報酬率會很差。因此，耶魯配置在本國證券的比率從1984年的75％以上，降到今天的22.5％。相形之下，美國教育機構的平均配置比率為54.3％。耶魯卻利用絕對報酬導向避險基金之類的多元資產類別，實際創造8％到9％的報酬率，目前耶魯強調的資產類別是林地和新興市場股票。他認為，另類投資因為本質的關係，訂價通常比較沒有效率，是從事積極管理的良機。

到2005年6月截止的年度投資績效還沒有公布，但是史文森指出，大約是20％左右。到2004年6月30日截止的十年內，耶魯校產每年複合成長16.8％，實質複合成長率大約是13％。過去二十年裡，耶魯校產的複合報酬率為16.1％，這表示校產的價值增加10倍以上。史文森很懷疑未來十年裡還會有這麼豐厚的報酬。他把目前的資產配置和資產類別報酬率期望，定為每年實質報酬率6.2％，風險或波動性為11.1％。目前的資產配置強調另類資產類別，這種資產在不同的經理人管理下，通常報酬率會出現很大的差距。因此他希望好好地選擇經理人，讓耶魯能夠創造高於6％的實質報酬率，他在很多份年報和幾次演講中，宣揚回歸平均數

的觀念，強調耶魯校產最近的報酬率無法長久維持。耶魯校產辦公室中包括祕書在內，一共有二十個人，大約聘用一百位外界經理人。

對我來說，耶魯校產經歷的苦難和創造的成就清楚地指出，要建立能夠適應好幾代的投資機構（更何況是適應好幾個世紀投資人才興衰與流動的投資機構）實在困難之至。我從中得到的教訓是，管理投資組合的主要個人（或者是好幾個人）是關鍵之至的選擇。委員會絕對不能成事，委員會可以成為挑選個人的工具，希望委員會能夠做出明智的選擇，但是委員會不能實際參與投資組合資產配置的管理，委員會的共識注定是錯誤的，怎麼找到另一位史文森，就超過我能思考的範圍了。

Chapter 12
上帝不可理解，股市也不可理解

他們很可愛吧？毛茸茸的？看看他們，就像泰迪熊一樣，這是他們的市場！

　　有一陣子，我覺得脆弱無力，而同意見一位經營技術分析服務、收費高昂的專家。我們叫他緬因（Maine）好了，因為他就住在這個州。我們的一位大投資人要求我聽這位技術分析專家的話，他把緬因2002年10月14日和2003年3月8日發行的週刊寄給我，緬因專精於費波那契數列（Fibonacci numbers），兩次都利用費氏數列預測到市場底部。

　　基本上，我認為技術分析是種工具，最好配合基本面研究一起應用。我經常看圖表，卻拿來當成過去資產價格軌跡的路線圖。我認為決定買賣時機時，支撐與壓力水準值得考慮，因為有太多人注意這些東西，因為很多投資人——其中有些人實在太懶，不肯做基本面研究，他們真的相信技術分析的預測價值，連像我這樣認為技術分析是廢話的人，至少都必須了解技術分析模式，因為這些東西會影響行為與價格。

　　費波那契數列又是另一回事，你很難不受這個數列吸引，我

不相信神祕或超自然，但是大自然和生命中有很多力量根本不是我們所能了解，遠遠超過我們的知識範圍。例如股市就是黑暗、神祕的野獸，不但反映經濟與企業基本面，也反映人類最基本的貪婪與恐懼情緒。費波那契數列是另一個例子，很多一般投資人不知道費波那契數列，或許他們應該知道才對。

費波那契（Nicolas Fibonacci）1175年生於義大利，對數字非常入迷，他一定也是數學天才。1202年他出版了一本書，叫做《計算之書》，把阿拉伯數字引進歐洲，他在這本書裡寫到，他發現一系列神祕的數字型態是宇宙構造本質的基礎，一開始他先問一個問題：

有人把一對兔子放在一個地方，四面用牆壁圍起來，想知道一年裡，這個地方會生出多少對兔子。假定一對兔子每個月會生出另一對，後面這對兔子在出生兩個月後會懷小兔子，答案是1、1、2、3、5、8、13、21、34、55、89、144、233。這個數列的第一百個數字是354224848179261915075。

費波那契接著分析這個數列，發現其中有很多奇怪而有趣的特性，包括：

- 兩個相鄰數字之和正好是下一個數字之值。
- 每個數字（第四個數字後）跟下兩個數字的比值總是1比2.618，跟下一個數字的比值總是1比1.618。
- 每個數字用前兩個數除，答案都是2，餘數為再前一個數

字。

- 一個數的平方減去前兩個數的平方，得到的答案總是費氏數列裡的數字。
- 從一開始，選擇任何數列平方之和，總是等於這個數列最後一個數字乘下一個數字之值。

最重大的發現是：如果你把前四個數字以後的任何一個費氏數，用下一個比較大的數字去除，你會發現，答案始終接近0.618倍，不管數字多大都是一樣，數字愈大，愈接近0.618倍。0.618是神奇的數字，0.618比1是所謂的黃金比率，是代表完美的數學公式。它是帕德嫩神殿、向日葵、蝸牛殼、希臘花瓶、外太空旋轉的大銀河系與撲克牌形狀的數學基礎，是宇宙中讓人眼最愉快的形狀，不管是矩形還是螺旋形。

黃金比率，也就是所謂的對數螺線（logarithmic spiral），到處都可以見到，千百年來一直讓人類無限嚮往。古埃及社會十分進步，很了解天文學與數學，但是像他們這麼神祕的民族，也安於時空無限與來生的觀念。吉薩大金字塔（Great Pyramid of Gizeh）是古埃及文明恆久的紀念碑，吉薩大金字塔十分雄偉，內部和外部設計都根據黃金比率。高度是底線的61.8％，是底線半數的161.8倍的平方根。埃及人用英寸作為衡量標準，大金字塔的高度為5813英寸（5、8和13都是費氏數），納入大金字塔的圓周長為36524.2英寸，埃及人怎麼可能精確計算到一年的長度是365.242天？大金字塔的所有比率都符合黃金比率，埃及人認為，黃金比率是創造功能的象徵，也就是繁殖無限系列的象徵。大金字塔內

部著名的上升走道（Ascending Passage）角度是26度18分。

　　希臘人也知道0.618這個數字，稱之為黃金律（golden mean）。希臘人把自己的大部分藝術和建築，以黃金律的動態均衡與連串平方為基礎，形成似乎跟內部動力和諧共振的樣子。他們相信，黃金律對人眼極為愉悅，因為人類可以在以黃金律為基礎的設計中，看到生命的形象。他們相信肚臍是完美身體的黃金律，跟頸部、眼睛、腳和手臂形成黃金比率。希臘衰亡後，這些數字的祕密就失傳，到費波那契才再度發現。十七世紀時，伯努利（Jakob Bernoulli）把黃金矩形轉變成黃金螺線，他把黃金螺線比做大自然的型態。達文西利用黃金矩形（1.618比1），加強自己很多畫作的設計，最近暢銷的《達文西密碼》一書中，就描述了這件事。

　　費氏數列、黃金矩形與黃金螺線在自然界中十分普遍。《科學》雜誌刊出很多篇跟這個主題有關的學術論文，顯示在菊花瓣、向日葵螺線（逆時針為55，順時針為89），到樹葉在枝幹上排列的葉序，一切都有這些數字。黃金螺線出現在獸角、爪、牙、殼、甚至在蜘蛛網中。細菌以費氏數列的方式繁殖，照《科學》雜誌的記錄，例子舉不完。人體有五個末端、五隻手指、五隻腳趾。音樂的八度音階有十三個鍵，其中八個是白鍵，五個是黑鍵；讓人最滿意的音樂和絃是第六大調，E調振動的比率是C調的0.625倍。耳朵本身也是黃金螺線。

　　費氏數列為什麼存在，其實沒有很好的解釋。有人說上帝是數學家，也有人說費氏數列純粹是巧合，是狂熱人士的騙局。有些科學家認為，費氏數列和黃金螺線極為普遍，一定是某種生生

不息成長型態的一環。也有人猜測這是大自然創造數量卻不犧牲美感的方法，不管這句話的意思是什麼。

可以想見，一定會有人把費氏數列用在股市裡，最著名的是1930年代初期的艾略特（R. N. Elliott）。他主張人類歷史之路中的成長與衰敗型態不是隨機的，而是前進三步、後退兩步的大循環（supercycle）。他也認為，這種數列極為精確地反映在股市的起伏中。1960年代，《銀行信用分析》（*Bank Credit Analyst*）總編輯波爾頓（Hamilton Bolton），曾經就艾略特波浪理論（Elliott wave theory）寫過很多文章；發行股市雜誌的普瑞希特（Bob Prechter）是另一位著名的信徒，普瑞希特利用艾略特波浪理論分析，正確預測到1980年代的多頭市場，而且指出1987年是關鍵年度。市場果然在1987年崩盤，普瑞希特變成投資之神，有極多人信服他。1990年，他寫了一本書，談到即將來臨的海嘯、末日與慘景，據我所知，他從那時候開始就一直看空，他的問題大概是算錯了大循環波浪。

日本上次大多頭市場的晚期，摩根士丹利公司有一位市場分析師，運用了古代大阪一位稻米交易員決定時機的策略，這個策略基本上是費氏數列的翻版。這種作法像許多其他系統一樣，事後運用十分準確，即時應用卻不能發揮功效，這位策略師晚了一波，在1990年日本股市崩盤時沒頂。把費氏數列用在股市總是有一個問題，就是如何找出起點和正確計算波浪。因為浪中有浪，因此很多費氏數列的信徒努力推銷自己，說自己是短期波段操作專家。我卻覺得懷疑，費氏數—艾略特波浪計算專家的記錄不佳，我認為，相信他們的教條會讓你陷入嚴重困境。

費氏數列威力強大，用來分析市場卻太神祕。

因此，我有些不情願地跟緬因州這位費氏數列專家見面。他年紀輕輕、外表體面、熱心卻又極為誠懇。他顯然是個熱誠的信徒，一面說：「上帝一定是數學家。」一面從塑膠管裡，抽出一張跟我們會議桌一樣長的圖表，標題叫做「大循環尺度中的費氏系列延續年分」，所顯示的美國股市走勢圖回溯到1789年開始，圖表上密密麻麻地畫了很多藍色的細線條，還有用工整手寫文字寫的註解。然後他開始興奮地解說，他宣稱，根據費氏數列，千年才見到一次的特大超級循環（giant supercycle）第四波從1966年延續到1982年。接著是2000年春季結束的第五波。他認為我們現在處在下降循環的第三個「殺手」波，但是他承認，其他信徒對於我們現在到底處在第幾波有不同的看法。我們目前處在過渡期的「極小」波，標準普爾五百指數為1052點，緬因十分相信下一波下跌「殺手」波觸底時，標準普爾五百指數會跌到650點（1050點的0.618倍）。

緬因也不怕把費氏數列用在決定短期進出股市的時機上，他可以算出每週的修正波和反彈波。很多其他技術分析專家也利用費氏數列，但是經常得出完全不同的結論，這完全要看從什麼地方開始計算而定。計算也是方便的藉口，如果波浪技術分析專家錯了，他可以把錯誤推到沒有算對上，波浪理論沒有錯誤，他下次會算對，因此你應該繼續運用他的技術分析服務。

我盡力表現客氣的態度，這個人極為誠懇，是真正的信徒，但是我敢說他察覺到我的輕蔑，臉上有受傷的感覺，但是話說回

來，我只是另一個抱著懷疑態度的野蠻老頭子，最後一定會皈依。我怎麼想？我認為上帝不是數學家，也不是技術分析專家，上帝不可理解，股市也不可理解。費氏數列的觀念強而有力、神祕莫測，但是我懷疑有誰能夠持續有效地運用費氏數列在股市上。

最後，我的反應是，所有費氏數列、大循環之類的理念都太長期，對我們每天從事投資的人沒有多大用處。費氏數列很有趣，是雞尾酒會的好話題，但是不要把你投資組合的命運賭在上面。然而，人性不會改變，歷史通常會一再上演，股市完全跟人性有關，因此要保持開放的心胸，看待情勢的發展。

人類經濟史上長期循環的觀念可以回溯到聖經時代，《舊約》裡談到五十年的金禧年，金禧年裡要讓奴隸恢復自由之身，要豁免債務。吉朋的《羅馬帝國衰亡史》提出戰爭與通貨膨脹五十年循環的證據，農產品價格史上可以找到五十四年的循環，而且可以回溯到1260年馬雅人在中美洲的時候。連原始的經濟體似乎都過於相信大致為期半個世紀的常見循環，土地財富、奴隸和債務會集中，經過清理和蕭條會重新恢復循環而重振生氣，這一切幾乎是自然秩序的一環。

所有投資人天生都受記憶左右，如果他們的投資經歷很短，沒有很多戰鬥經驗，特別容易受剛剛發生的事情影響。不落入美麗的陷阱、不利用最新的過去推測未來很重要。如果你這樣做，就像在一邊是懸崖峭壁的山路上，透過後視鏡駕駛跑車。

亞當斯密先知先覺

古德曼以亞當斯密為筆名所寫的《金錢遊戲》是投資經典傑作，1968年出版時，也是空頭市場重創很多投資人之後股價開始上漲的時機。亞當斯密書中主角之一是偉大的溫菲德（Great Winfield），溫菲德經營一檔績效絕佳的共同基金，是那個時代快槍俠的縮影，他精神疲憊、多疑，但是很有遠見。

時間是1960年代末期，集團企業與電腦租賃公司之類的題材股股價漲翻天，但是偉大的溫菲德不能紆尊降貴下手買垃圾題材，因此績效落後。對了，偉大的溫菲德在1960年代初期科技股空頭市場中，碰到題材股崩盤，遭到嚴重傷害，事實上，幾乎是碰到致命傷害，慘遭摧殘。那種可怕的日子他記得太清楚了，「交響樂團不再演奏」，冷風呼呼吹過他投資組合中破損的窗戶。這種記憶、這種完全無法避免的時刻必將來臨的預感，讓他動彈不得，因此，由於他的過去，他不能出手買科技股，不過他現在卻覺得科技股正是該出手的地方。

因此偉大的溫菲德「為了這段期間」，聘請了三位29歲的年輕小伙子。「真正的小伙子，」他說：「這是年輕人的市場。」這些小伙子沒有過去的投資包袱，相信而且買進垃圾題材股，好像這些題材是能夠永遠維持的新東西。「這些年輕人的優點是太年輕，心裡還沒有陰影，他們賺了非常多的錢，自我感覺良好，覺得自己所向無敵。」

他把他們叫做比利小子、強尼小子和謝頓小子，亞當斯密到偉大的溫菲德辦公室拜訪時，他們熱心地告訴他，自己持有的電腦租賃、頁岩油與集團企業股的詳情。他們稱呼偉大的溫菲德「長官」，專心聽他說話。偉大的溫菲德驕傲地說：「他們很可愛吧？毛茸茸的？看看他們，就像泰迪熊一樣，這是他們的市場！」他命令他們說明電腦租賃概念題材。

　　「電腦租賃股，長官，」謝頓小子像西點軍校新生碰到學長質問一樣地說：「我買了可轉換公司債，拿去融資，再加碼買進，電腦的需求非常強勁，長官。」

　　偉大的溫菲德驕傲地笑著。「看到了沒？看到了沒？這是季節流轉，生命又開始了，真是神奇！就像有了一個兒子一樣！我的這些小孩！」然後他罵亞當斯密是「守舊的中年人」，說：「看看這個醜老頭臉上的懷疑。」

　　今天的情形正好相反，年輕小伙子是1990年代末期的金童，是科技股的真正信徒，泡沫破滅時卻遭到極為嚴重的摧殘，以致於現在根本不敢碰科技股。他們已經癱瘓，被自己經歷的事情閹割和傷害。但是未來幾年裡，科技股會變成該出手的地方，因為訂單和盈餘會遠勝過預期，因此你可能不該聘請年輕小伙子，可能要找我這樣的老頭子。

團體迷思與獨立思考

　　最近承蒙一位朋友的好意，我參加一個大型基金會的投資委員會會議。觀察這種會議幾乎總是讓我沮喪，因為他們的立意至

為良善，在股票比率、另類資產類別的角色、支出水準、聘用和解聘經理人方面，卻做出錯誤的判斷。雖然強而有力的證據顯示一切會回歸平均數，一群智慧高超又誠懇的人卻做出不好的決定，他們依據的多半是最近流行的觀點、目前當紅的共識。儘管這些觀點與共識明顯有疏漏，大家卻都視而不見。

在大部分大型機構和投資組合裡，最重要的投資判斷由委員會做成，但是很少人了解集體互動的負面動能。我認為，在大部分的情況下，一群聰明人因為有太多固有的缺點，以致於單獨一個人做出良好決定的機會大多了。一群人的集體智慧一定低於其中個體的總和，委員會裡的人愈多，做出明智又乾淨俐落決定的可能性愈少。尼采說：「個人的瘋狂是偶然，群眾的瘋狂卻是必然」，雖然是脫口說出的話，卻真的很有見地。

團體迷思是困擾每一個委員會的弊病，大部分委員會甚至不知道這一點。事實上，大多數委員會都不小心又徹底淪陷在其中。團體愈融洽，會員愈尊重和喜歡其他人，委員會愈大，在團體中的地位愈重要，愈可能做出不好的決策。很多年前，耶魯大學心理學家詹尼士（Irving Janis）寫了一本絕佳的小冊子，叫做《團體迷思》（*Groupthink*），強而有力地說明團體思考的危險，也針對這種現象，提出很多有趣的個案研究，但是這本書賣得不好，現在已經絕版。

詹尼士說，團體思考是「大家深入參與凝聚力強勁的圈內人團體，成員致力追求全體一致同意的意願，勝過務實評估另類方法的動機時，所採用的思考模式……。在資訊處理、實際測試和精神效能方面，都有明顯的扭曲，反應出內部團體的壓力。」他

談的不是沒有內聚力、以政治為導向的團體，不是由領導人或獨裁者操縱的團體。領導人不是只想聽自己愛聽的話，而是真心徵求意見的團體，也會發生團體迷思的現象。即使團體成員聰明、有心、也不是馬屁精，不怕說出心裡的話，一樣會出現這種情形。

投資團隊和委員會對正確行動方針有不同意見時，可能因為尊敬和客氣而陷入癱瘓。團體很融洽，沒有強而有力的領導人時，最容易發生這種現象。大家討論替代方針，然後什麼事情都不做。我曾經參加過出現這種情形的小型投資團隊，爭論、熱切的反對甚至怒火都是健康的。

團體愈社會化，在團體中占有一席之地愈重要，愈可能看到團體迷思現象。個別成員不願意冒著遭到排擠或驅逐出團體的危險去表達不同意見，因為繼續當成員意義極為重要。另一個重點是，愈多旁觀者參加的會議，愈不可能無拘無束地討論和做出決策。詹尼士舉出的經典範例是甘迺迪與詹森總統，他們雖然有「最高明和最聰明」的顧問，在古巴和越南問題上，卻做出差勁的決策，釀成慘禍。

崔洛特（Wilfred Trotter）在經典傑作《戰爭與和平中的獸群直覺》（*Instincts of the Herd in Peace and War*）一書中，主張人類是合群或「群居」動物。獸群的主要特性是同質性與服從性。社會從小教導我們，成為團體的一分子，不要與眾不同會有好報。崔洛特指出「社會總是對新形式的意見，發揮可怕的約束力量，地牢、斷頭台和十字架始終是造反者得到的報答。」不幸的是，如果你參加投資委員會，即使你的看法正確，跟團體一起犯錯，看起來幾乎總是勝過表達相反的意見，因為要是你錯了，又發表

不同的意見，你再也不是委員會有用的成員。如果即便你對了，別人也多半不會記得。

　　有一些方法可以對抗團體迷思，但是真正能夠對抗這種智慧癌症的方法是警覺。下面根據詹尼士的說法，列出這種弊病的一些病徵（括弧裡的話是我的看法）：

- 普遍相信共同錯覺的集體合理化（這只是多頭市場中的另一次回檔）。
- 對非我族類粗糙和負面的刻板印象（空頭是一群輸家和白癡，價值模式只適用不切實際的學術界人士）。
- 對團體固有道德性的共同信念（比較適用於政府和企業政策決策）。
- 對於危險行動方針覺得所向無敵的錯覺（過去情勢不利時，我們都能堅持下去達成目的。不入虎穴，焉得虎子。戰鬥單位和運動隊伍可能因為對力量與運氣的共同錯覺，從中得到好處，決策委員會卻不會這樣）。
- 全體一致的錯覺與壓抑個人疑慮（委員會中的每個人都認為這次只是回檔，因此我的憂慮一定是錯了。此外，如果我說出來，他們會認為我沒有勇氣）。
- 對異議分子微妙的團體壓力（我以前認為老喬很行，是精明的投資人，但是現在看起來，他好像失去勇氣了）。
- 自命為心靈守護者，保護團體對抗會傷害團體信心的思想（聽那位瘋子空頭技術分析專家的話毫無意義）。
- 服從過去成功又有魅力的領袖〔甘迺迪總統的豬玀灣（Bay

of Pigs）決策是範例，大家相信甘迺迪是天生的贏家，他也操縱這種會議，鼓勵這種觀點〕。

- 團體會議中自由自在地談話（這是決策過程沒有組織的跡象，特徵是針對問題進行沒有結構的一般性討論）。
- 沒有運用井然有序的程序，進行標準的風險分析（團體應該擁有某種正式的風險模式，而且應該注意這種模式）。

詹尼士主張，團體領袖在會議上，一定要培養「在個人信任中表現理智懷疑」的氣氛，這樣說來容易做來難。成員一定要有信心，知道自己會被團體接受，而且肯定自己的立場和報酬，不會因為發表批評或相反言論而受害。詹尼士說，領袖必須公正無私、鼓勵辯論，稱讚跟自己意見不同的批評者。有時候，領袖應該讓團體自行開會，以便鼓勵更自由的討論。每次會議至少應該指定一位成員，扮演故意唱反調的人，挑戰共識。達成初步決定後，應該開第二次會議，成員說出自己殘存的疑慮，整個團體應該有機會重新思考原來的決定。

和諧而愉快的會議可能是團體迷思與自以為是的警訊，激動、熱烈爭辯和某種壓力是良好跡象。一些最成功的投資管理公司開會時，爭執嚴重，情緒激動，但是委員會成員身為投資專家的地位、以及委員會成員彼此間的關係穩固。詹尼士說，應該鼓勵團體成員定期跟團體以外受到信任的夥伴，討論考慮的過程，再報告這些人的反應。在我看來，這種補救團體迷思的方法似乎有點牽強也不實際。

我認為，在必須透過投資政策委員會運作的大型投資管理公

司裡，獲致良好決策最好的方法是由一位領袖，定期跟他信任的小型顧問團體非正式開會（我認為三到五位顧問比較適合）。這個小團體討論問題，領袖可能徵求大家的意見，但是最後領袖必須做決定，也必須負責。用民主方式投票的大型團體聽起來很好，因為可以鼓勵參與，但是在投資方面，民主制度行不通，事實上，民主制度一定會失敗，決策和責任一定要由個人擔當。

詹尼士比較偏重官僚組織，如果你必須在大型投資管理機構裡工作，他說的話就有道理。他認為，核心決策團體應該包括不同年資、社會背景和信仰的人。如果可能，應該納入一些喜歡辯論、意見不同、甚至有點討厭卻絕對受尊敬和地位穩固的人。決定的結果應該跟團體中每一個人的利益息息相關。代理人或內部的旁觀者不應該參加會議，不過這樣會造成不快。在特雷西公司裡，我們三個人的確都出身不同的背景，雖然我們可能喜歡爭論，就我所知，卻沒有讓人討厭的成員。我們與決策後果的利益的確息息相關，我們每個人都要負責特定的部位，要對另外兩個人負責。

基金會和捐贈基金之類的機構必須透過投資委員會運作，應該盡力找到強勢也有經驗的主席。應該維持小型的投資委員會，只讓有經驗、有關係的成員參加，會議要有時間限制，才能避免冗長的自言自語來做出決定。很多基金會幾乎什麼事情都做錯，主席柔弱無力，會議非常鬆散，委員會的規模龐大，出席狀況不佳，靠著謠言運作，靠著投票做決定。在大多頭市場奔馳時，這些缺點不會嚴重削弱基金會，但是未來的歲月不會有單行道一樣的多頭股市或債市，有效決策的重要性可能大多了。請記住，到

世界上每座城市的公園去找，都找不到為委員會豎立的雕像。

獨斷獨行也很危險

獨斷獨行是指一位很有力、很成功的個人主導投資決定，這樣做可能跟團體思考一樣危險。獨斷獨行很容易變成權威和專斷。公司由主要投資人成立，這個人能呼風喚雨又是老闆時，特別容易流於獨斷獨行，但是即使是委員會，也可能由強而有力、別人不願意挑戰的個人主導。建立大型避險基金帝國的人總是十分跋扈、很有自信、身心都強而有力的人。羅伯森、索羅斯和貝肯變得這麼富有，可不是靠著缺乏自信、懶惰或錯誤創造出來的。霍法（Jimmy Hoffa）說得很客氣：「我可能有缺點，但是犯錯絕對不是其中一種。」

企業組織、投資管理公司和避險基金特別容易流於獨斷獨行，因為連續的差勁績效很快會影響資產和收入，使人際關係的問題表面化。只要投資救世主能夠繼續呼風喚雨，一切都很好，但是如果救世主喪失魔力，因為績效非常容易衡量，他的光環很快就會消失。最近我認識的一位分析師告訴我電路基金（Circuits）的情形，電路基金是席德（Sid）創立的大型科技股避險基金，席德很聰明、頑固、自信和努力。1990年代他如日中天的時候，創造了很高的投資績效，2001年時，他的反應很快，放空科技股，避免了最可怕的殺戮。然而他一直看空，認為科技股仍然太貴，又沒有新的產品循環。因此電路基金的績效降到最低的四分之一，公司一半的資產流失。

一位已經離開的年輕分析師說，席德在每週的投資經理人會議中壓制異議分子。他告訴我：「電路基金有四種人，你同意席德的看法，那很好；你同意他的看法還賺錢，那太好了；你不同意還賺錢，可能不是這麼好；你不同意還虧錢，你就得走路。」顯然在2003年的會議中，沒有人真正挑戰席德對基本面的悲觀看法，或是挑戰他看空市場的觀點。他的個性極為強悍，公司是他的，基金經理人對他噤若寒蟬，他的記錄極為驚人，異議分子遭到鎮壓。事實上，參加會議的人通常都應該和席德抱持一樣悲觀的看法，否則就是異端，有被驅逐出門的危險。

　　因此，電路基金的會議不是集體思考，而是獨斷獨行。在我看來，獨斷獨行跟獨裁一樣，總是很脆弱、很危險。只要獨裁者仁慈而正確，運作和效能就會很好。有些人會問，即使這種方式不理想，但你希望由誰做決策？是由多年以來賺大錢的人做決策，還是由一群沒有經過考驗的年輕人？然而我卻覺得席德的問題是沒有保持開放的心胸，養成了手下怕跟他作對的氣氛，這樣完全沒有好處，很快會摧毀投資團隊。從頭到尾都是團體領袖在說話，對團體講授自己的意見，其他人只是靜靜坐著，這可不是好現象。有創意思考的人、最好的投資專家會離開公司，留下的只是馬屁精，席德顯然應該少主導大局、少說多聽。

集思廣益——沒這回事！

　　談到團體迷思和一整屋子的專才通常會判斷錯誤，《經濟學人》2003年底的特刊中有一篇文章，談到他們在傑克遜洞（Jackson

Hole）贊助舉辦的聯邦準備理事會年度研討會中的一場晚餐會。這是世界上最著名的經濟學家集會，只有頂尖經濟學家才會難得地受邀參加。美國前聯邦準備理事會主席葛林斯班、和世界上大部分大國的中央銀行總裁會到場，發表深奧的演說，跟大家親切交談。

這篇報導諷刺地指出，每年《經濟學人》的主編會主持一場晚餐會，邀請研討會中的精英參加，這群人號稱傑克遜洞幫，晚宴中會進行意見調查（結果證實了我的看法，就是一整個屋子的聰明人會自我加強，得出錯誤的結論，因此是強而有力的反向指標）。《經濟學人》在股市榮景達到顛峰時，問傑克遜洞幫的問題是「這是泡沫嗎？」他們信心十足地說不是。2000年8月，他們排除了美國發生經濟衰退的可能，2002年時，他們預測短期利率不會降到1％。2003年8月，歐元匯率為1.1美元時，問他們的問題是「未來一年裡，美元對歐元匯價會跌到1.25美元嗎？」他們再度異口同聲說不會！只有一個人意見跟大家不同，四個月後，美元對歐元跌到1.26美元，到2004年還跌到1.37美元。重點是最高明、最聰明的人的共同意見通常是錯誤的。

至於我自己，我認為獨立經營投資管理、完全靠自己，為特定的大筆資金承擔全部責任很有道理。壞處是會有沉重的情緒壓力，還會有寂寞的感覺，但是追根究柢，決策是個人的行動。在某些情況下，兩個人如果意氣相投，可以像一個人一樣發揮功效，一加一可能等於三。我的經驗是超過兩個人可能變得笨重，可能產生僵局。蘭德在《源泉》這本小說中寫道：

……心靈是個人的特徵，沒有集思廣益這回事……，由一群人得到的協議只是妥協，不然就是根據很多個別思想得出的平凡見地……，主要的行為——論證過程——必須由每個人單獨進行……，這種創造力不能贈送或接受、分享或借用，屬於單一個人。

　　有些避險基金有三個以上的合夥人，會把資本分成不同的投資組合，然後記錄成績。只要合夥人之間有徹底的信任與信心，這種制度運作起來可能很有效，負責決策的合夥人應該每天見面，討論自己的部位，跟別人分享自己的想法。只要氣氛不變成績效之間的競爭或比較，這種作法很可能可以提高效果。公司裡的每個人都必須注意整個公司的績效，而不是個人績效，公司的分析師甚至不應該知道不同投資組合的績效差異。

　　合夥人之間應該要諒解，就是如果甲合夥人績效長期落後，丙合夥人表現最好，遵循古老回歸平均數的嚴格、冷酷理論，丙的資金要減少，甲的資金要增加。當然這樣暗示一定要有另一種諒解，如果很長一段時間甲的績效都不好，必須針對甲在公司的表現，進行令人難過的重新評估。我認為，每年根據個人績效，重新評估合夥人在公司裡的利益行不通，實施這種制度的公司辯稱，這樣比較乾淨、比較純潔，就我所看到的事例來說，最後通常會導致合夥關係破裂。

　　最後，我認為凝聚力強大的團隊總是比個人有力，更能持久，不管個人多麼聰明，誰都不可能永遠是對的。當然，有一大部分要看你共事的人和大家有多少熱情而定。投資委員會一年開

會六次，組織和運作方式顯然不能夠跟避險基金一樣，然而所有投資組織如果規模相當小，合夥人彼此互相喜歡和信任時，通常運作最順利。如果彼此不相親相愛，互不信任，組織最好的公司也永遠無法發揮潛力。決策是投資過程中最重要的一環，當你要組織一個團體並追求有效做決策，要仔細顧慮到團體迷思與獨斷獨行兩個陷阱。這不是件簡單的事。

Chapter 13
網路泡沫與新興市場

考慮過去，你會失去一隻眼睛；忽略過去，你會失去兩隻眼睛。

　　這章探討科技股泡沫和我自己，帶有個人目的。我因為太早看空科技股，在1999年下半年和2000年春季深感痛苦。1999年12月，我把科技股減碼到15％，減為標準普爾五百指數與歐澳遠東指數（EAFE）科技股權數的一半以下。雖然最後來看，這樣做並沒錯，但是因為科技股在新千禧年效應刺激下飛躍上漲，同時2000年上半年科技股泡沫愈吹愈大，這樣的決定在當時可就沒有那麼正確。

　　那一年春天讓人很痛苦，你不可能在上漲最快、規模最大的類股中，持股不到指數權數的一半，還期望績效能夠跟指數一樣好，更別想跟眾家好手比較。我的一些客戶對於投資組合績效落後深感煩惱，我也遭到相當多的責罵，其中有些是好心的建議。一位日本朋友告訴我跟瘋狂有關的著名日本諺語，說是：「只有傻瓜才跳舞，但是更傻的人看別人跳舞。」有人不客氣地引用尼采的話：「聽不到音樂的人看著跳舞的人，認為他們瘋了。」這

些簡短有力的話讓我覺得自己像白癡，沒有參加科技大宴，公司裡年輕又神氣活現的科技股專家都斜眼看我。

當時真正讓我看空科技股的原因，是1999年8月底，我到西部大城參加一個節慶般的研討會，研討會由華府著名的智庫主辦，與會人員大多數是西岸科技與網路名流以及其他各種精英。也有相當多科技投資銀行家參加，另外有一位麻省理工學院的名教授，剛剛寫了一本跟創新者兩難有關的暢銷書。

這年夏天，科技股漲翻了天，與會科技企業家都是真正的花花公子。科技業銀行家奎特隆（Frank Quattrone）和網路分析師米克（Mary Meeker）是他們的英雄，米克其實曾經警告大家，情勢已經變得瘋狂了，但是群眾認為她在開玩笑。高級主管和企業家都散發出樂觀和信心，他們談論的全都是永續維持的顛覆性科技、成長軌道、灣流噴射機和單位。你可能不知道單位的意思，一單位是一億美元的財產，因此可能有人會說：「不錯，他有五單位的身價。」你可以確定的是，他們完全相信自己的屁話。

我發現與會太太們的互動也很有趣，她們參加會議、做筆記，穿著設計師牛仔褲和高跟鞋，她們不像格林威治正常又年輕貌美的太太那樣談論子女或奶媽，而是交換跟股票有關的小道消息。她們在雞尾酒會上喋喋不休，談論她們拿到的股票初次公開發行的額度，彼此互相吹噓，或是跟願意聽她們說話的人，談論她們交易網路股賺到的驚人利潤。

愚蠢的激情──道瓊會漲到三萬六千點

　　大會安排了一個節目，就是在某天吃完晚飯後，由我跟格拉斯曼（Jim Glassman）辯論，當時格拉斯曼在平面媒體和電視上大聲疾呼，說道瓊工業指數應該漲到三萬六千點──不是五年後，而是當時就應該這麼高。我在辯論中慘遭殺戮，群眾擁抱格拉斯曼和他的理論，只差沒有用轎子把他抬著走。我說科技和網路股票像1650年的鬱金香狂潮，等到投資人了解國王沒有穿衣服時就會爆發恐慌。群眾認為我不是瘋了，就是跟不上時代，我談到股市漲太兇、過度高估科技股，和最後所有的泡沫可能都會破滅的風險時，他們都看著我，一點也不相信。他們奇怪為什麼我不懂：一般的科技股、尤其是網路股，已經創造了新經濟，舊規則再也不能適用了。回歸平均數是電視上歷史頻道的觀念。二加二不等於四；在科技的協助下，二加二可能等於五、六或十。我說到最後，引用巴魯克在1931年為麥凱（Charles Mackay）的經典傑作《異常流行幻象與群眾瘋狂：困惑之惑》重新刊印時，在引言寫的一段話。

　　雖然沒有科學的治療方法，但是就像在所有原始、神祕（因此也殘忍）的魔法中，可能有強而有力的咒語。我總是在想，如果在1929年到達高峰的凄慘「新經濟時代」裡，即使價格瘋狂上漲，要是我們全都一再複誦「二加二仍然等於四」，或許大部分的慘劇可以避免。同樣，即使在本文寫作時，大家普遍悲觀，很多人開始懷疑跌勢是否永遠不會停止時，適當的咒語可能是：「跌

勢總是會停止。」

　　晚宴是在那位著名的西岸科技業投資銀行家巨型豪宅裡舉行，他坐在內人旁邊，用和善、同情的語氣告訴內人，說我迷失了，希望我及早覺醒，恢復正常；格拉斯曼看到的才是未來。巧合的是，三年後，他的公司搖搖欲墜時，他得拍賣自己收藏的藝術品。

　　格拉斯曼是什麼人？他和哈塞特（Kevin Hassett）寫了一篇長文，刊在1999年6月號的《大西洋月刊》上當作封面故事，標題很簡單就是〈道瓊三萬六千點〉，標題後面甚至不客氣地沒有用問號。隨後藍燈書屋出了一本書，書名比較客氣，叫做《道瓊三萬六：從來臨的股市高漲中獲取利潤的新策略》（*Dow 36,000: The New Strategy for Profiting from the Coming Rise in the Stock Market*），書出版後變成了暢銷書，格拉斯曼開始對大金主巡迴演講。

　　實際上，格拉斯曼和哈塞特被人認為是嚴肅的學者，這點使他們變得更危險。就像《大西洋月刊》封面上說的一樣，「他們調查時運用了極多的專業知識。」兩個人都是備受尊敬的保守派智庫美國企業研究所（American Enterprise Institute）的學者。哈塞特擔任過哥倫比亞大學商學院的教授和聯邦準備理事會的資深經濟學家。格拉斯曼很有魅力，顯然相信（至少當時如此）他所說的話。他曾經擔任《華盛頓郵報》專欄作家，主持過CNN的節目〈資金幫〉（Capital Gang）。格拉斯曼和哈塞特不是江湖郎中，但是他們過去和現在應該覺得羞愧，因為他們的主張顯然極為荒謬，在

他們應該更清楚的時候，反而為泡沫提供了學術性的尊嚴。一直到今天，他們大致上還在新聞媒體上活躍，大家似乎忘了他們過去愚蠢的激情。看來泡沫延續愈久、變得愈大，愈容易淹沒地位愈高、愈受尊敬的知識分子。但即使如此，這樣絕對不是藉口！

　　或許我不應該這麼苛責他們。歷史學家金德柏格說過，人類的瘋狂與恐慌歷史中，充滿了理性的人察覺到席捲而來的瘋狂，賣得一乾二淨，然後被投機氣氛再度吸進去而遭到毀滅的例子。鑄幣局長和理性科學家的代表人物牛頓，在1720年春天，南海公司（South Sea Company）泡沫正盛的時候說過：「**我會計算天體的運動，卻不會計算人類的瘋狂。**」他賣掉南海公司股票，扎扎實實賺了1倍利潤。然而，這檔股票繼續上漲，投機熱潮的傳染力量壓倒了他，他用高很多的價格，買回更多股票，然後在崩盤中全部虧光。他的虧損嚴重之至，以致於他餘生中，聽到南海公司的名字都受不了。

　　格拉斯曼和哈塞特當時的主張是美國股價並不高估，「道瓊工業指數處在一次性大漲的過程中，會創新高，漲到三萬六千點左右。完成這種歷史性漲勢後，持有美國股票仍然有利可圖，但是報酬率會下降。」然而，我們辯論時，格拉斯曼說他認為因為科技與網路革命的關係，即使從道瓊工業指數三萬六千點的新高峰來看，未來股票報酬率仍然高於過去一百年的10％年率。嚴肅的學者格拉斯曼和哈塞特宣稱，現在是新時代，雖然股價已經大漲了一段，道瓊工業指數公平的價值應該是當時水準的3倍，也就是三萬六千點。真是讓人無法相信！但卻有很多人相信！

　　格拉斯曼進一步宣稱，投資人「已經開始了解——過去四年

更是如此——股價波動並不是特別激烈」。因此他說，近年股票平均大約7%的風險貼水（risk premium），已經降到大約3%。他認為，風險貼水會降到零，表示股價應該比照上漲。格拉斯曼和哈塞特基本上是勸告大眾，指出從歷史來看，股票的績效超過債券，因此應該擁有股票，忘掉債券吧！他們堅持股票這種資產類別的本益比，應該跟債券的報酬率相同，正好大約是100倍，他們堅持這樣說，因為長期來看，股票跟政府長短期票券一樣安全。

格拉斯曼強調，傳統估價方法預測：多頭市場最後幾年裡會碰到問題，這種說法是錯誤的，因此，他的方法比較好。投資專家，尤其是年紀比較大的專家（他客氣地暗指我，引發大笑）被動地遵守過時的估價方法而過於看空。（葛林斯班1996年談到「非理性繁榮」，但是大眾呈現「非理性繁榮」是正確的，大家直覺了解，投資股票的風險「從來沒有像想像的那麼大，實際上已經降低。」）

群眾喝倒彩

對於格拉斯曼的說法，我的回答是：雖然長期來看，股票的報酬率遠勝過債券或現金，但是在比較短的期間，如五年、十年甚至十五年裡，股票表現遠遠不如也是事實。如果你這段期間裡需要現金，可能會很痛苦。股票花了十五年時間，才重回1929年的高峰，花了二十一年，績效才超過債券。1982年時，道瓊工業指數的水準跟1965年相當，購買力卻喪失了一半以上。報酬率大致要看你投資的時機而定。至於波動性，說股票長期不再比債券

波動的厲害根本不對，凱因斯說過：「長期來說，我們全都已經死亡。」

事實上，從1926年起，股票的波動性化為年率之後，大約是20％，債券是8％，現金是1％。不理會這種波動性唯一的方法是把錢鎖定三十年，讓自己變得很沒有流動性。十年後，如果你改變心意，想要或需要出售，你會碰到很高的波動性。顯然你為了低落的流動性，或是為了忍受波動性，應該要求風險貼水。

為了支持風險貼水的說法，我繼續指出，股票顯然沒有公司債那麼安全，更比不上政府公債，因為股票是公司資產與盈餘的次順位融資請求權。公司清償債券持有人之後還有剩錢，才會清償股東，因此股東必須要求風險貼水。把風險貼水定為零，等於忽略了公司債會倒債的事實（跟美國財政公債不同）。認為企業現金流量的不確定性和循環性毫無風險，根本沒有道理。

我們辯論時，格拉斯曼說這次不同，還強調新時代的力量，說應該用不受限制的新思考和新規則。然而，說新世界會這麼不同，以致於美國股票的公平價格可以高達盈餘的100倍，絕對超出我的想像，因為將近兩個世紀來，年輕的美國創造爆炸性的驚人進步與成長，標準普爾五百指數的本益比平均才只有14倍。有一陣子，格拉斯曼承認標準普爾五百指數的實質盈餘每年只複合成長3.5％，但是他認為這點不是問題，群眾中似乎也沒有人認為是問題。

但是我指出，縱觀整個人類史，恐懼與貪婪情緒推動股市走向極端的情形沒有改變，今天跟過去一樣正確。崩盤還是崩盤，繁榮還是繁榮，泡沫總是會破裂，但是這些東西很無聊，群眾開

始鼓譟。可想而知，這些名流沒有興趣聽崩盤或泡沫破裂。談下一檔初次公開發行和美妙的股票觀念吧。

格拉斯曼最後說，網際網路是印刷機以來最重要的發明，他問我同不同意，我說不同意，雖然網際網路是突破性科技，但是過去一百年內，其他發明製造跟網際網路一樣重要。

「像什麼？」他不相信地問。

「像電力、飛機、電話、電腦——甚至像空調。」我的補充可能有點不智。

群眾譁然，他挑戰我有關空調這一點，我覺得有點進退維谷，因此又說，空調大大改善了全世界好多億人口的工作與生活狀況。畢竟，如果沒有空調，世界酷熱的城市應該還是不適合人居住的。不會有休士頓、邁阿密、香港或新加坡。美國東南部和西南部應該仍然是悶熱的落後地區，紐約如果沒有空調，到夏天和秋天應該跟血汗工廠一樣。空調是造成重大改變的發明，對我們的日常生活來說，就像網際網路一樣重要。

「什麼對你的日常生活影響最大？沒有空調還是沒有網路？」我問。

晚宴的主持人、舊金山來的一位網路大亨高興地要求大家投票，決定「空調是跟網路一樣重要的發明嗎？」結果真慘！我以八十比二的懸殊比數慘敗，兩張贊成票中的一張是內人投的，她投給我純粹是出於忠心。我記得我坐下來時，同桌那位摩根士丹利公司的銀行家看著我，又是可憐我，又是尷尬，我聽到另一桌有人說，「世界已經拋棄他了。」

結果我早了一些，科技股和道瓊工業指數又漲了六個月，市

場在狂潮的掌控下，總是會走到令人無法想像的極端。然而，我記錄這次研討會上的對話，是要當作那個時代的標竿，顯示在泡沫狂潮中，情勢會變得多瘋狂，也顯示原本受人尊敬的學者如何扭曲與擴大分析，以便證明過度有理。這是動物的天性，俄羅斯古老諺語說：

> 考慮過去，你會失去一隻眼睛；
> 忽略過去，你會失去兩隻眼睛。

日本有另一句諺語，適用在科技股慘劇的後遺症中：「花落不歸；破鏡難圓。」

下一個多頭市場：非洲與中東

我猜想，在下一波多頭市場中，新興市場股票會變成熱門的概念股，是投機資金湧入、繼承瘋狂與科技狂潮的地方，最後會變成下一個巨大的泡沫。每一個多頭市場都有一種類股作為標竿，新興市場類股可能是下一個標竿。事實上，我認為這種波動已經開始，但是到目前為止所發生的事情只是開始而已。新興市場可能變得像科技股一樣瘋狂。請記住，新興市場從1993年開始，就陷入真正的長期空頭市場，還伴隨著各國貨幣大跌。

我熱愛新興市場，早在1980年代初期，我純粹出於機運，在資本集團公司（Capital Group）的費雪（David Fisher）和世界銀行（World Bank）的大力協助下，開始從事新興市場投資。1983

年我初次投資泰國時，泰國股市總市值有幾十億美元，本益比只有6到7倍。這時已開發世界的大多頭市場才剛剛開始，幾乎沒有人想投資新興市場。隨後七年裡，在世界銀行的協助和我的鼓吹下，摩根士丹利公司承銷了很多新興市場國家在紐約證券交易所掛牌的第一檔封閉型基金，包括泰國、馬來西亞、印度、非洲、土耳其、俄羅斯與眾多新興股市基金。對我們和投資人來說，這些基金很成功，因為我們很早就進場，這些基金又有某國政府保證的某種優勢，有一段期間都溢價銷售。

銀行大盜薩頓（Willie Sutton）進了法院，法官問他為什麼要搶銀行，他的回答很簡單，他說：「因為那裡有錢。」我喜歡新興市場是因為那裡有錢，那裡也讓我想到最傑出的新興市場投資英雄莫蘭（Miles Moreland）。我不再重複跟新興市場有關的廢話，我要談談莫蘭和布拉肯尼管理公司（Blakeney Management）的真人實事。

莫蘭擅長投資非洲與中東，都是別人認為不是沃土的地方（至少到最近都是這樣），這點很可能正好是這些地區成為沃土的原因。事實上，他投資的地方讓我想到初次投資時的泰國與印度。莫蘭輕蔑地把歐洲和日本說成「輪椅經濟」，人口老化、成長停滯，只能定期產生循環性的成長。開發中國家年輕經濟體才是能夠產生長期成長的地方，他認為，沒有被人發現、真正原始的開發中國家，正是經濟與股市成長潛力最大的地方。

巧合的是，購買新興市場指數型基金不能充分掌握開發中國家概念的精髓，原因就在這裡。根據定義，指數經過股本加權，因此總是偏向已經被人發現、已經上漲的開發中市場，而不是偏

重沒有人喜歡、還沒有被人發現、殘缺不全的開發中市場。跟大家喜歡又已經上漲的市場相比，這種被人忽略、沒有人喜歡的市場風險低多了。莫蘭指出，他跟大家討論時，大家立即的反應是投資非洲市場好比賭俄羅斯輪盤。他告訴大家，投資非洲市場比較像參加老奶奶的茶話會，甚至還更好，如果有人追問，他可以證明非洲市場的波動性遠比所謂的文明世界低。此外，布拉肯尼公司的非洲投資組合目前本益比不到9倍，殖利率超過5.7％，價格淨值比中位數為1.3倍。

莫蘭是英國人，大約50多歲，愛馬，有著貴族氣質，長相瀟灑，說話帶有他出身的劍橋腔。多年前，我初識他時，他在紐約為摩根士丹利公司效力，擔任法人業務員，他認為這是差勁的文化經驗。他得到大學的許可，寫了一本走路橫貫歐洲的好書。後來他創設了布拉肯尼管理公司，專門投資非洲。莫蘭很有魅力、很聰明，不流俗，他的公司設在倫敦，他住在泰晤士河上的船屋裡，平常騎著摩托車。

莫蘭主張非洲和中東新興市場是最後一片還沒有被人發現的投資處女地，如果你很了解大家都忽略的東西，你應該能夠找到一些具有驚人價值的投資標的。換句話說，他沉迷於投資沒有效率的市場。就像他所說的一樣，非洲市場（持有股票是為了殖利率，比較不重視盈餘展望）具有訂價錯誤的本質，是罕有的機會。他認為，非洲公司因為設在非洲的關係，才會便宜到好比廢物，但公司本身卻不是廢物。

史文森和耶魯校產基金是布拉肯尼公司的投資人，史文森在他的《投資組合管理先驅》一書中，稱讚布拉肯尼公司是「企業

型投資管理公司的典型」。莫蘭本人說布拉肯尼公司是「由投資游擊隊員組成的小公司，搜索和戰鬥的地方太小、太危險，裝備比較齊全的人容易失敗。」若干年前，一家大公司想要買下布拉肯尼公司，史文森引述莫蘭拒絕回函中一句奇妙的話，說莫蘭指出：「游擊隊若整合到正規軍裡，就無法保住游擊隊真正的效力。」史文森又寫道：

受託人選擇具有企業精神的投資經理人，會提高投資成功的機會。擁有眾多產品、做事依據程序的大型金融服務業者要面對艱鉅的問題，就是要克服官僚體系的妨礙，才能得到有創意的決策。擁有優秀人才的小型獨立公司專注範圍明確的市場區隔，最可能看出與眾不同的明智之路，創造絕佳的投資成果。

這段話簡潔地說明了有些人尋找投資經理人的方法。大型投資管理公司因為有各式各樣官僚組織的花樣，像無休無止的會議、人力資源部門和大型行銷機構，不太可能吸引和留住很多有原創思想的人和高明的投資專家。因為這些公司由企業家經營，不是由投資專家經營，主要目標不是投資績效，而是靠著花言巧語增加管理資產，業務人員只能銷售熱門的投資產品，也就是剛剛有良好表現、而不是將來會有良好表現的產品。1999與2000年間，科技股泡沫達到最高潮時，有數十億美元科技股基金，銷售給天真而沒有疑心的大眾，原因就在這裡。

布拉肯尼公司的歷史績效幾乎跟世界股市、甚至跟新興市場的熱絡景象無關，卻跟非洲與中東市場的情況有關，有些年分裡

表現絕佳，有時候卻也不是這麼優秀。最近布拉肯尼公司的績效極為驚人！新興股市這種資產類別在過去十年裡，跟標準普爾五百指數的相關性為76％，跟歐澳遠東指數的相關性為81％。相形之下，布拉肯尼公司跟這兩個指數的相關性分別為31％和46％。長期而言，布拉肯尼公司靠著投資你從來沒有聽過的公司、投資你從來沒有想到要去遊覽、更不可能去投資的地方而大發利市。但是如果你要把錢交給莫蘭，你必須有耐心。

2005年春季，布拉肯尼公司的淨值創造28％的年度成長率，公司把10％的資金退還給投資人。布拉肯尼公司持有最大部位之一的賽電公司（Celtel），也就是在整個非洲經營行動電話的業者，被科威特一家公司高價收購，因此布拉肯尼公司滿手現金，又發現非洲股票很受歡迎，再也不便宜了。莫蘭發現，大家愈來愈熱中於投資非洲，尤其是投資埃及，埃及是2005年內世界表現最好的股市，也是莫蘭持有大量股票的國家。莫蘭指出，很多年來，偶爾舉行的非洲投資研討會上，都擠滿了業務人員，努力向其他業務員和大約二十位衣衫藍縷的前輩投資人銷售，會議議程通常由國際金融公司（IFC）與當地證券主管機關所謂的重要人士主導，要是有一檔低估的股票從窗戶中飛進來，停在這些人的早餐桌上，也沒有一個人看得出來。

然而，今年讓莫蘭覺得十分驚駭，因為年度研討會上，出現了眾多美國和英國投資機構來的熱心、年輕分析師，突然間，開羅、阿布達比、杜拜與阿拉伯聯合大公國的股價開始暴漲。莫蘭在驚恐之餘，一直在降低持股，除非他能夠在一些真正昏睡的地方，找到別人沒有興趣的其他標的。他在最新發行的投資人通訊

季刊中，說明他為什麼賣光大公國的股票：

如果我們持悲觀態度，我們會說，大公國股市的頭部不是在7月、跟身價十億美元的大公國新電信公司初次公開發行撞在一起，就是在9月，跟大肆宣傳、閃閃發亮，用途不是立刻能清楚的杜拜國際金融市場新交易所的開幕撞在一起。杜拜已經有一個非常好的股市，然而，我們不是悲觀的人，杜拜是個有魅力的地方，或許杜拜股市會永遠漲上去，可惜的是，你們的資金不會投資在這裡。

我猜莫蘭從某些市場撤退的作法很正確。中東和北非市場在石油收入增加、資金浮濫助長下，配合一些臨時性的改革跡象與更好的總體經濟管理，已經漲到瘋狂的水準。外國投資機構止步的沙烏地阿拉伯股市，目前總市值高達四千五百億美元——甚至比印度或中國股市的規模還大，銀行股的本益比達到30倍，是資金行情堆砌出來的典型股市。但是請注意其間的差別，莫蘭投資的股市股價高漲備受注意後，由投資專家經營的布拉肯尼公司把錢歸還給投資人，由企業家經營的美國大型投資管理公司卻不同，甚至在泡沫瀕臨破滅時，還盡其所能全力向大眾推銷各式各樣的科技股基金。

莫蘭和他的夥伴就像我們在文明的市場中一樣，有時候當然會碰到謊話和騙徒，但是布拉肯尼公司是真正的策略性投資公司，配合莫蘭在整個非洲的名氣，使企業經營階層不願意欺騙他。目前，莫蘭認為奈及利亞、肯亞和伊朗（奈及利亞是我們所

說殘缺不全的市場，肯亞是遠在天邊、彩虹盡頭之外的地方）三個市場股價都很便宜、很有吸引力，卻是所有自尊自重的受託人不想投資的地方，三個國家都人口眾多，又擁有豐富的天然資源（奈及利亞人口有一億五千萬）。

莫蘭看的是在邊緣發生的變化，例如奈及利亞，情勢原本十分可怕，現在有一點進步。他指出，你不能受BBC、《經濟學人》和《紐約時報》影響。莫蘭說，舉例來說，奈及利亞一位女性因為通姦，被判用石頭砸死，這起事件經過大家廣泛報導，卻只是奈及利亞發展大方向中的小小波折。在奈及利亞經營的公司如奈及利亞健力士公司（Guinness Nigeria）或奈及利亞食品公司（Nigerian Foods）每年成長35％，本益比只有10倍，奈及利亞釀酒公司（Nigerian Breweries）盈餘每兩年半增加1倍，本益比只有7倍。

莫蘭和夥伴目前在賽普勒斯、黎巴嫩、突尼西亞之類的市場，尋找新的投資孤兒。莫蘭說，這些國家的股市營業員現在兼開計程車，業績良好、創造真正成長的公司沒有人有興趣，原因就是他們掛牌交易的地方錯了。

大膽投資布拉肯尼公司的客戶不多，卻都是精英，光是看他對世界偏遠地區的精彩看法，可能就值得把資金交給他管理。莫蘭遵循殖民時代的傳統，喜歡到奇怪的地方考察；如果能在什麼地方找到每年成長20％、本益比5倍的公司，他不怕睡在跳蚤叢生、破敗的旅館裡，也不擔心感染奇怪疾病。沒有人像莫蘭這麼了解中東和非洲，我也密切注意他的說法。他就像吉卜齡（Rudyard Kipling）筆下的傳奇冒險家一樣，舌頭因為奇怪的方

言而打結，臉孔被陌生國度的太陽曬成古銅色。

　　前面說過，莫蘭很看好伊朗，認為伊朗是中東唯一實際上推行西方選舉的國家，所有公民、不論男女，都有同樣的投票權。他看好伊朗整個國家、經濟和股市，指出伊朗有六千萬人，人口迅速成長，實際上還有中東少見的民選國會。事實上，當選公職的伊朗女性比美國還多，人口年輕、有活力，對西方文化很有興趣，對穆斯林嚴格的規定顯然不滿。伊朗甚至有剛剛開始發展的股票交易所。包括伊朗、伊拉克與阿富汗在內，一共一億人口的繁榮、進步、民主化的什葉派（Shiite）地區，可能成為平衡波斯灣沿岸規模比較小的遜尼派（Sunni）國家的力量。雖然伊朗是布希總統所說邪惡軸心中的一個國家，要是有機會，莫蘭希望買進伊朗的股票。

　　總之，伊朗的情形正是莫蘭夢寐以求的情況：土地廣大、人民積極奮進、正向民主資本主義發展。莫蘭自己是特立獨行的人，對於伊朗在政治上完全不正確有著深獲我心的感覺。他認為，長期而言，英美兩國必須找出方法跟伊朗友善接觸。伊朗實在太重要了，不能置之不理。伊朗正展現積極的變化，屬於機會軸心，不屬於邪惡軸心。

　　我認為，布拉肯尼公司以種子基金的方式投資新興市場，在投資上很有道理，對非洲與全世界都很好。然而，發現新市場很需要耐心，並不適合我，我選擇投資時，喜歡大家已經熟知的市場，不喜歡探險。雖然如此，我的確認為未來五年裡，新興市場會變成投資天地中最出色的資產類別。

Chapter 14
紀律嚴明又緊張的瘋子——傑出經理人

經營大型避險基金好比當國家足球隊的教練，最精明、組織最好、最努力、人才最多、管理最嚴苛的隊伍才能奪冠。和藹、友善、容忍錯誤的教練，最後都會被淘汰。

　　我跟我最喜歡的朋友葛瑞（Greg）共進中餐，葛瑞經營一檔超大（Mega）多空股票避險基金，資產有二十五億美元。葛瑞是最高明的專家！他大約60歲，身價至少有五億美元，聲名顯赫。但是他跟我三十年前剛認識他時一樣努力，當時他只是英俊瀟灑、帶有強迫性、急於追求成功的普通青年。現在經過三分之一個世紀，創造龐大財富之後，他每週還有四個晚上睡在紐約辦公室小小的房間裡。葛瑞一直是金錢遊戲中最認真的玩家，他的一部分魅力來自他開誠布公，如果公司基金表現優異，他會告訴你，如果基金表現差勁，他會唉聲嘆氣。如果手下有人搞砸了害他虧錢，他不會祕而不宣，他是完全透明的人，也是深具魅力又健談的瘋子。

　　葛瑞以難以伺候又喜歡大吼大叫聞名，在避險基金這一行裡，喜歡大吼大叫的人就是手下犯錯或粗心時會破口大罵的人，我想葛瑞真的喜歡大吼大叫，他必須這樣。所有創辦大型、成功

避險基金的人，對旗下負責投資的員工都必須嚴格要求，他們可能魅力十足，但是如果分析師表現差勁，他們一定會破口大罵。最重要的是，葛瑞無論如何都不喜歡犯錯或虧錢，碰到這種情形他一定會發飆。

經營大型避險基金好比當國家足球隊的教練，最精明、組織最好、最努力、人才最多、管理最嚴苛的隊伍才能奪冠，和藹、友善、容忍錯誤的教練最後都會被淘汰。老虎基金的羅伯森在審查投資概念方面要求嚴格，不能容忍不充分了解和空口說白話的投資。他在場時，手下年輕聰明的分析師會怕得發抖，但是到最後，大家都喜歡他極力追求投資真理的精神。到了年底，羅伯森會慷慨地分紅，而且他十分關心員工，員工也同樣關心他。

我認識葛瑞時，他是富達投資（Fidelity Investments）當紅的選股專家和基金經理人，富達公司善於找出贏家、好好獎勵他們，葛瑞是聰明、閃閃發亮的明星，只是人比較矮胖。就像他喜歡說的一樣，在富達公司任職之前，他只是出身布魯克林的猶太胖小孩。葛瑞選股總是十分高明，因為他的分析極為嚴格，推理極為有力。他的選擇通常也都正確無誤，要是選擇錯誤，他說明原因時，一定都是因為有些企業經營者對他說謊。葛瑞大概有五尺七寸高、二百七十磅重，真的是心寬體胖的人。他會酸溜溜地說：「我每年都參加著名的減肥水療班，過去十五年裡，我減了三百磅，卻增加了三百五十磅。」

有一次，我們一起離開研討會會場要去吃午餐。「你要去哪裡？」我問他。他神祕地笑笑說：「我要回房間打幾個電話，然後在迷你酒吧旁躺一下。」今天我們共進午餐時，他坐在那裡揮

舞著叉子，手腕快速一震叉住肉丸後就送進嘴裡，同時高談闊論市場歷練和人生，說起手下年輕人多麼忘恩負義。

「五年前，這個小子來找我，告訴我我是他的英雄，他很高興免費替我工作。」葛瑞說：「他沒有錢，但喜歡這一行，只是希望學習。他告訴我，每到週末，他都會看我在富達公司寫的舊報告，引用我在報告中說的話。他崇拜我，我不知不覺中得意忘形。最初幾年裡，我給他的薪水很少，因為他只有那麼一點價值。隨後幾年裡，我們表現優異，他幫忙找到一些讓我們賺大錢的股票，我給了他幾百萬美元。兩年前，他說他喜歡錢，但是最喜歡的是成為合夥人，他的人生目標就是成為我的合夥人，因此我把他提升為合夥人。第一年裡，他賺了很多錢，在合夥人年底的聚餐上，他感激涕零，聲音哽咽，眼裡帶著淚水，感謝我造就了他。他太太替我們拍照，然後親著我，她也哭了起來。他們兩個都抱著我，我像三明治一樣夾在他們中間，我也哭了。這是白手起家、美國夢成真的故事，我真的覺得很高興。」

「接著到了去年，我們淨值減少了20％，誰也沒有拿到什麼錢，因為根本沒有錢可分。去年底，這個小子來找我，態度很認真，告訴我他要在1月離職加入另一家基金公司。他垂頭喪氣，說對我這位投資專家已經失去信心，而且因為我們基金的高水位，除非基金把前一年虧掉的賺回來，否則他拿不到什麼錢。他需要錢，他們的小孩現在上私立學校，他買了分時共用噴射機合約，也在棕櫚灘買了一棟公寓，因此他要離開，加入另一家沒有沉淪的基金公司。」

葛瑞氣得幾乎說不出話。「這個小子買了分時共用的噴射

機？我到55歲、擁有五億美元財產之前一直都坐民航機。真是讓人不敢相信！我把這個憑空鑽出來、什麼都不知道的小子變成富豪。現在才一年表現不好，他還要負一部分責任時，他就拋棄我。我一直對投資人讚揚這個小子，再加上所有的一切，他離職就變成了極大的難堪。讓我在艱困的時候，看起來真的很糟糕。因此我大發雷霆，告訴他你不必到1月才離職，你這個忘恩負義的臭小子，今天就給我打包好，今晚就離職。你一定不敢相信，他竟然也生氣，告訴大家說我不寬厚。」

葛瑞搖搖頭，又吞下一個肉丸好平息怒火，然後說：「我今年成長50％，這個小子本來可以輕鬆賺到一千萬美元，卻跑到一家市場中立避險基金，整年作多績優股、放空垃圾股，全年只成長了3％。」他厭惡地哼了一聲說：「這些小子，要是很行的話就躁動不安、忘恩負義、貪心不足，要是你能用他們三年，他們還不離開，你就很幸運了。如果他們不行，他們就浪費你的錢，讓你生氣，你得開除他們，還要給他們豐厚的離職金，不然他們就說你的壞話。這是沒有贏家的遊戲，每年都有滿面笑容的臉孔跟你說你多行，最後卻敲詐勒索你。」

我們談到避險基金賺大錢的機會扭曲了年輕人的心靈，有一大堆年輕人夢想成為避險基金大師，從一檔大型避險基金跳到另一檔，他們擔任分析師或交易員，總是在等待機會升級成為實際上能夠發號施令，管理一部分資金的人。葛瑞和我一致同意，他們心裡真正的願望是創立自己的避險基金。創立基金的問題是首先你必須能夠募集資金，如果你能夠募集資金，你就可以控制利潤的分配，否則的話，你必須把一大部分的利潤，交給專門募集

資金的人。精明能幹、記錄優異的年輕小伙子大概可以找到一家公司或個人，協助募得二千萬到五千萬美元的資金，卻必須把30％到40％的利潤交出去。

葛瑞也有好心到幾乎可以說是仁慈的一面，在他成長的布魯克林社區裡，你所看到的一切都是他捐贈的，包括社區中心、猶太教堂、中學和圖書館等等。在他現在住的西切斯特社區也一樣。有很多避險基金大師都非常寬厚仁慈，其中索羅斯、貝肯、羅伯森、朱肯米勒和瓊斯更是如此。他們捐的是自己的錢，不是公司的錢，而且他們慷慨捐輸不是為了求名，也不是為了自尊自重，跟非常多的企業執行長截然不同。

葛瑞是完美的選股專家，沒有人的眼光像他這麼銳利，這麼能夠看出價格不對的公司，他聘請了四、五位分析師跑腿，但是他一定拜訪他持有部位的每一家公司，跟每一位執行長談話——不是談話，是盤問、拷問——而且會把每家公司都納入他個人分析的範圍裡。如果他買了股票，他就變成積極行動的股東，如果經營階層沒有表現，葛瑞寫給經營階層的信會帶有建設性，但是語氣嚴厲。如果經營階層不回應，他的信就會變成威脅。經營階層萬萬不能針對實質問題對葛瑞撒謊。曾有一家公司這樣做，他就向紐約州總檢查長史匹哲檢舉，還出庭作證，說對這家公司不利的證詞。反之，如果他放空一檔股票，他不會默不做聲，會宣揚這家公司的所有問題和缺點。

葛瑞現在可能已經改變心意了，但是那天他沒有推薦什麼東西，卻發牢騷地說：「我找不到什麼便宜的股票。」他看空未來幾年的美國股市。「我們正在自毀長城，布希那群人為了政治目

的，針對折舊推動了兩次重大的租稅抵減，犧牲未來的資本支出，鼓勵目前的投資。同時，葛林斯班的低利率政策，鼓勵大家向未來借錢拿到現在消費。這兩種政策是提前應用的刺激，我擔心最後我們會走向衰退膨脹和另一次空頭市場。」

別死抱股票，投資大師會停損

葛瑞非常嚴厲，他會非常冷酷無情地檢討虧損，他像很多交易專家一樣，通常在虧損10％時會自動檢討。紐伯格（Roy Neuberger）、勒伯、巴魯克和李佛摩全都這樣做。巴魯克自視極高，把他供奉在丹鐸神殿還綽綽有餘，但是他也是精明之至的投資人。在他寫的《我自己的故事》（*My Own Story*）一書中，他說出自己怎麼經過一番痛苦，才學到賣出對自己不利的部位、減少虧損的方法。他寫道：

在股市裡，第一筆虧損金額通常最小，大家可能犯的最大錯誤是盲目緊抱，拒絕承認判斷錯誤。偶爾大家會十分了解一檔股票，在這種情況下，愈了解一種主題，愈可能認為自己可以超越供需法則的運作。連傻瓜都不敢介入時，專家會進場。

巴魯克也主張大家應該總是用向上加碼的方式買進。

很多新手會賣掉已經有利潤的股票，以便保護出現虧損的股票。因為良好的部位通常下跌最少，甚至會有利潤，在心理上就

容易放掉。壞股票的虧損可能很大，大家都有緊緊抱著、希望虧損能夠彌補的衝動。實際上，大家應該做的是賣掉虧損的部位，留住獲利的部位。

巴魯克認為，他最重要的投資規則是「**學會怎麼快速、乾脆地認賠出場**」。

李佛摩在《股票作手回憶錄》中一再表示，買進時應該往上加碼，賣出時應該往下減碼。他寫道，「除非一檔股票的第一筆交易出現利潤，否則絕對不要做第二筆交易，總是要賣掉出現虧損的股票，只有傻瓜才在跌勢中買進。」

李佛摩沒有嚴格規定什麼時候應該出光虧損的部位，卻認為賣出時機要看一檔股票和市場的感覺而定。然而，他是罕見的直覺型天才交易者，不受所持有部位過多的基本面知識影響。因此，跟把股票過度合理化的我們相比，李佛摩思考時比我們大部分人有彈性，他堅決相信應該持有呈現明確長期上升趨勢的強勢股，只要他作多的股票走軟他就出脫。他的規則是，過去強勢的股票在回檔後如果不能反彈，就是出問題的第一個跡象，也是出脫的時機。

汰弱留強當然是純粹的波段操作，我身為價值型投資人，相信基本分析的確有效，看不起這種操作方式，巴菲特也一樣，他說過他不相信停損的規則。然而，你必須尊重市場的知識，如果一個部位的走勢跟你預期的差了10％，可能是有人知道你所不知道的事情。一個部位下跌10％時，我們會強迫自己運用內在與外在資源，深入而有系統地評估基本面，我們必須確定情勢沒有變

化，評估之後，如果除了股價之外情勢都沒有變化，我們必須加碼買進。如果我們沒有信心，我們至少要賣掉一半的部位。

> 趨勢就是趨勢就是趨勢，
> 問題是，它能否堅持？
> 會不會改變方向？
> 某種無法預見的力量，
> 會不會讓趨勢嘎然而止……？
>
> ——凱克斯爵士（Alec Cairncross）
> 1960 年代英國政府的首席經濟顧問

視覺型、聽覺型與有紀律地閱讀

我最近看了巴菲特搭檔蒙格（Charlie Munger）的專訪，蒙格是偉大的投資家，而且是真正精明又聰明的老頭子：

我已經說過，在我的一生中，還沒見過一個人不整天閱讀卻能無所不知——沒有這樣的人，一個也沒有。我知道有各式各樣精明能幹的人專注在狹小的領域，他們不看書卻有很好的表現。但是投資是廣大的天地，因此如果你認為自己精通投資，又不隨時隨地閱讀，你的看法跟我不同——要是你知道巴菲特看多少東西，你一定會大吃一驚，要是你知道我看多少東西，你一定也會大吃一驚。

> ——蒙格在波克夏哈薩威公司（Berkshire Hathaway）
> 2003 年大會上的談話

閱讀確實也是我的嗜好，我認為，你不但要閱讀跟財經有關的東西，也要看歷史、小說，甚至要看一些詩。投資的要義是不管跡象多麼不清楚，都要看出人類大事的興衰，投資跟對抗情緒的起伏也很有關係，這就是小說和詩派上用場的地方。此外，有時候你必須消化一些精心寫作、文筆流暢的作品，好重新振奮身心。我每天下班回家後，在吸收了很多跟投資有關的蠢話，看過很多沉悶、生澀、充滿陳腔濫調的文字後——例如不要犯錯之類讓我深感苦惱的話，我對廢話已經厭煩，想到再看跟財經有關的東西，就覺得倒胃口，因此我會坐下來，拿一大杯美酒，埋頭看我想看的東西。我手頭總是至少有一本正在看的書，而且我的興趣包羅萬象，但是先決條件是書要寫得很好。目前我正在看布雷克（William Blake）所寫十分優美的英國首相狄斯雷利（Disraeli）的傳記。

我是視覺型的人，視覺型的人主要靠著眼睛閱讀、吸收資訊。聽覺型的人主要靠著耳朵、談話和社交來接受資訊。蒙格也是視覺型的人。當然人類是採納兩種吸收資訊的方式，但是我同意蒙格的看法，懷疑不太看書的人是不是會變成真正成功的投資人。我的確認識很多很成功的交易者和投機客，他們什麼都不看，只看體育版。

時間管理是我最大、最難解決的問題，接受、處理資訊與資料，以便獲得知識做出聰明的投資決策，是專業投資人隨時要做的事情。例如，我有一位視覺型的朋友從事這一行已經很久，締造過絕佳的記錄，是真正具有強迫性、卻很有紀律、善於閱讀的人。我說的紀律是他眼光敏銳，一眼就能看出垃圾研究報告，不

會浪費時間去看，但是他持續不斷地尋找知識明珠和真知灼見，讓他能夠把眾多跟投資有關的零碎知識，拼成完整的圖樣。

這位閱讀成癮的朋友不但整個星期都在閱讀，而且每個週末都在閱讀，讓太太很不高興，他會帶好幾大包裝滿研究報告和雜誌的包包回家，每個週末很早起床，花六、七小時閱讀這一大堆資料，還在上面記筆記，然後交給手下的分析師和基金經理人。他仔細閱讀和研究的東西大概占10％。當然他也跟人談話、聽人說話，但是視覺型的他大部分資訊是靠閱讀得來，他說：「這樣你得到的謊話和廢話比較少。」

另一位朋友也有絕佳的投資記錄，同樣也沉迷於吸收知識，卻是很不相同的聽覺型的人，過去他大量閱讀，現在卻不太閱讀，只是還帶著一個裝滿研究報告的手提包，偶爾會翻翻然後換掉。但是他仍然希望列在每種資訊的收信名單中，想到你有他所沒有的研究報告，他就會覺得很不安。他辦公室的地板上擺滿了研究報告，去年夏季的某一天，他打開車子的後車箱想拿高爾夫球桿，我看到好幾大堆發霉的舊研究報告，只有老天才知道這些東西在那裡擺了多久。

這個傢伙不閱讀，卻無休無止在講電話，整天、包括週末和晚上，他都在打電話，電話開始時都是說：「大人物，有什麼消息？」但是他這種方式也很有紀律，因為每次交談都簡短扼要，他把電話線另一端的人榨乾之後，就說：「我要搭飛機了。」然後切斷電話，不會有無聊的閒談。事實上，他閱讀研究報告三十年，發現自己的投資報酬率仍然相當低落，所以他認定最好的資訊不在報告裡，因此他把時間花在跟各種奇怪的消息來源談話和

傾聽以收集資訊。

　　至於我自己，雖然我每天花很多時間跟投資夥伴談話，卻是強迫型喜愛看書的人。有時候，要看完我私人藏書櫃裡的東西，花掉我非常多時間，害我得犧牲思考的時間。處理一大堆東西，騰空辦公桌和私人書櫃可能帶有強迫性，對我有害而不是有利，目標不是證明你看了多少東西，而是要發掘真知灼見，做出賺錢的決定。

　　我發現在辦公室裡幾乎不可能認真地閱讀，因為有太多干擾，因此我在晚上和週末花很多時間閱讀。我經常想，這樣做值不值得，是不是只是上癮而已。雖然我知道日常閱讀和賺錢沒有直接的關係，卻多少覺得如果我把書櫃裡的東西統統看完，罪惡感會比較少。我們身為投資經理人，必須發揮紀律和嚴格地選擇，以控制自己的閱讀，而不是讓閱讀控制我們。我希望得到能夠幫我賺錢、跟世界大勢、產業或公司有關的原始資訊或分析。轉捩點式的變化是推動市場的東西，我每天收到的文字資訊中，90％對我都沒有價值，因為不是重複我已經知道的東西，就是沒有關係的東西。我在有關奇異公司（GE）的另一本二十頁報告中，找到新東西的機會幾乎等於零，問題是若我不瞄完全部的東西，就無法把其中的10％精選出來，祕書再精明，也不能代勞。我真的發現確實具有新穎、邊際性思考的報告或文章時，會想辦法花時間仔細閱讀，我發現畫重點很有幫助。

　　不管是好是壞，這些就是我閱讀的東西，顯然會有很多具有話題性的零散材料送上門來，但是我平常固定看下面這些東西。每天坐火車上班時，我看《紐約時報》和《金融時報》。我總是看

佛里曼（Thomas Friedman）的專欄，《金融時報》是得知企業消息的絕佳來源。接下來晚一點的時候，我會想辦法看看《華爾街日報》。我到亞洲或歐洲旅行時，看的是《國際前鋒論壇報》（*The International Herald Tribune*），我認為這份報紙是世界上最好的報紙。《華爾街日報》亞洲版與歐洲版在某些方面，甚至比美國本地的還好。我現在開始認為，應該多花時間看報紙上的企業消息，這種消息除了報導之外，至少不會冒充別的東西，我覺得應該少花時間看經紀商的研究報告，這種報告經常只是偏頗報導已經發生的事情。要了解跟共識背離的東西，索克羅夫（Kiril Sokoloff）的《本週大事》（*What I Learned This Week*）是很好的資訊來源。看這份報導要用不完全相信的態度，因為索克羅夫通常只會呈現他心目中認定的一面之詞，然而，他卻是具有原創性的思想家。

每個週末，我會想辦法好好看《經濟學人》，毫無疑問《經濟學人》是世界上最好的雜誌，沒有一本雜誌比得上《經濟學人》的全球觀點。我會看看《時代》、《紐約客》和《新聞週刊》的目錄，看看有什麼看來有趣的東西。這三本雜誌以前比較好，現在仍然有一些很好的文章，但是已經垃圾化了。我通常會看看《財星》，《財星》也已經垃圾化了，但是還有一些一等一、尖銳之至的長文，陸米思的文章就很出色。我也看《機構投資人》、《絕對報酬》（*Absolute Return*）和史密克（David Smick）編輯的《國際經濟》（*International Economics*）。然而，你能看多少本雜誌一定有限制，因為其中有太多意在推銷的廢話。我必須承認，我非常、非常喜歡《運動畫刊》，因為其中的寫作極為出色，也因為我喜歡運動。

我們每天會收到大量研究與市場通訊，主要是用電子郵件寄來的，每週要應付數量這麼驚人的材料，我的方法是注意大約二十五個不同的消息來源，包括海曼（Ed Hyman）、保羅森（Jim Paulsen）、韋卓思（Jim Walker）、韋恩（Byron Wien）、羅奇（Steve Roach）和伍茲（Chris Woods）。瞄瞄認真研究的業者發布的企業摘要報告，可以找到一些內容，我絕不看輕華爾街的研究或分析師，他們仍然是各種構想寶貴的來源。有時候，跟他們談話可能得到很大的啟發。我們的研究資料主要來源是摩根士丹利、摩根大通銀行（J.P. Morgan）的經濟資料、高盛、里昂信貸（Credit Lyonaisse）、知識網路（ISI）、伯恩斯坦、瑞士信貸（Credit Suisse）、銀行信用分析、美林，英翠格公司（Intregal Associates）和貝爾斯登（Bear Stearns）。我的助手會刪掉其他的一切，偶爾我會增加或刪除主要資訊來源名單，否則的話，我會淹沒在我其實不注意的東西裡。

我這樣做，是因為我習慣帶著一大手提包的研究報告，我有一個壞習慣，就是希望丟掉紙張、減少重量，最後把真正好的東西放在旁邊，等稍後再看，同時卻強迫性地清理垃圾。我發現提著的重量減輕了，最後卻提著真材實料到處走，根本沒有看過，經過一週左右，我就會把東西丟掉，因為資料已經舊了，這樣顯然不是最好的作法。

我不看大部分策略師或經濟學家（尤其是堅持要他人叫他某某博士的人）的東西，因為他們只告訴你所有已經發生的事情，不是將來會發生的事情，他們不做預測，只是根據最近的趨勢推演將來，他們大部分都跟在別人後面，根據最新經濟數字或市場

最近的方向，修正自己對未來的預測。因此他們總是落在趨勢後面，而不是走在趨勢前面，他們總是低估經濟可能劇烈變化的幅度。當然有一些例外，庫柏（Cooper）博士仍然是我認識最高明的經濟學家。我有些最好的資訊來源是企業家，他們會讓我了解實際狀況。當然總會有一些人是反向指標。

要在辦公室裡閱讀很難，電話會干擾，螢幕有著無法避免的吸引力，電子郵件和彭博資訊非常讓人分心也浪費時間。瞪著彭博資訊的螢幕對思考不利，清理電子郵件收信信箱很容易變成另一種強迫性的活動，我發現自己變成在應付瑣碎的電子郵件訊息而不是思考，聲音郵件也一樣。我們辦公室裡有一個幾乎像圖書室的閱覽室，那裡燈光適宜、有相當舒服的椅子、沒有電話、沒有任何閒聊、沒有干擾，你在一小時裡，可以看完極多的研究報告。然而，我一天裡，最有生產力的閱讀時間是通勤火車上的八十五分鐘。

身為投資人，你必須主導自己吸收知識的環境，不能讓外界控制你，你必須堅持自己決定要接受的資訊，不必看別人的臉色。現在一般人認為，網際網路和電子郵件是節省時間的重大發明，可能是，但是前面說過，也可能是重大的干擾。我們經常都應用符合自己偏見的研究報告，我的情形也是一樣。倫敦大學最近針對一千位成人研究後發現，習慣性發電子郵件和簡訊，比經常吸大麻更容易降低智力和知性生產力。這項研究發現，大部分白領員工對電子郵件嚴重上癮，其中三分之一對螢幕沉迷之至，會立刻或在十分鐘內回答電子郵件，五分之一經常打斷會議來回答電子郵件。

這項研究也發現，電子郵件的干擾平均會使智商降低十點，在辦公室吸大麻只會降低四點。降低十點等於一夜失眠。當然這三件事情都是暫時性的。另一個有趣的發現是女性受到的影響比男性小，沉迷電子郵件讓女性智商平均降低五點，男性卻降低十五點。換句話說，女性遠比男性能者多勞。

　　重要的是不光要閱讀而已，還要精明地閱讀。

Chapter 15
沒有績效，明星變掃把星

管理大型共同基金可不是比賽誰比較受歡迎，而是跟市場生死存亡的戰鬥。

　　在大公司管理共同基金很難，很容易讓人受到創傷。基金前一天的淨值變化和一年來的盈虧，每天都會公布，每個人都看得到，你覺得好像全世界都知道你是英雄還是狗熊。大型投資管理公司有一堆業務員，還有密切注意短期績效的散戶客戶，每天公布淨值甚至會讓最可靠、最穩定的基金經理人情緒劇烈波動。管理機構的資金壓力也很大，但是至少你這位投資專家的價值不會每天遭到考評。

　　你投資順利時，會覺得自己神勇無敵，已經征服了市場怪獸，終於解決了績效遊戲的謎團。但當你屈居下風時，業務員和顧客都躁動不安，這種情形讓人十分不快。你很難判斷自己犯了什麼錯誤，因為投資組合大概是由三十到四十個不同的決策或賭注組合而成。你績效低落時，錯誤的決定會壓倒正確的決定，讓人困擾之至，不久你就會開始變成事後諸葛，低迷可能延續半年、一年半、甚至好幾年。

出師不利的明日之星

　　績效美酒讓人陶醉（或許更好的說法是讓人中毒），其中勝利的興奮與失敗的痛苦，是基金經理人難以處理的問題。成功的熱潮會讓自尊膨脹、信心大增，甚至出現一絲傲慢；冷鋒卻具有毀滅力量。我在摩根士丹利公司時，曾經提拔一個人擔任一檔基金唯一的經理人。這個人大約40歲，很精明，當分析師和基金共同經理人的記錄極為優異，非常期盼有朝一日能獨立管理基金。從背景和經驗來看，他似乎條件很夠。此外，他經過良好的調整、婚姻幸福、有自信又穩定，這種個人特質總是讓人安心。這樣不是說躁鬱症的人不會成功、不會成為傑出的基金經理人，只是有機會的話，我寧可選擇哈克[1]。

　　總之，我這麼精挑細選的這個人，一開始操作自己的基金不是出師不利，就是沒有我想像的那麼能幹。反正第一年裡，他落在同類基金經理人中的倒數三分之一，落後基準指數400基本點。他開始加強要求、加強交易，他以為交易頻繁很重要，當然不是這樣。事實上，交易經常具有反效果，因為會增加成本，冒著犯兩次錯誤的危險——換句話說，賣出或決定買進的新決策或兩方面都會做錯。操盤十八個月後他沉淪更深，業務員開始反彈。他對我承認他睡不好，我叫他寬心，他跑的是馬拉松不是短程衝刺，我們會給他時間。

　　然而，幾個月後他來找我，說他要辭職，他再也受不了了。操盤影響他的家庭生活，他要離開這一行，把家搬到懷俄明州去

1.馬克·吐溫小說《頑童流浪記》的主角，一個機智樂觀的小男孩。

當滑雪教練。我努力遊說他，要他放棄這種想法，人力資源部門建議他去找心理諮詢，一切都沒有用，他在交接給新基金經理人期間，跟我們一起合作，到了年底他離開了。幾年後，他搬回芝加哥，擔任一家銀行的研究主管，但是據我所知，他再也沒有擔任基金經理人。

超級巨星也可能被開除

有一個更戲劇性的故事像鋒利芒刺一樣嵌在我的心底，我仍然記得幾年前元月那天，聽到某大投資管理公司讓安德魯絲（Sandy Andrews）離開時震驚的感覺。她是他們的超級巨星，然後突然之間他們開除了她，真是讓人難以相信，我敢說他們給她很豐厚的離職金。但是仍然……。她的故事是俗世榮耀轉眼成空的寫照，但是別誤會了，我不是說某大公司做了不好或不公平的決定，這只是殘酷的績效事業中人事的更迭而已。

安德魯絲約50歲，長得很高，是漂亮的女人，留著一頭漆黑的長髮，穿著得體，說話緩慢，帶著一點南方口音，有時候雙眼中有一點點恍惚的神色，好像她在深思一樣。安德魯絲的出身普通，她在佛羅里達州長大，在坦帕上高中，然後上邁阿密大學，不是上安多弗（Andover）、耶魯或哈佛商學院。

1997年，某大公司跟惠添公司（Wean Ditter）合併後，我才認識安德魯絲。安德魯絲工作極為努力，管理的基金創造優異的績效數字，在原來的惠添投資管理公司中力爭上游。我敢說，要出人頭地對安德魯絲這樣的女性來說並不容易，而且就事論事，

在投資管理圈裡，超級巨星、實際上大部分的基金管理人都是男性，任何女性要有機會管理自己的資金都十分不容易。事實上，所有投資天地過去都由男性主宰，現在很可能還是這樣。我敢說她在力爭上游的過程中，一定觸怒了不少好鬥的男性，十或二十年前，情勢對女性投資專家不利，今天多少還是這樣。

事實上，投資管理這一行對女性基金經理人的角色，有一種與生俱來對女性不利的不成文偏見。有一些女性操作大型多頭基金，但是不多，可是我想不出一流的避險基金經理人當中，有哪一位是女性。絕大多數男性投資專家，不管是老是少，都認為女性跟男性一樣精明。然而，他們認為，女性因為兩個原因不能玩金錢遊戲。第一，女性太情緒化；最重要的是第二個原因，如果女性同時也當了媽媽，男性認為女性根本沒有玩金錢遊戲的精力或時間。這種態度中有著知識的傲慢、性別偏見和職業上的嫉妒等因素在內。

大多數男性投資專家似乎認為，小孩年紀還小的女性，家裡有太多讓她分心的事情，她們不能在家閱讀、研究然後運用在辦公室裡，而且不能從事投資致勝所需要的出差。男性認為，女性適當的本能是當好媽媽，這種本能跟全心投入投資工作互相衝突、不能並存。或許等女性到了50歲、小孩上大學後，就可以變成投資專家，但是到了這個時候，女性落後和過時的程度太嚴重了，已經沒有能力管理基金。

我在那家公司時，有些年輕的男性投資專家認為，公司對於女性堅持下去的能力、對女性基金經理人創造長期績效的能力，不應該存有幻想。他們認為，女性的正確角色是做比較低等的支

援工作，例如客戶服務、行銷和管理之類對智力與時間負擔比較輕的工作。然而公司堅持遊戲規則必須公平，女性就像男性一樣，可以在工作要求和家庭之間求得平衡，因此年輕男性只好把這種想法藏在心裡。

但是安德魯絲在這種困境中扶搖直上，她很精明，非常勤奮，最重要的是，她對市場和股票題材的感覺敏銳。她是波段操作專家，1990年代下半期是她豐收的時刻。她在買賣股票方面培養了一些消息來源，消息來源告訴她的消息讓她獲利時，她會付給他們優厚的報酬。她的溫柔能夠融化別人，但是公司裡想排擠她的人卻領教到她厲害的手段。她在工作和家庭之間怎麼平衡？我就不知道了。

然而，她像很多優秀的投資專家一樣，並非總是很好相處，我跟她從來沒有這問題，但是她的手下說，她對自己和手下要求很嚴格。就像我前面說的一樣，我所知道真正優秀的投資專家當中，幾乎每個人脾氣都不好而且態度嚴厲，大部分人偶爾都會大吼大叫，一心求勝是他們變成這樣的原因，一心求勝也是他們變成優秀投資專家的原因。

到1998年，安德魯絲操作公司裡表現最優異的一檔基金，吸引了散戶極多的資金。她管理的資產有二百億美元，即使以當時繁榮的氣氛來說，她的績效也很驚人。我喜歡安德魯絲，我們好幾次一起交談和共進晚餐，她是真正的投資專家，但是我也很高興我不是她主管，因為我可以感覺到，她可能是不好管的人。

某大公司和惠添公司合併後，我參加的第一次盛大會議，是1998年在鳳凰城鳳凰人大飯店舉行的展望會議。展望會議是某

大公司銷售系統特有的會議，公司從一萬個業務員當中，選出六百位業務最好的專家，讓他們在美酒和盛宴中，了解公司的共同基金家族。獲邀參加的經紀人都是最精明、最成功、具有企業精神、自行開拓業務的專家，因此他們用偏頗的眼光看經營階層、基金經理人和共同基金的確有點道理，他們很友善，卻對賺錢很感興趣，誰也不能用屁話唬弄他們。

那年的會議是在超大的禮堂中舉行，燈光、音樂和特效齊備，基金經理人的演說事前經過排演，前面有電子提詞機，講稿經過精心撰寫。這批經紀人對錄影說明興趣缺缺，大致上他們都帶著懷疑態度、躁動不安，而且不耐煩，都拿起行動電話打給顧客，或者到高爾夫球場去。會議進行時，很多經紀人走到外面看報紙、打電話或聊天。我主持了一場說明會，雖然我努力讓他們大笑了幾次，他們卻很難取悅。輪到第五場基金經理人進行預先排定的說明會、推銷自己的產品時，我覺得群眾已經厭煩了。

安德魯絲是下一位主講人，突然間，我注意到一群群經紀人從外面走進來，大禮堂裡寂靜無聲、充滿期待，當主持人介紹完後，她走上台站上講台，一群經紀人站了起來開始鼓掌。突然間，全部聽眾都自動站了起來，熱烈、大聲地歡迎她。我眼花撩亂看呆了，大家的致敬很真誠，也反映她的基金帶給經紀人和客戶絕佳的績效，大家深深感謝她創造的記錄，因為她的成就讓大家十分光彩，她是他們心目中的明星，大家敬愛她，用尊敬的態度專心聽她演講，就好像聽神祕的女祭師有魔法的嘴唇說出投資神諭一樣。

她演說完畢走到大走道上，經紀人跟她鞠躬，大聲叫著「我

們愛你！」、「繼續打死他們，安德魯絲！」大家在禮堂外圍著她，想問她股票的問題或跟她合影。

安德魯絲喜歡這一切，她站在講台上接受大家的奉承和歡呼，臉上半帶著一本正經的笑容，她喜歡事後大家對她的注意，誰不喜歡呢？我想觀眾的起立熱烈歡迎令人陶醉，不過我從來沒有經歷過。身為投資專家，你表現優異時，可能讓人很興奮，你開始覺得自己所向無敵。安德魯絲是投資管理部門的第一女主角，資金湧進她的基金。她要求銷售部門優先處理、優先做帳，也得到這樣的待遇。安德魯絲覺得多年來自己的報酬太低，現在對經營階層很不客氣，要求大幅增加薪酬和特權，經營階層不喜歡卻別無選擇，誰叫她是他們的明星。

隨後的幾年裡，安德魯絲還是跟以前一樣全心投入，她在1998、1999和2000年上半年表現優異，但不是很突出。然而，她偏重波段操作的投資方式，帶著她隨著科技股跳下了懸崖，到了2001年，她還以多頭市場的方式操作，到了2002年她終於放棄，把現金比率提得很高。不幸的是，2002年秋季和2003年3月之間，市場形成雙重底時她仍然偏空，因此整個2003年裡，她維持20％的現金比率。換句話說，一次失策會導致另一次失策，也就是前一次偏多太久會導致未來偏空太久，結果就是糟糕之至的表現。

這樣說好了，管理基金跟別人競爭的人如果走錯一步，很容易就會走錯基本步調，在下次轉彎時也走錯。這點不表示你後來不能走回正軌，只是表示冷鋒通常會自我加強持續好幾年。而且像安德魯絲這樣犯錯又廣為人知，的確會影響她的想法。我們經

常談話，我覺得她變得頑固而不知變通，不肯傾聽市場的聲音。為了支持她提高現金部位的作法，她經常引述市場偏空技術專家的話給我聽，但是我前面說過，每一個人，我的意思是真的是每一個人，偶爾都會看錯方向。

她的基金表現滑落時，她的反應是增加交易次數，更嚴厲地驅策手下。總之，到了2003年底，績效差勁、虐待手下和難以管理幾個因素結合在一起，促使經營階層要求她離開公司，可想而知也給了她很豐厚的離職條件。

我深感震驚，安德魯絲是優秀的投資專家，所有優秀的投資專家都會碰到低潮，安德魯絲對手下嚴厲，但是管理大型共同基金可不是比賽誰比較受歡迎，而是跟市場生死存亡的戰鬥。報紙每天報導你的進出，經紀人和他們的顧客不在乎你的祕書和旗下分析師是否討厭你，你不能忍受平平凡凡的手下，如果他們沒有效率就會在無心之間傷害你的績效，危害你和他們自己。

我很替安德魯絲難過，她胸懷大志，希望成為投資明星，但現在成為別人說難聽閒話的對象，一定很讓人難過。我尊重她對市場的判斷，她離開公司後，我立刻跟她談過話，她告訴我，她無法為自己的避險基金籌募到錢，因為她近年表現不佳很難吸引投資人，她說她發現要找個落腳的地點很難。

幾個月後，一位經營相當大型避險基金的人打電話給我，說他想聘用安德魯絲出任分析師並管理一筆資金，問我對她的投資功力有什麼看法？我告訴他，我認為安德魯絲是贏家，他說他同意，但是他唯一的顧慮是她似乎不夠嚴厲、不夠投入，我不由得哈哈大笑，跟他保證這兩種特質她只多不少，我聽說她表現很

好，操作的資金已經增加了。

巧的是，安德魯絲的事蹟並非十分罕見，幾年前，這家公司管理成長收益基金的人，也碰到同樣的事情，他創造了幾年優異的績效，在投資展望會中，經紀人站起來對他熱烈歡呼，向他鞠躬致敬，然後他碰到低潮，幾年後不太愉快地離開。這一行真難搞！

這個殘酷的小插曲有什麼教訓？最重要、最持久的真理是：在投資這一行裡，你最新的績效就是你受到愛戴的程度。榮耀轉眼成空；換句話說，名聲和榮耀都很短暫，只是數字遊戲。客戶的忠心、業務員的崇拜、經營階層的熱愛全都變化無常，因此不要變得太自傲。順利的投資航程之後，一定是可怕的風暴，夏天過後，冬天一定會來。第二個真理是如果你在大型政治化的投資管理公司工作，每個人的力量都來自人力資源部，如果你喜歡大吼大叫，你最好一直保持優異的績效，只要你的績效優異，經營階層會想出辦法來容忍大吼大叫、說話惡毒的人，但是如果你一蹶不振，你應該注意自己的禮貌。

第三，大部分公司的經營階層不了解投資績效具有循環性，他們必須容忍旗下少數真正的投資專家的錯誤。大型投資管理公司可能有一百條產品線，兩百位基金經理人，但是只有十到十五位是真正的投資專家。我認為安德魯絲是真正的投資專家，你不會希望失去真正的投資專家。

一封精采的諷刺賀卡

史帝夫（Steve）今天帶著他註冊商標的開朗笑容到辦公室來，

我們談了很久。那種笑容隨時隨地跟著他，睡覺時一樣，甚至週末洗手時也一樣。但是有時候，這種笑容會露出一點疲態，就像現在一樣，因為他的績效差勁，很多客戶結清帳戶離開了他。

我認識史帝夫很多年，他跟我一樣住在格林威治，但是他不到鄉村俱樂部運動，也沒有加入任何豪華俱樂部。隱藏在爽朗笑容背後的是對大環境、尤其是對格林威治嘲笑的態度。幾年前，他寄出一張聖誕賀卡，其中的賀詞頗具有社會價值，因此我刊在下文中。在我們狹窄的天地裡，附在聖誕卡中的賀詞，已經變成不太遮掩的吹牛文，力爭上游的家庭會在卡片裡，宣揚他們完美無瑕的生活是多麼酷到極點，他們優秀的子女創造了多少傑出成就。連家人合照都遭到汙染，去年聖誕節，有一家人的合照還列出每個人所上著名大學的名稱，例如：父親，安賀斯特學院（Amherst），1979；母親，安賀斯特學院，1981；女兒，哈佛大學，2002；兒子，耶魯大學，2004。14歲的庫里奇後來上東南內華達州立大學（Southeastern Nevada State University），真是天地不容！

史帝夫和我對這種可怕的信都退避三舍、萬分嘲笑，但是他採取了行動。兩年前，他寫了一封自己的聖誕賀詞，我必須承認他先拿給我看，我提出了一些建議，我愛死這封信了！這可能只是巧合，但是從他的信開始流傳之後，你收到的信已經變得沒有那麼肉麻了！我保留了他寫的信。

親愛的朋友：

在一年一度的聖誕賀詞裡，我們希望跟你分享我們天才家庭

在發光發熱、洋溢著幸福的1998年裡，所創造的所有特殊成就。

2月裡，珍妮第三次參加貝蒂福特戒酒戒毒診療中心的會議，回來後容光煥發，因為她結識了新朋友，又跟老友重敘舊情。那個地方真的是溫暖而美妙，現在已經在我們全家人心中占有特殊的地位。總是快樂而誠實的珍妮說，這個診療中心是在社會上力爭上游的好地方，要認識和結交富豪與名流，那裡甚至比出任著名慈善機構董事還好，而且成本也比較低廉。

3月令人非常興奮，我們心愛的女兒南西訂婚之後不久，嫁給她去年在日內瓦認識的費格羅沙。費格羅沙是巴拿馬人，出身四口之家。這已經是南西第三次踏上聖潔的大道，我們殷切盼望，以費格羅沙的幽默感和令人讚嘆的人脈，能成為南西的真命天子。費格羅沙租了一架協和號客機，載著賓客飛到巴拿馬參加婚宴，讓我們的噴射客機看來有點寒酸。看到費格羅沙在巴拿馬市三處壯觀的豪宅，看到他在鄉下擁有的超大牧場，我們真的是驚歎不已。

費格羅沙是巴拿馬警察部隊的中尉，閒暇時也經營一家小小的出口公司，這個小嗜好顯然很成功，不過費格羅沙的看法相當不同，因為他顯然出身極為貧寒，現在卻成為巴拿馬大富豪之一，可以看出他真正是幹勁十足的人。我們美麗的女兒茱莉看到他的貼身保鏢之一時，相當吃驚（他至少有六位貼身保鏢！）茱莉看到的是高大魁梧、出身利比亞的青年。

我們全家人都參加了婚禮，只有比利除外，他在密西根州巡邏隊的主管極為小氣。我們過得愉快之至！與整個中美洲各國這麼多政治人物和企業家會面，的確讓人興奮，你只要習慣之後，

看到每個人都配帶一把槍其實相當性感。結婚禮物極為豐厚，這對愉快的新人收到的禮物當中，包括一部裝甲賓士車，還有配備了五十厘米機關槍的快艇，真是漂亮的東西。他們要到哥倫比亞度蜜月，費格羅沙在那裡有一些生意上的朋友，我們的小女兒已經變成地位崇高的富豪名流，她現在旅行時，都要帶自己的髮型師！

人生難免有點風雨，此外，濕氣會培養剛毅精神。我們敢說，你們沒有一個人相信史帝夫所碰到的無恥內線交易指控，都是哈特福一位在腐敗地區有政治野心的檢察官搞的鬼，新聞界又無恥地炒作。巧合的是，雖然《華爾街日報》這樣報導，我們全家人其實從來沒有在史帝夫的各檔共同基金中從事任何盤後交易或波段操作。

我們剛剛搭著我們嶄新的小船「無法辯護號」，從巴哈馬群島度完感恩節假期回來，這條船只有一百六十五英尺長，巡航速度為三十節，這段航程比我們計畫的長了一點，因為我們在一次奇怪的誤認和誤會當中，全家人在聖歐羅達島上，因為涉嫌走私非法物資而被人在船上軟禁了一星期。我們對整個警務處、警察人員的太太、女朋友和子女舉辦一場豪華的宴會，還對每個人奉上他們所說的「宴會香包」後才獲釋。

我們希望你們全都到我們在圓山路的新居喝杯酒、吃頓飯，奧運規格的游泳池春初就會完工，因此請你們務必帶泳衣來。剛剛離開帆船餐廳的傑克會為大家精心烹調……。

這封信還另外諷刺了康乃狄克州格林威治生活中的一些特點。

史帝夫玩世不恭的態度對他身為投資專家的事業生涯很有幫助，他創造了優異的長期記錄，他經營自己的公司，為富人、小型基金會和捐贈基金管理多頭基金。換句話說，他並沒有經營避險基金。1980年代他在富達公司任職時是閃亮的星星，到1991年才自創公司，他的公司能不斷成長，是因為一直到過去幾年，他都能夠創造健全的績效。他是謹慎、用功的投資專家，一貫的投資風格是持有三十到四十家成長公司的股票，這些公司都是他確實了解、又有信心，根據古典的舊式評價標準評選、價格合理的標的。史帝夫堅決遵守以合理價格投資成長股的原則，因此錯過了1990年代末期急漲的多頭市場，這樣嚴格遵守價值投資標準，在空頭時應該對他有幫助，卻因為他持有大筆安隆公司（Enron）的部位而破功。

史帝夫的客戶在安隆弊案中慘遭滅頂，他喜歡以合理的價格購買成長股，安隆公司表面上看來正是這樣的公司，史帝夫從頭到尾徹底研究過安隆公司，多次到公司拜訪，相信一切都是真的。謠言開始流傳、股價開始下跌時，他就像巴菲特所說的一樣逢跌買進，他不像我朋友戴夫那樣，不相信波段投資，也不相信市場行為代表任何意義。我個人相信任何人都可能碰到安隆弊案，涉及詐欺時證券分析和研究都沒有用。巴菲特指出，高夫曼（Henry Kaufman）和李伯威茲（Marty Liebowitz）是他所認識兩位最精明的人，兩個人都擔任聯邦住宅貸款抵押公司董事，卻都沒有看出這家公司虛報了六十億美元的盈餘。大聯（Alliance Capital）的哈里遜（Al Harrison）是我認識最高明的投資專家，在安隆弊案中也慘遭打擊，但是史帝夫的客戶並不了解。

到了2003年，史帝夫仍然抱著一大堆現金，因為他找不到真正便宜的股票，而且他對世界大勢的看法很謹慎。因此雖然他在2003年裡，創造了12％的成長，卻落在成長28.7％的標準普爾五百股價指數之後。到了2004年，他的績效大約是5％。換句話說，他五年裡實際上沒有替大家賺到什麼錢，而且每個人都記得安隆弊案。現在他的子民變得躁動不安，他管理的資產不斷流失。事實上，大家紛紛傳說他已經喪失了投資功力。

　　史帝夫聽到這種耳語，笑容還是一樣開朗、一樣燦爛，不過我可以看出來，他的一些長期客戶沒有更堅定地支持他，不是真正相信他和他的方法，的確讓他心底受傷。然而，他也知道，處在績效循環的底部時，遭人背棄、喪失客戶是這一行慣有的現象。事實上，重要客戶跟你結清帳戶，經常是績效最低迷時刻已經結束的最好跡象。

　　如果你認為你的投資經理真的瘋了，他不再集中精神，或者只是曇花一現的人，那麼你顯然應該儘快結束關係。如果你的經理人有悠久的良好記錄，雖然他可能像別人一樣偶爾碰到低潮，卻不可能是曇花一現的人，那卻是另一回事。如果你的經理人似乎沒有這麼投入跟專注，或者是碰到逆境時會驚慌，會改變投資風格，那就是另一回事了，你要結束關係還有點道理。但是如果經理人只是碰到寒流，你要抗拒結束關係的衝動。如果你像我一樣，相信回歸平均數是投資的金科玉律，如果你像我一樣，相信高明的經理人長期可以打敗大盤指數，那麼在績效低於基準指數時，結清帳戶就沒有道理，而且實際上是自尋雙重煩惱，要吸收績效低落循環中的痛苦，也會錯過績效反彈回升時的歡樂。

如果你的投資經理過去績效優異，但現在的表現不好，你要有耐心。優異的投資經理人很難找，要是你找到了，不要輕易放棄，要找到替代的人十分困難。績效會有循環性的起伏，連最高明的投資專家都會有績效低落的時刻，有時候還是很長的期間。你付錢給投資經理人，目的是希望長久之後，大致上能夠獲得至少高出指數型基金幾百個基本點的年度報酬率。這種額外的報酬率經過多年複合成長後，會增加驚人的財富，即使繳交了比指數型基金費用高出很多的管理費後還是如此。例如坦伯頓操盤的三十年期間，表現雖有好有壞，但他的基金股東一開始投資的一萬美元，最後會成長為六十三萬二千四百六十九美元，同樣投資一萬美元在道瓊工業指數，只會成長到三萬五千四百美元。坦伯頓好幾次碰到三年績效低落的期間，但是他也曾經連續九年打敗大盤指數。

投資大師都會碰到寒流

幾年前，巴菲特在葛拉漢和陶德（David Doddsville）的經典傑作《證券分析》出版周年紀念日上，在哥倫比亞大學商學院演講，講題叫做「追隨投資大師葛拉漢及陶德」。他在這次演講中攻擊主張股市是效率市場的教授，也攻擊他們認為股價反映已知的一切，沒有價值低估的股票以及投資人打敗大盤只是運氣。然後巴菲特深入說明十家堅決主張價值投資的投資管理公司的績效。

十家公司都有傑出的記錄，在長期間創造出遠高於主要指數的報酬率。例如太平洋夥伴公司（Pacific Partners）在十九年

內，創造了平均每年32.9％的總報酬率──為有限合夥人創造了23.6％的報酬率──相形之下，標準普爾五百指數的年度報酬率只有7.8％。崔第布朗投資公司（Tweedy Browne）的有限合夥人在十六年裡，得到936％的成長，標準普爾五百指數只成長238.5％。巴菲特本人的記錄當然會替自己說話。

然而讓人驚訝的發現卻是，除了巴菲特自己之外，所有這些超級巨星在所研究的年分當中，有30％到40％的年分表現不如標準普爾五百指數。坦伯頓不在巴菲特研究的公司當中，落後指數的年分大約有40％。巴菲特研究的十家公司並非總是打敗標準普爾五百指數，很可能是因為沒有人認為這點是主要目標。然而，在表現不好的年分裡，不如指數的差距通常很小（並非總是這樣）。表現優異的年分裡，差距則很大，有時候是非常巨大。大部分績效落後的年分裡，指數都大漲。

此外，除了兩個例外，巴菲特舉出的所有投資大師都碰到過績效不佳的長期循環，也就是連續三年或連續四年中有三年績效不好。這些大師幾乎毫無例外，都是在表現不好的期間之前或之後，創造連續的驚人報酬率。顯然在寒流之後結清帳戶，是代價極為高昂的錯誤。相形之下，經過四、五年表現優異的歲月後減碼，應該是比較好的作法。通常績效出現三到五年的循環，很可能跟經理人的風格和特定市場的主要題材有關。知道我所說回歸平均數的意義了吧。

有部分歷史很迷人，太平洋合夥公司是極端的例子，這家公司連續五年以極大的差距打敗標準普爾五百指數後（其中後面三年為投資人分別創造了120％、114％與65％的投資報酬率），在

接下來的四年以及接下來六年中的五年，報酬率低於標準普爾五百指數，然後太平洋合夥公司恢復常軌，在後來的三年裡，創造了127.8％的成長，成績優異但是沒有那麼驚人。現在你或許會說，身為客戶你根本不能忍受這種起伏，這點可以了解。然而，標準普爾五百指數在十九年裡，成長了316％（每年成長7.9％），扣除繳交的費用後，太平洋夥伴公司的有限合夥人可以得到5530％的報酬，也就是每年報酬率為23.6％，這麼高的報酬率值得一些煎熬。

其他例子包括喜愛閱讀、後來變成巴菲特合夥人的蒙格，蒙格曾經碰到績效低落的時期，五年裡有四年績效落在標準普爾五百指數後面，但是在包括績效低落的十三年期間，仍然創造了19.8％的複合報酬率，相形之下，標準普爾五百指數的報酬率只有5％。崔第布朗投資公司創造了絕佳的長期記錄，但是也曾經碰到績效不好的歲月，四年中有三年的績效不如標準普爾五百指數。紅杉基金（Sequoia Fund）創立的頭三年半裡，績效落後標準普爾五百指數，卻設法存活下來然後直上青雲。

巴菲特沒有說出來的話是：今天，只要連續兩、三年（連續四年的情況少多了）績效不如標準普爾五百指數，一定會害大多數投資經理人遭到投資顧問公司開除，或是大部分的機構客戶開除。大家的記憶都很短暫，資產管理這一行很重視統計，投資顧問公司必須主張變革才能證明收費有理。

因此史帝夫覺得煩惱就一點也不奇怪，他只是找不到看起來便宜、值得購買的股票，他擁有的股票表現落後，他不知道世界是否已經拋棄他，他需不需要改變投資標準。我告訴他要堅持下

去，不要低頭。他說他經常失眠，在令人難過的客戶會議前後，偶爾他會碰到嚴重的胃痙攣，醫生告訴他其實是焦慮發作。他提到他甚至想到自己應不應該收山，應不應該多打高爾夫球，應不應該只管理自己的資金。史帝夫大約50歲，他才思敏捷很有競爭力。我認為如果他收山，會變成重大的錯誤，因為我認為他只袖手旁觀是不會快樂的。我相信他會東山再起，但是處在績效循環的底部時，這份差事會令人很痛苦，且得不到諒解。

Chapter 16
如何保住財富？

市場風雲變化無常，守住老本讓你老神在在。

　　保住財富又讓財富成長很難，大部分人都做不到。過去一代的標準作法是求助美國信託公司（U.S. Trust）、摩根信託銀行（Morgan Guaranty）、史嘉德公司（Scudder Stevens & Clark），或其他著名的投資顧問公司，希望他們如傳奇中精明的經理人一樣替你管理資產。不幸的是，這些機構只是自己過去的影子，通常是虛有其表。我對這樣說覺得抱歉，但是我認為，今天叫做私人財富管理的業者，普遍投資能力低落、遠不如他們的銷售能力，而有才幹的人反而遭到官僚排擠。本章要探討一些不尋常的保值之道。

天下大亂時，珠寶有價

　　若干年前，我到香港拜訪了一位富有華人家族年老的大家長，我替他管理資產。當時他一定有90多歲了，但是大家仍然

叫他將軍。他是國民政府軍的將軍，打過日本人，後來又打過共產黨。二次世界大戰後，他有過從中國大陸一路敗退的經驗。將軍很老了，身體不好，講起回憶多少有點悲觀，但是如果你有過他那種經歷，誰不會這樣？我們大致談到亞洲經歷一個世紀的戰爭、蕭條、通貨膨脹和革命，要保存財富有多困難。

　　這個家族有很大的投資組合，由三家大型投資管理公司管理，但是將軍當時告誡我在亂世運用財富的方法，他指出，亂世是指你真正需要財富的時候。在正常的歲月裡，帳面資產很好、很值錢，到亂世卻沒有用。每隔半個世紀左右，亂世就會出現，過去一百年裡，亞洲、俄羅斯和歐洲都處在亂世中，將來末日四騎士[1]會再度當道，戰爭、饑饉、瘟疫和死亡是人類史上定期出現的循環。

　　老先生認為高級珠寶是很好的保值之道，是逃難必備的東西，跟他所知道的任何東西都不相上下，事實上比黃金還好。富有的家族應該擁有逃難必備的東西，就像買保險或設立不可撤回的信託一樣。他指出，逃難必備的東西必須很容易攜帶，很容易隱藏，很容易買賣。瑪莉皇后和俄國末代沙皇的妻子碰到革命黨臨門，被迫逃離宮殿時，都在上衣裡塞滿了珠寶。

　　他說，1941年日軍占領香港時，他的家族一夜之間從非常富有變成三餐不繼，他自己從軍去了，但是整個家族都住在太平山頂的大宅院裡，包括他的祖父母、媽媽、他三個兄弟和他自己的妻子兒女，可謂食指浩繁。日軍占領香港後，英國人的經濟體系

---

1. 末日四騎士（Four Horsemen of the Apocalypse）記載於聖經〈啟示錄〉中，分別代表瘟疫、戰爭、飢餓與死亡。

瓦解，所有銀行存款都遭到凍結。本地人認為，日本軍力和大東亞共榮圈在可以預見的將來會統治香港，甚至永遠統治下去。新加坡已經淪陷，二十萬英國軍隊已經投降，英國在亞洲兩艘火力最強大的戰艦反擊號和威爾斯親王號，已經被日本海軍航空隊擊沉。他的家族在香港有很多房地產出租給別人，但是租戶根本不再繳交租金。他們家族的海外資產雖然安然無恙，卻沒有辦法從這些資產中拿到現金。香港經濟恢復以物易物的時代，他們所有的收入來源都不見了。

結果他們家族熬過了後來的幾年，因為家族裡的女性拿自己的珠寶去換取食物和保護。在1942年的香港，珠寶有很大的購買力，因為日本軍人的華籍女友喜歡珠寶。阻街女郎從日本軍手中拿到金錢和物資，但是最漂亮的高級妓女希望得到可以佩戴、又可以保值的珠寶。因此日本軍官會買珠寶博取她們的歡心。莎士比亞寫過「珠寶沉默無聲，比敏銳的言語更能打動女性芳心。」日本人和他們的女朋友顯然都不很喜歡黃金，因為黃金沒有裝飾價值。將軍的家族拿珠寶去交換所需要的東西，才能熬過1942和1943年暗淡的歲月而存活下來。

老將軍說，整個人類歷史上，征服者的軍隊都向占領國的女性求歡，女性自然希望得到有價值的東西作為回報，因此香港當年發生的事情並不特別。珠寶總是被人拿來增加光彩，炫耀地位和財富。在可怕通貨膨脹的環境中，珠寶也可以當成財富。研究顯示，黃金和白銀是對抗通貨膨脹最好的東西，因為珠寶當中有非常多的黃金和白銀。研究顯示，珠寶在通貨膨脹期間，至少能夠維持購買力。在威瑪共和時代和1930年代初期，德國的情形就

是這樣。但是那首歌有點小錯誤，珠寶才是女人最好的朋友，鑽石卻不是，鑽石是價格被人操縱的商品。

老將軍進一步引申了跟珠寶有關的理論，認為現代世界採用複雜的電腦化銀行體系，容易受到社會與科技恐怖主義的傷害，類似1941年香港的情況可能再度出現。美國如果碰到長期停電，銀行和運輸系統會停擺，生活狀況可能變得很淒慘，紙鈔可能喪失作為生活必需品交易媒介的價值，以物易物的經濟很可能興起，珠寶很可能成為受歡迎的貨幣。

這個觀念很有意思，我找不到可以稱為收藏品的珠寶價格與績效的比較記錄。有一位專家說，收藏品古董珠寶必須是1950年代以前生產的東西；另一位專家說，至少必須是1930年代以前打造出來的。知名設計師署名的產品，例如卡地亞（Cartier）打造出來的裝飾藝術（Art Deco）時期的珠寶，可以賣到很好的價錢，精美的人造珠寶也是收藏品。專家說：「珠寶的工藝愈精美愈好。」現代珠寶必須經過設計，符合流行才有價值，最近在日內瓦的拍賣會上，獨一無二的珠寶全都超過保留價格。然而，用鑽石和大顆寶石打造的珠寶銷路卻不是特別好。

我很難想像珠寶會變成主要資產類別，而且把大筆資金投資其中。然而，把珠寶當藝術品一樣，視為保存一些財富的工具，在美感之外，的確有一點道理。至少珠寶可以方便地交給女兒和女婿，而不用上繳贈與稅，而且老媽媽過世時，繼承人可以很快地把珠寶挖走，逃避遺產稅。珠寶便於攜帶，容易藏起來，因此逃避屠殺的難民總是把珠寶當成移轉財富的工具。就像老將軍說的一樣，碰到亂世，珠寶可能變成無價之寶。

他的話讓我深感興趣，也讓我了解我們美國人，除了難民以外，大家都不知道國家被外國軍隊占領、或是爆發重大災難之後是什麼樣子，不知道法律與秩序徹底瓦解是什麼樣子，不知道紙上財富多快就會蒸發，只有逃避希特勒或共黨政權，以難民身分來到美國的人知道這種情形，其他美國人對財產保險都一無所知。

考慮扣除費用與稅賦之後的淨報酬率

有一天晚上我跟老朋友山姆共進晚餐，他大約在十五年前把公司賣掉，十分高興地帶著不少財產退休，此後他努力改進高爾夫技巧，同時努力增加財富。在這兩方面，他都很成功。同時，他對於美國納稅人應該怎麼管理資產，也得到一些有趣的結論。

若要扼要說明山姆的哲學，就是看報酬率時，全都應該看扣除費用之後的報酬率，最重要的是，要扣除稅賦。大家報告的都是稅前報酬率，因此都是幻影，因為創造很高的稅後複合報酬率是投資最重要的目標，投資工具的流動性和透明度至為重要，投資人應該有權改變心意把錢拿回來。我朋友山姆喜歡力求簡單，因此他不太喜歡不動產或石油與天然氣交易，因為「太複雜、太沒有流動性，費用太高。此外，幾乎不可能計算報酬率，因為報酬要分十年發給」。

山姆不靠私人財富管理公司替他管理財產。他說，他們當中最高明的人不是從事基金投資，就是從事機構客戶代操業務，個人客戶即使資產雄厚，他們也漠不關心。此外，在目前的環境裡，最高明、最聰明的人一定都會投入避險基金業，他認為，不

管是在歐洲還是美國，沒有一家大公司努力經營私人財富管理業務。因此他集中投資避險基金，他不利用組合基金，因為他覺得自己跟他們一樣了解避險基金，此外，他們收的費用很高，嚴重侵蝕報酬率。另一方面，他承認組合基金適於比較不了解的人。

山姆說，避險基金魅力十足，你投資一檔飛躍成長的避險基金後，驚人的超高總報酬率可能成為雞尾酒會上絕佳的話題。但是一般美國納稅人必須注意的是合夥人收取20％的費用，還有繳交資本利得稅後的報酬率。他投資的避險基金都是採用主動策略、追求績效、樂於承受劇烈波動的基金，市場中立基金對他沒有吸引力。

山姆的成功之道是找到幾檔韌性十足的好基金，深入了解基金經理人，集中投資、始終不渝。過去十年裡，他大量投資的三檔優異避險基金扣除費用後，每年創造了25.4％的稅前內部報酬率，遠高於標準普爾五百指數11.1％的年度報酬率。在這段期間裡，這三檔好基金的波動性為21％，標準普爾五百指數的波動性為15.8％，這點表示他投資的基金淨值，經常會在一個月內減少10％。他要繳交美國聯邦稅和加州稅，稅後的內部報酬率降為16.3％，因為他投資的基金交易頻繁，71％的利得都是短期利得。當然標準普爾五百指數的報酬率也是稅前報酬率。他發現，隨著愈來愈多避險基金裡一般合夥人的資金變成免稅的法人投資後，一般合夥人通常會變得更不關心稅賦。

山姆尋找經營階層穩定，在漲勢市場中績效傑出，在跌勢市場中能替你保值的大型基金，你對他們只能有這樣的要求，不應該期望他們在跌勢時賺錢，而且你必須體認他們會為你帶來沉重

的稅負，對免稅法人機構來說，這點卻是完全不同的問題。山姆認為，避險基金最適於旗下投資委員會愚蠢無知的中型基金會投資，因為他們不必繳稅，得到的複合報酬率可能很驚人。

避險基金的選擇和投入時機需要努力研究，進場時機極為重要。「沒有人談到新創避險基金很高的倒閉比率，你不能光因為基金經理人說他們會從事低風險的操作，而且總是會擁有很多空頭部位，就認為他們不會大虧特虧。有時候，作多的部位會下跌，作空的部位會上漲。」山姆也很怕美國的投資專家，認為他們「被成功沖昏了頭」，自以為可以操作總體經濟投資遊戲，從事國際市場和外匯操作。他傷心地說：「外匯和日本市場害死了我一些最好的朋友。」他也指出，很多在1990年代末期創設的避險基金，其實是利用融資、只從事多頭操作的基金，很多人都在空頭市場中慘遭打擊或是沒頂。

山姆會為了「只想看一看」，試探性地拿出一百萬美元，投資信用可靠經理人創立的新基金。他希望更了解他們，所以會研讀他們的報告，參加他們的合夥人會議，了解他們的風格。他會打電話到他們的辦公室去，如果經過幾年，他覺得滿意，對方的表現也很好，他會提高投資金額。然而，他指出，他在三大基金之外的投資績效平平。

山姆的基本策略是把75％投資避險基金的錢，投資在他覺得自己徹底了解、歷史悠久的四、五檔核心基金，然後把其餘資金，投資在大約由十個後起之秀組成的「種子團隊」中。他承認規模是績效的大敵，但是他投資的核心基金規模都很大，世界級的名聲會吸引資金，一檔資金必須擁有一定的分量，才能雇得起

最優秀的青年才俊和交易人才。他只要一看到這些基金傲慢或是用心程度下降的跡象，就開始減少投資。至少他認為，如果基金經理人一樣專心，一年績效不好、一個月遭到大筆贖回和劇烈波動，不會讓他擔心，他希望自己投資的避險基金經理人是狂熱、自私、讓人有點討厭的人，他一點也不擔心最高明的基金經理人對待手下很嚴厲，不受華爾街業務員和交易員的歡迎，他喜歡怪人。

　　後起之秀具有吸引力，是因為他們管理的資產還不是這麼大，因此可以承接中小企業不小的部位，跟巨型基金相比，改變部位也比較容易，情勢不對時，這一點是重大優勢。總而言之，他認為避險基金是富人最好的投資工具，只是富人必須持續不斷地關心，也必須擁有一些知識。

　　一般說來，山姆認為應該當投資標的的主人，不應該當金主，而且前面說過，他很重視稅賦。因此他不投資任何應稅債券或抗通膨國庫證券，因為稅賦會把你生吞活剝。他說，抗通膨國庫證券不適宜個人，因為你必須就通貨膨脹的部分繳稅，因此實質報酬率幾乎等於零。不動產投資很麻煩，這類基金靠著交易和管理費，而不是靠著創造利潤跟投資人一起分紅的方式得到報酬。換句話說，推銷基金的人的利益跟投資人的利益不符合。石油和天然氣投資也一樣，交易聽起來總是很有吸引力，但是最後幾乎一定是經營者和一般合夥人發財，投資人卻沒有發財。

　　山姆把三分之二的資金投資在避險基金中，他的確認為，每一個富人都應該把維持生活型態的老本，投資在高評等免稅投資標的上，這種老本應該有多少？要看年齡和個人財富而定。他

說：「理性的情況是如果股市崩盤，一直低迷不振，老本應該足以支持你過富裕的基本生活型態。」他心目中的基本生活型態可能有點高昂，但是這種觀念仍然有道理。他說：「這種可怕的結果不太可能發生，但是你何必冒險？此外，免稅投資標的現在已經比較便宜了。」

創投基金魅力十足，但也死傷慘重

至於創投基金和私募基金，他承認自己錯過了大家所認定的1990年代豐收期。然而，他認為大家過度吹噓創投基金是睡覺時也能發財的想法。當前流行的迷思指出，創投基金是神奇的資產類別，投資顧問舉出例子，說專業的長期創投投資人如耶魯大學、惠特尼公司（J. H. Whitney）和范洛克聯合公司（Venrock）都獲得了讓人難以相信的長期年度報酬率，過去三十年全都獲得接近30％的年度報酬率。

毫無疑問的是，創投基金發揮功力，你又投資最好的基金時，的確是美妙的投資標的。然而，他告訴我，跟他交頭接耳的有錢老爹酒後吐真言時，承認自己投資創投基金成果很淒慘。持平來說，創投基金是高風險、競爭激烈的行業，死傷慘重，還背負著很高的案子失敗比率，而且新手入門門檻低落。此外，創投基金很難退出，因為你不能撤資。然而，如果你在適當時機，投資適當的人，可能會搭上美妙的順風車。

第十章曾經引用湯姆森風險投資經濟公司的數據指出，從1969到2002年間，創投基金的平均年度報酬率為15.8％，對於很

沒有流動性的投資標的來說，這種報酬率大概還好。同期間，流動性很高的一般美國大型股，年度報酬率為10.6％。創投基金報酬率的起算日期很重要，《經濟學人》的一項研究指出，從1988到2000年間，年度報酬率為12％。

　　投資創投基金跟投資私募基金一樣，經理人的選擇絕對重要之至，卻也十分困難。舊金山的創投組合基金業者何斯里布里奇合夥公司（Horsley-Bridges Partners）最近做了一項研究，顯示從1990年到2003年6月間，投資在創投基金的資金有一千九百五十億美元，其中表現最好的25％基金，收到二百億美元的投資，退給投資人的報酬高達八百億美元，可以想像到，將來還會有更高的報酬。其他投資人在創投業者身上，一共投下了一千七百五十億美元，卻沒有任何淨報酬，而且就現金價值而言，還虧損了10％。顯然這些創投基金成熟後，也就是1999和2000年間的鉅額投資成熟後，情況可能改善，不過話說回來，也可能不會改善。誰知道目前的投資組合價值，是否能夠反映科技與網路股慘劇之後企業的實際狀況？事實上，投資組合很可能被高估了。

　　有意思的是，矽谷創投泡沫從來沒有縮小過。根據估計，今天創投業的超額投資約為八百億美元到一千億美元，2004年第四季裡，又有一百億美元新資金投入。這種超額投資會存在，是因為在創投業輝煌的歲月裡，潛在投資人為了加入，承諾在創投基金存續期間要一直投資，而且不能撤資。此外，潛在投資人必須同意就他們已經投資和尚未投資的資金，繳交一定比率的費用，費用比率通常是每年2％。創投業者顯然沒有還錢的打算，因為他們只要緊抱著資金，就可以坐收管理費。2004年第四季裡，創投

業者大約投資了七十億美元在新事業上，比收到的資金還少。矽谷脆弱的創業生態體系已經塞滿了。

我認為現在不是把錢投入創投基金的好時機。橡樹基金（Oaktree）的馬克（Howard Marks）寫過一句有名的話，指出「沒有什麼投資構想可以好到即使有過高的入場費，也不會被破壞掉」。創投業是家庭工業，不是處在豐年，就是處在荒年，循環幾乎跟聖經裡說的一樣，七年豐年之後是七年荒年，1990年代是有史以來最好的豐年期，這種資產類別現在仍然要處理超額投資。幾年前，史文森讓我看過耶魯校產基金投資私募基金的報酬率，請參考表16．1。

耶魯大學在二十五年期間，投資創投基金扣除費用後，獲得35％的複合年度報酬率，投資私募基金獲得31％的複合年度報酬率，我不知道還有哪一個大型多元化的投資計畫，創造過這麼優異的績效。請注意，2000年時，耶魯大學靠著二十億美元的私募基金投資組合，創造了168％的投資報酬率，你怎麼能夠抗拒這麼高的投資報酬率？

耶魯大學高明地避開了科技股崩盤的屠殺，史文森沒有說他怎麼做到的，但是我猜1999和2000年市場瘋狂時，耶魯大學買了賣權，而且放空指數期貨，為自己的創投基金與融資併購基金投資組合避險。而且在那段幸福美好的日子裡，創投基金讓旗下投資公司公開上市，分配股票給有限合夥人時，耶魯大學立刻把股票賣掉。

投資人要考慮的另一個問題是：自己有沒有堅毅的信心，可以承受私募基金與生俱來的劇烈波動。例如，看看耶魯大學校產

表16 · 1

表16 · 1
耶魯校產基金中私募基金的投資報酬率

6月30日截止 的會計年度	創投基金	融資併購基金	國際基金	總報酬率
1978	27.2	35.3	na	33.9
1979	-2.2	-3.0	na	-2.8
1980	208.1	231.9	na	225.5
1981	33.3	-16.6	na	-0.5
1982	25.6	-47.5	na	-2.2
1983	123.4	-10.1	na	91.4
1984	3.7	41.6	na	9.2
1985	-10.1	5.6	na	-5.0
1986	2.6	34.0	na	15.8
1987	25.4	23.9	na	24.3
1988	-0.7	7.3	na	3.3
1989	-0.3	38.7	13.4	23.4
1990	15.6	7.8	-4.4	11.8
1991	11.6	14.7	-10.0	6.1
1992	28.3	7.2	4.1	14.6
1993	13.6	57.3	-0.2	32.3
1994	20.2	18.7	24.0	24.6
1995	37.8	26.3	13.1	27.0
1996	124.8	30.9	33.7	60.2
1997	37.6	22.3	90.2	36.2
1998	38.5	46.4	1.9	29.0
1999	133.9	24.8	15.4	37.8
2000	701.0	35.1	38.3	168.5
2001	9.0	-14.7	-3.9	-5.4
2002	-39.9	-11.2	-0.7	-23.3
2003	na			
過去五年	107.4	8.4	2.9	39.4
過去十年	53.5	18.9	18.0	36.0
從開始投資到現在	35.3	21.6	15.7	31.4

資料來源：耶魯校產基金

基金融資併購基金的投資報酬率：1980年成長231％，隨後三年裡，下降了74％。你試著在1984年初，跟你的投資委員會解釋吧。在豐收的歲月裡，表現最好的創投基金報酬率驚人，絕佳的績效吸引大量的新資金，也會吸引一大堆模仿者，其中很多人都沒有經驗、無知又無能，然後投資報酬率會消失，一堆後起之秀表現糟糕透頂，但是沒有人談到這種事情。

《經濟學人》的研究也證實選擇創投基金很難。在大部分的歲月裡，表現最好的基金跟中位數報酬率的差距很大，即使是在豐收的歲月裡，很多創投基金的投資組合其實還虧損，表現最好的前四分之一創投基金和最差的後四分之一創投基金之間，長期報酬率差距高達23個百分點，是投資報酬率差距最大的資產類別。融資併購業者的投資報酬率差距第二大，前四分之一和後四分之一的報酬率差距為14個百分點。相形之下，在比較有效率的股票與固定收益資產類別中，報酬率差距只有2到4個百分點。

用謹慎、懷疑的態度選擇避險基金

投資正確的避險基金也非常重要，在2003年3月31日截止的五年內，塔斯社（TASS）資料庫追蹤的所有避險基金當中，前四分之一和後四分之一避險基金的報酬率差距為9.5個百分點（前四分之一的年度投資報酬率為12.7％，後四分之一的年度報酬率為3.2％。同期內，標準普爾五百指數下跌3.8％）。而且正如你的預期，避險基金的波動性遠低於私募基金，避險基金的波動性為15％，標準普爾五百指數的波動性為21％。至於避險組合基金，

前後四分之一的報酬率差距更小，只有5.3個百分點，前四分之一的年度報酬率為9.2％，後四分之一的年度報酬率為3.9％，波動性為12％。避險基金的流動性當然比私募基金好多了，而且通常比較透明。

我想到遺產稅的衝擊時，覺得山姆的策略很適合投資機構使用，或是投資資產超過一億美元的投資組合使用。然而，假設你已經退休，擁有二千五百萬美元的金融資產，對實際投資相當熟悉，你認為你在繳稅之後，每年需要四十萬到五十萬美元的所得，以過你習慣過的生活方式，你從退休金、社會安全給付之類的項目，另外可以得到十五萬美元的所得，因此你投資五百萬美元，建立高評等中期免稅投資標的組成的投資組合，每年大約得到二十二萬五千美元。我會買二百萬美元（稅前所得八萬五千美元）的十年期國庫公債，作為策略性準備金。剩下的一千八百萬美元中，我會買五百萬到七百萬美元的先鋒股票指數型基金。剩下的一千萬到一千三百萬美元，應該投資五到十檔避險基金（如果你可以找到，而且密切注意避險基金的投資績效），或者是買幾檔組合基金。投資債券的目的是為了獲得收益，投資股票是為了成長，投資避險基金是為了所有的理由。顯然這是簡單的模式，大部分要看你的所得水準、專業知識和財務顧問的能力而定。

山姆也很了解避險基金業的發展趨勢，他說真正一流、合乎標準、擁有長期良好記錄的避險基金都被資金淹沒了。因為避險基金擁有的資金已經比他們能夠迅速操作的資金還多，他們會把大部分新資金暫時放在一旁，然後基本上他們會請看起來像贏家的年輕小伙子來操作這些資金。一流避險基金業者會告訴客戶，

說他們會請近年來找到的五位最精明的年輕小伙子，操作新的新興經理人基金，他會提醒客戶，年輕小伙子不知道什麼叫做害怕，認為自己可以出奇制勝。不知道害怕的年輕小伙子會做出瘋狂的事情，因此一流避險基金業者會注意一切，會像老鷹盯著老鼠一樣，緊緊盯著這批年輕人，投資人吃這一套，對雙方來說，這都是最好的狀況。

山姆說，例如在紐華克有一位叫做吉米（Jimmy）的傢伙，是瘋狂的交易者，擁有優異的記錄，吉米聲勢如日中天時，要求分配利潤的50％，但是不收固定管理費。吉米不是傻瓜，他知道管理幾十億美元時，不能像管理幾億美元那樣祕密、順暢地做當日沖銷，因此他認定自己希望建立避險基金王國，他把收費改為分配30％的利潤，另外收取2％的資產管理費用。雖然費用高得離譜，只要他繼續保持點石成金的能力，資金就會繼續湧進。他為了處理湧入的資金，到處栽培年輕人進入這一行。傳說上週他從另一家歷史比較悠久的避險基金，挖了一位炙手可熱的年輕人，給這位年輕人三億美元操盤，條件是他跟這個年輕人各得一半，就是分紅15％與1％的管理費。錢這麼多，甚至會讓優秀青年沖昏了頭，卻也可能在未來一年裡，讓這位青年得到胃潰瘍或偏頭痛，因為吉米以快速翻臉聞名，如果你替他操作資金，你最好有所表現，如果他開除你，別期望得到黃金降落傘，只能期望他別公開詆毀你。就吉米來說，他對股票或人事絕對不會做出不好的決定，所有不好的績效都是因為手下讓他失望。

組合基金版的瘋狂也若隱若現，年高德劭的蒙格最近開玩笑地指出，他喜歡組合基金組合的構想，他說：「如果第二層費用

很好，那麼第三層費用一定更好。」天啊，這種基金已經出現，倫敦有一家擁有三十八億美元資產的組合基金，為了追求另一個層次的多元投資和降低風險，正在籌設組合基金組合，準備投資十一檔標的組合基金。

比較新的發展是銀行也加入組合基金的戰場，他們提供融資。假設一個有錢人要拿二百萬美元來投資，他希望購買銀行的組合基金。

「我告訴你怎麼著，」友善的私人財富管理顧問會說：「你可以從我們的記錄看出來，我們的基金波動性很低，每年會努力創造8％的報酬率，你為什麼不跟我們多借四百萬美元，即使付了利息之後，你每年還是能夠賺到將近20％，輕輕鬆鬆，輕而易舉。」

接著市場寂靜無波地走了將近十八個月，每個人都苦苦求生存，組合基金幾乎什麼都沒有賺到，投資人因為負擔雙重費用和利息而虧損連連，大家都很不高興，開始贖回組合基金，進而波及標的避險基金遭到贖回。

情勢不利時，融資可能讓你毛骨悚然。假設一檔大型組合基金因為任何原因而開始虧損，淘汰賽就開始了。組合基金一定會要求標的避險基金出脫一部分多頭部位，回補一些空頭部位。為了應付贖回進行的空頭回補，會造成不理性的波動，每個人都要清算自己的投資組合，因此引發更嚴重的虧損和更多的贖回。隨著波折與謠言傳開來，恐慌開始出現，變成投資組合保險和長期資本管理公司慘劇的翻版。雖然投資組合保險不是造成1987年紐約股市大崩盤的原因，毫無疑問地，投資組合保險大大加重了崩盤的嚴重性。融資是毒藥，就像古老諺語說的一樣：**流動性是懦**

夫，一出現麻煩，立刻消失。

避險投資難為，組合基金有理

　　大部分組合基金不提供融資，而是替富人提供基本服務。我
朋友山姆是直接投資，把避險基金當成投資組合的核心，如果你
很富有，又像他一樣深入了解，直接投資是很有道理。問題是你
必須花很多時間從事投資，你不必把投資當成專業，但是至少要
當成很重要的副業。要把避險基金當你的投資核心，我認為你至
少應該擁有五檔基金構成的投資組合，最好是有十檔，其中五檔
是主要基金經理人操盤的避險基金，五檔是種子基金。以這種水
準來說，你必須花很多時間研究這些基金，偶爾要打電話給基金
經理人，很可能要去參加像摩根士丹利公司在布雷克斯大飯店舉
辦的會議，每天聽十場說明會並不輕鬆，自行投資避險基金很辛
苦，你必須研究自己的投資，不能只聽謠言，你必須了解基金的
投資過程，如果基金不能或不願意解釋，你應該退避三舍。如果
他們吹噓自己發現的祕密投資系統，你應該說再見。除非你願意
勤奮地做這些事情，否則你應該利用組合基金來投資避險基金，
而且你可以找到很多優秀的組合基金。經營優秀組合基金的人十
分專業，也深入進行財務查核和分析。組合基金的確會讓你增加
另一層成本，但是他們提供的多元投資和專業知識會值回全部票
價，只有勤奮的專家及投資人不需要。

　　歷史顯示，管理良好的組合基金經過長時間後，至少在多
頭市場時，趕得上標準普爾五百指數，在空頭市場時能夠替你

保本，而且波動性比較低。這種成就非同小可，以2003年3月截止、市場由多轉空的五年期間，標準普爾五百指數每年下跌3.8％，中位數的組合基金每年成長6.3％；前四分之一組合基金創造出9.2％的報酬率，前百分之五的組合基金報酬率高達15.7％。組合基金適合所有的人，只是不適合像山姆這樣的專家。

愛藝術品本身，而不是投資——藝術投資

幾星期前，我在一位朋友家裡吃晚飯，這位朋友在摩根士丹利公司賺了不少錢，過去二十年來一直熱心、精明地收集西部藝術品。現在他生活愉快，每天跟雷明頓（Remington）、亞伯特（Bierstadt）和韋斯（Wyeth）精美的畫作為伍，陶醉在客人的尊敬和崇拜中，而且還賺錢！「我想我收集的藝術品價值每五年會增加1倍，」他有點自傲和沾沾自喜地說：「這樣比擁有股票讓人心滿意足多了，而且股票也長得很難看，有格調的女性不會因為你擁有英特爾就討好你。」

我朋友說，他收藏的畫作每年以14％的比率複合成長。大概沒有錯，但是他的品味很特別，這個數字沒有考慮到擁有藝術品的高昂成本，包括保險、保全和環境控制的費用，這些支出一年可能達到藝術品價值的2％。不過我查過，真正優秀的美國西部藝術品在整個股市走空時，還是繼續上漲。特別傑出的畫作流動性很可能相當高，但是普通的畫作就不是這樣了。我當然知道這種事情，因為看來似乎是不知道多少年前，我一直試著賣掉我在十五年前的某個平凡時刻、買進的一幅平凡畫作——作畫的是你從來

沒有聽過的十八世紀平凡的畫家。然而，我朋友說得對，傑出名畫是出眾的投資標的，因為名畫可以提供很高的投資報酬率，同時提高美感上的享受。只有在風景如畫、山巒起伏的鄉下擁有農地，看著你養的牛或你種的樹長大，勉強跟擁有名畫可以相比，不過就算這樣，你應該也不希望每天跟農地長相左右。

根據賴西（Richard Rush）之流藝術史專家的研究，高級藝術品的長期投資報酬率在扣除持有成本之前，似乎一直保持每年9％到10％上下。也有證據顯示，藝術品市場可能有五十到六十年的康朵鐵夫（Nikolai Kondratieff）長波段循環。過去的高點出現在1770到1780年間、1830年附近、1880年代、1929年，接著在1980年代末和1990年代初期出現，最後這次是日本人瘋狂買進造成的。你應該可以想像到，泡沫會創造財富，財富會唱高藝術品的價格，反之亦然。從1990到1994年間，根據藝術一百指數（Art 100 index）衡量的主要市場的藝術品，價格下跌了52％。另一個衡量十九和二十世紀雕刻品的指數暴跌了60％。但是請記住，這兩個指數從1983到1990年間都有驚人的漲勢。即使在下跌之後，到1994年為止的十年間，複合報酬率還有11.5％。這段期間的標準差為35.7％，標準普爾五百指數的標準差為17％，新興市場股票的標準差為30.6％，美國新興成長股的標準差為18.4％。藝術一百指數從1976年創立之後到2004年底，每年複合成長10.5％，標準差為27.9％。

這些統計都不精確，因為拍賣公司和經紀商都努力維持藝術精品價格永遠不會下跌的幻象。美元下跌也有影響，會使美國的藝術品價格抬高，壓低倫敦和巴黎的藝術品價格。合理價格的流

動性可能跟你想像的不同，過去三年裡，每年藝術品拍賣沒有拍出的比率大約一直都是20％。

當然，擁有藝術品的報酬率就像持有股票一樣，大部分要看個別畫作是否能夠熬過時間和流行的考驗。傑作級的名畫通常是絕佳的投資。雷捷（Leger）的名畫〈紅綠衣女郎〉（The Woman in Red and Green）1921年在巴黎賣出，售價是二百法郎，由同一個家族持有到去年，才在佳士得的拍賣中，以二千二百萬美元賣出。持有將近一個世紀後，年度投資報酬率為19％。梵谷的名畫〈鳶尾花〉是1899年畫的，1947年被白森（Joan Whitney Payson）以八萬美元買去。他兒子在1987年股市崩盤後幾星期把這幅畫賣掉，得款五千三百九十萬美元，在四十年又過幾個月的期間裡，每年投資報酬率為17.7％。想來這些年裡，白森家族很喜歡看這幅油畫，這樣的報酬率的確不差。諷刺的是，〈鳶尾花〉的買主是澳洲啤酒大亨奔德（Alan Bond），他利用拍賣業者蘇富比公司提供的融資買進這幅畫，他付出的天價推波助瀾，促使藝術品多頭市場熱潮滾滾，蘇富比公司是主要的受益者。不久之後，奔德的王國崩潰，貸款繳不出來，蘇富比公司收回這幅畫，後來私下賣給蓋蒂博物館（Getty Museum），至於價格則沒有透露。

股票的估價跟流行的關係很小，特定藝術品是不是好投資，則跟流行有很大的關係。長期而言，企業淨值、盈餘與股利的成長最重要。藝術品的空頭市場寂靜無聲卻很殘酷。賴西的藝術品指數從1925年的100點，漲到1929年的165點，1934年則跌到50點。在一代之久的長期循環中，也有由熱潮和流行推動的不同類別循環，價格的變化更大。1780年代時，雷尼（Guido Reni）是

熱門的畫家，凱莎琳女皇（Catherine the Great）買了一幅他的畫，當時價格其貴無比，高達三千五百英鎊。但是雷尼不再受歡迎後，他的一幅畫一直要到1958年，才再度以三千五百英鎊賣出，但是英鎊已經不知道貶值多少。十九世紀英國收藏家熱愛苦日子畫派，喜歡畫中吵鬧的戶外景象和健壯、勤奮的人物。另一種流行是喜歡悲慘生活畫派，這兩派今天都不流行了。我朋友喜歡的牛仔藝術和美洲原住民畫作可不可能這樣？我認為不會，但是並非不可能。

藝術流行風有一個極端的例子，就是十八世紀的英國肖像畫，畫家隆尼（Romney）、根茲博羅（Gainsborough）和瑞諾茲（Reynolds）活著的時候，收費為別人的祖先畫像，以今天的價格計算，每幅畫收費十七萬五千美元。一代之後，沒有人願意花錢買別人胖嘟嘟祖先的畫像，價格跌到原價的10％。1920年代，祖先畫派復活，卻又在大蕭條中崩潰。2002年夏天，倫敦有一場祖先畫派的大規模拍賣會，根茲博羅畫的〈藍色男孩〉（Blue Boy）以一百五十萬美元的價格賣出，這幅畫在1921年時，由西敏公爵（Duke of Westminster）以十四萬八千英鎊的價格（等於今天的一千萬美元）賣給美國中西部的一位商人。瑞諾茲的肖像畫在1929年前，用今天的價格計算要賣到八百萬美元，到2002年，只以三十萬到四十萬美元的價格賣出。

杜維恩（James Duveen）是歷來最偉大的藝術品經紀商，他的出身非常神祕卻很有魅力，穿著無懈可擊，在他如日中天的時候，他的事業極為成功。他的事業計畫簡單而大膽，他看不起美國富豪的藝術品味，第一次世界大戰之後，他以極低的價格買下

一大堆別人祖先的肖像畫，在隨後的十五年裡，轉手賣給美國百萬富翁暴發戶，他說這些人是他的行家顧客，希望把別人的祖先掛在自己新蓋的美式豪宅中。杜維恩聲勢如日中天時，喜歡吹噓他賣的畫沒有一幅會跌價，而且好幾年裡，他努力穩定和操縱肖像畫市場，就跟1990年代初期拍賣公司支撐藝術品市場一樣。

1929年股市崩盤後，祖先畫派的畫作維持高檔好幾年，到了1934年，在佳士得公司的拍賣會上，一幅隆尼的肖像畫由這幅畫主人的遺囑執行人拿出來拍賣，1928年時，這幅畫的主人以七十萬美元買進（乘以十一就等於今天的價格），在拍賣會上卻無人問津，價格被打下來，打到六萬五千美元，造成肖像畫市場全面崩盤。到1940年代，大多數十八世紀的肖像畫價格只有1920年代高峰時的5%。股市崩盤把杜維恩很多最好的顧客財產掃得一乾二淨，其中一位是巴奇（Jules Bache），巴奇最後欠杜維恩四百四十萬美元。1937年某個夏天的午後，杜維恩離開倫敦克拉力奇旅館時，三位高齡的美國貴婦走上前來，帶著雨傘，她們都是在丈夫死後，發現丈夫的藝術品收藏變得幾乎一文不值。隨後他們一言不和，杜維恩被三位老婦人打倒在人行道上，被她們出腳亂踢。畢爾曼（S.N. Behrman）寫的《杜維恩傳》（*Duveen*）非常有趣，很有啟發性，可以讓你了解不分是非、卻善於掌握潮流的杜維恩和他的同夥貝倫森（Bernard Berenson）有哪些詐欺行為。

另一次影響全世界藝術市場的慘劇發生在日本，時間是二十世紀末。1980年代的日本股市是不斷膨脹的泡沫，到了1990年，泡沫創造的財富對全世界的藝術品價格影響深遠。日本收藏家總是透過經紀商交易，而且品味很特別，他們喜歡印象派、後印象

派和1900到1950年間創作的現代藝術。有人估計，1987到1990年間拍賣的印象派畫作中，大約有40％是日本人買的，巧合的是，事後看來，日本人出了很高的價格。

到1980年代末期，在拍賣公司和經紀人的鼓吹下，藝術品多頭市場熱潮滾滾，油畫和魚子醬把無知之徒養得肥肥的正好宰殺。1987年，著名的日本經紀人真田一貫帶了十八位年輕卻非常富有的日本企業家，還有他們的太太和女朋友，進行教育性的採購之旅。他把他所說的這群新手收藏家迷得團團轉，他們買下蘇富比大型秋拍中一半的印象派畫作，而且買了十幅最貴畫作中的五幅。到1990年藝術品價格漲到天價的這四年裡，日本從西方進口了一百三十八億美元的藝術品。

1980年代末期，日本的銀行推廣藝術品採購貸款，銀行主張藝術品是完美的擔保品。日本企業和企業家以極大的手筆購買傳世名畫。安田火災海上保險公司以三千九百萬美元買下梵谷的〈向日葵〉。大昭和製紙董事長齊藤良平在1990年5月15日，花了一億六千零六十萬美元買了兩幅畫，一幅是雷諾瓦的畫，另一幅是梵谷的畫。雷諾瓦的畫他花了七千八百一十萬美元，梵谷的〈嘉賽醫生像〉他花了八千二百五十萬美元，到現在為止，都是空前絕後的價格。

當時齊藤得意洋洋地宣布，他死時兩幅畫都要跟他一起火葬，但是十年後他迫切需要錢，於是把梵谷的畫賣回給佳士得公司，價格據說只有他原來買價的八分之一。雷諾瓦的畫則下落不明，但是一般認為，已經被日本一家銀行收回。另一個高價記錄是日本不動產投資客鶴卷智德創下的，他在1989年11月30日，以

五千一百三十萬美元買下畢卡索的一幅畫。東京經紀商最正確的估計是，日本的銀行仍然擁有大約以五十億美元買來的藝術品，今天這些東西大概可以賣到十四億美元。

　　我可以以第一手報導的姿態，說明如果你誤判將來的流行品味，業餘收藏可能變成輸家的遊戲。1940年代末期和1950年代中期，家父、家母迷上杜蒂（Dorothy Doughty）的手繪精美瓷製禽鳥模型，都是實際大小、模擬鳥類在自然棲息地狀態的雕像。這些細瓷鳥像精美絕倫，而且是限量發行，家父認為這些瓷鳥將來會變成真正收藏家的珍品。1957年，英國女王伊莉莎白二世送了一對森鶯給艾森豪總統，帶動杜蒂的瓷鳥價格飛躍上漲。我相信家父、家母為每對瓷鳥付出了八千到一萬美元，買了很多對這種限量發行的瓷鳥，當時精美的畫作一幅大約賣五萬到十萬美元。五十年後，這些瓷鳥擺在我的壁爐台上，仍然很漂亮，價值仍然大約是一對八千美元，問題是要找得到買主。如果一對瓷鳥一年只以8％的速度複合成長，五十年後，每隻鳥應該價值四十六萬九千美元；以12％的年率複合成長，應該價值二百八十九萬零二十二美元；以15％的年率成長，應該價值一千零八十三萬六千五百七十四美元；以17.7％、也就是成長速度跟白森太太擁有的畫一樣，應該變成三千四百五十八萬美元。家父是很高明的總體經濟股市投資專家，但是在判斷藝術的總體趨勢方面，顯然很差勁。

　　總之，藝術品的空頭市場似乎已經結束了，價格再度普遍上揚，但是瘋狂還沒有回來。金融資產的殖利率這麼低，擁有藝術品損失收益的威脅遠比十年前少多了。另一方面，企業執行長傲慢與貪婪的醜聞頻傳，實際上使歐美企業再也不能當收藏家，泡

沫已經破裂，價格以比較有秩序的方式再度上漲。

1940年代初期，納粹軍隊以閃電戰橫掃歐洲之際，猶太人家庭必須逃難以免遭到屠殺。雖然很多猶太人表面上看來富有，突然間他們持有的土地、房子和幾代以來培養的事業，變得幾乎一文不值，因為本地人知道他們急著要賣，戰敗國遭到占領，貨幣反正也不值錢，而且還有外匯管制。珠寶（請記住我前面說的中國將軍）和藝術品是少數能夠運送，在西方相當容易換成現金的財富。猶太人一有機會，就把珠寶和藝術品走私到美國，他們最後抵達紐約時，這些東西就變成他們的資金後盾。

今天避險基金專家變成藝術品的大買主，有些人以購買戰利品的方式收藏，是一種不太掩飾的吹噓。我認為，你應該因為愛看畫才買畫，不應該把畫當成分散風險的東西或當成投資。

Chapter 17
三大投資哲學──成長、價值與不可知論

要愛人、愛小孩和狗，但是不能愛股票。

就像藝術品有不同流派一樣，投資也有三大哲學，分別是成長論、價值論與不可知論。我認識的大部分投資人都屬於其中一派，我通常是價值型投資人，但是也有不可知論的傾向。

要看出成長股極為困難

成長股的信徒主張要買進盈餘與股利持續增加的公司股票；買進股票的價格很重要，但是比不上正確看出哪家企業是真正的成長股那麼重要。根據定義，這種公司通常擁有完美的經營階層、在業務上具有優勢地位，事業對景氣循環不是特別敏感，又有很高的獲利能力。成長股投資人的理想是緊抱優秀公司的股票，賣掉股票的唯一原因是公司的業務變差，而不是因為股價上漲。學術界已經證明，如果你很有先見之明，買進盈餘成長最快的公司股票，不管股票的評價如何，長久之後，你會以每年11個

百分點的極大差距，勝過標準普爾五百指數。

　　問題是，沒有人擁有完美的先見之明。事實上，我們對自己挑選出成長企業的技巧，通常都過於自信與樂觀。事先看出成長企業極為困難，前面說過，成長企業很容易因為某種原因由盛而衰，換句話說，會變成非成長企業。等到投資人確定一檔股票是成長股時，股價通常已經反映了，因此你最後會以昂貴的價格買進優秀企業的股票。

　　成長股投資人通常會愛上對他們很好的成長企業。請記住，你買的是股票不是公司，因此不該愛上公司。要在成長股貴得離譜時賣掉，要愛人、愛小孩和狗，但是不能愛股票。

　　1930年代，一位叫做羅派斯（T. Rowe Price）的人最先公開提倡嚴格的現代成長股投資方法。不過十九世紀時，已經有一些英國商人銀行、蘇格蘭的信託和瑞士私人銀行，採用成長股投資模式。羅派斯一開始投資時，世界各地蕭條肆虐，因此他主要以股利成長為重。二次世界大戰後，他把成長的定義擴大，跟自己的公司一起嚴格實施和推廣成長的觀念。到了晚年，羅派斯變得很頑強，每次我碰到他，他都看不起不奉行成長股投資的人。「可以持有優秀公司一同成長時，為什麼有人光是因為股價便宜的關係，願意擁有平平凡凡的公司？」他對成長股的定義是這樣的：盈餘長期成長，在後來的每次主要景氣循環中，每股盈餘都會升到新高峰，經過仔細研究後，顯示盈餘在一次又一次的景氣循環中都會繼續成長，成長速度比生活水準上升速度還快的公司。

　　資本保全（Capital Guardian）的巴克（Bob Barker）是另一位很成功的成長股投資專家，他對成長股的定義有點不同。「我

們公司專門找每股盈餘成長很快、長期展望很清楚的少數公司，我們的投資組合完全投資這種公司，其他公司我們都不注意，想想看，因為專注我們節省了多少時間。」聰明的投資專家諾頓（Winthrop Knowlton）把成長股比喻為漂亮、高大的搖錢樹。他實際上不是這樣說，但是我願意換個方式說明他的主張：優秀公司像大樹一樣，很多年前就深深紮根開始成長，然後開枝散葉，而且繼續這樣成長。樹不可能長到天堂，但搖錢樹會把你帶進天堂。

價值型投資人喜歡醜陋的公司

相形之下，價值型投資人希望擁有的股票不但比其他股票相對便宜，也要絕對便宜。他們認為，所有投資人都會犯錯，經常誤判公司的基本面。價值型投資人因為低價買進，為自己的投資創造了安全空間。真正的價值型投資人，不會因為公司長得不好看就覺得驚慌，事實上，堅貞的價值投資人有時候似乎認為，公司愈醜愈好。他們愛買三低股，也就是大眾持股低、受歡迎程度低和評價低的股票。他們當然願意以很低的價格，購買經營良好的好公司，但是這種情況很少，而且要很久、很久才有一次機會，因此他們買股票時，要買價格遠低於公司真正重置成本的價值、經常利潤低於公司長期獲利能力，而且根據傳統估價標準也很低廉的公司。

價值型投資人一定不會愛上自己買的股票，當他們持有的醜陋公司股價上漲變得很貴，遠高於公司的真正價值時，價值型投

資人會把股票賣掉，另找便宜的股票。成長股投資人的投資組合中，都是可以自豪、業務大幅成長的好公司，價值型投資人的投資組合中，都是當時表現差勁、亂成一團、價格低廉的公司。根據定義，價值股因為投資人對公司看法悲觀，價格跟資產與獲利能力相比都很便宜，公司通常利空纏身，因為投資人通常都喜歡推斷，認定利空會繼續出現。

葛拉漢是價值型投資人的教父，巴菲特很尊敬他，但是巴菲特把葛拉漢的真實價值（intrinsic value）定義擴大，包括良好經營權或品牌之類的無形價值。因為波克夏哈薩威公司的投資組合很大，巴菲特被迫變成買進可以長抱的價值型投資人，不過這種說法可能是投資上的矛盾修辭。巴菲特說，他喜歡以好價錢買好公司，他喜歡生產他能了解的產品、能夠創造流暢現金流量的公司。因為科技股不符合這兩項標準，他從來沒有買過科技股。葛拉漢主張，你總是該買有安全空間（margin of safety）的普通股或公司債。這種安全空間攸關公司資產的清算價值、就是知情企業人士願意購買的價格，應該遠高於你買股票的價格。葛拉漢在經典傑作《證券分析》的扉頁上，選用了賀拉斯（Horace）《詩藝》（*Ars Poetica*）中的話：「現在沉淪的東西當中，很多將來會復興，現在榮耀的東西當中，很多將來會沉淪。」

不可知論的人相信「如此一般，也將過去」

不可知論者不相信上面兩種投資哲學，他們說投資業中的一切都很短暫，他們的信念是「如此一般，也將過去」。他們認為，

狂熱的教徒最後經常燒死在著名的火柱上。成長股比較便宜、經濟情勢對成長股有利時，不可知論者會擁有成長股。價值股便宜、成長股昂貴時，他們會尋找價值股。有時候他們兩種股票都會擁有一些，他們認為，成長股與價值股會交替流行，明智的投資人可以利用，真正的成長股與價值股投資人認為，在兩種股票之間左擁右抱是輸家的遊戲。我主張不可知論，但是因為低價買進總是勝過高價買進，我也有強烈的價值投資傾向。

成長或價值：哪一種表現比較好？

　　成長股與價值股的歷史績效記錄很清楚，長期而言，價值股大勝成長股，而且到目前為止，小型價值股表現最優異。伊博森（Ibbotson）和范瑪—法蘭奇（Fama-French）之類的權威，建構了成長股與價值股的指數，且計算兩種股票的表現。根據伊博森的說法，從1927年起，大型價值股以每年11.5％的速度複合成長，小型價值股的複合成長率為14.8％。相形之下，大型成長股每年成長9.2％，小型成長股每年成長9.6％。因為經過七十五年的神奇複合成長，差距變得很驚人。若1927年時在每一種指數上投資一美元，投資在小型價值股指數的，今天會變成三萬五千九百五十七美元，投資大型價值股指數，會變成四千八百零二美元；投資小型成長股指數，會變成一千零八十九美元，投資大型成長股會變成八百二十美元！小型價值股和別種股票的差異大得驚人，小型價值股勝過大型價值股將近8倍，勝過大型成長股40多倍，葛拉漢看到這種結果一定心滿意足。只有在1930年代和

1990年代的兩個十年中，大型成長股勝過大型價值股。小型成長股每一個十年都落後小型價值股，只有1930年代例外。然而，在任何一年，差距都可能很驚人，例如在1998年，大型成長股的報酬率為33.1％，大型價值股的報酬率只有12.1％。

如果你只能選擇一種投資標的，美國人的個人投資帳戶和長期指數型投資資金，應該選擇小型價值股。情況很明顯，股票是報酬率很高的資產類別，小型股又是其中最好的資產類別。不幸的是，跟大型股相比，目前不管是小型成長股還是小型價值股，價格都在歷史高峰。過去六年裡，小型股的表現遠勝大型股，小型價值股又大幅勝過小型成長股。我會耐心等待，準備買兩種小型股指數中的一種。到2005年年中，大型股顯得比小型股有吸引力。跟大型價值股相比，大型成長股比較低估。路索德（Leuthold）九十種大型成長股指數本益比為20.5倍，路索德價值股指數本益比為11.9倍，表示成長股與價值股本益比的比率為1.68，遠低於歷史中位數的2.5。

從個人投資帳戶的觀點來看，我覺得投資先鋒指數型基金很有道理。如果你能夠看出表現優異的共同基金，你當然可以掌握額外的報酬率，但是你必須對抗比較高的成本、績效循環、經理人變動之類的多種不利因素。時機成熟，小型價值股又變得便宜時，可以考慮先鋒小型價值股指數基金（Vanguard Small-Cap Value Index Fund）。這檔基金根據MSCI指數選股，MSCI則是根據八種價值與成長因素選股，包括本益比、股利率、盈餘殖利率、銷售成長率與長期成長率。根據MSCI的定義，美國小型股是指總市值排名七百五十一到二千五百的股票。然後電腦根據每檔

股票的評分，把股票放在MSCI價值股或成長股指數中，我認為這種方法不理想，卻能夠抓住精神。同樣重要的是，這檔基金的管理費很少，也沒有任何銷售手續費，年度費用總共只有27或18個基本點，看你持有的股票類別而定。類似的主動管理型基金費用要80到150個基本點，另外還要收銷售手續費。

追求成長的基金經理人認為，先鋒和伊博森指數簡單到可笑，他們自稱擁有特異功能，能看出可以永續成長的公司同時避開輸家，他們的投資組合總有很多願景股，而且強制性的量化分類不能證明什麼。這些主張成長型的基金經理人有時候會有點傲慢地指出，他們擁有真正可以看出好東西的透視眼，看不起在垃圾堆中挖掘醜陋低價股的價值型投資怪胎。他們認為，成長股投資專家和價值股投資專家績效的比較，才是真正的考驗。他們也認為，對於必須繳稅的投資人來說，價值型投資組合的周轉率和租稅負擔高多了，因為根據他們的投資哲學，價值型投資專家在股票上漲時，必須把好股賣掉，相形之下，成長股投資專家可以愉快地抱著永續成長的搖錢樹幾十年。

下面這個例子顯示，如果你幸運地選到好股，成績會有多好。1970年代初期，家父擔心自己的健康和通貨膨脹，他認為家母會比他多活很多年。他從來不太相信債券，他喜歡說：「債券是拿來交易的沙丁魚，好股卻是可以吃的沙丁魚。」因此他替家母選擇了成長股與循環性成長股的投資組合，包括菲力浦煙草公司、開拓重工（Caterpillar）、艾克森美孚石油、可口可樂、美國國際集團（AIG）、IBM、花旗、HP、波克夏哈薩威公司、奇異、默克大藥廠、輝瑞大藥廠等等，不是很有想像力的選擇，卻都是

你可以長期抱著安心睡覺的健全股票。兩年前，家母以95歲的高齡去世時，她持有的很多部位成本實際上還低於當期股利。

家母的投資組合在三十二年多的期間裡，每年以17％的速度複合成長，股利收益大約以同樣的速度成長。我計算過，她的收益購買力大約以12％的年率成長，她只需要為股利繳稅，免稅的複合報酬率還有什麼好吹噓的！年歲漸高以後，賣出任何股票對她而言已無意義，不管股價漲得多離譜，她都緊緊抱著，否則的話就得繳交極高的資本利得稅，然後繼承的子女還要為賣股所得，繳交55％的遺產稅。這種作法的關鍵當然是找到能夠熬過時間考驗的成長股，然後緊緊抱住，顯然這樣做很難。我弟弟傑瑞米和我很注意她的持股，偶爾會剔除掉幾檔我們認為開始衰敗的公司。

弟弟和我相當幸運，手風很順，我認為業餘投資人選股太危險。我前面提過，歷史證明成長股的壽命短暫，由盛轉衰時可能抹煞多年的成長。至於共同基金經理人來來去去像走馬燈似，他們費用很高，如果你可以找到像雷格梅森公司（Legg Mason）的米勒（Bill Miller）一樣的經理人，那是天賜的禮物。我前面指出，另一個有利的方法是擁有指數型基金，指數型基金有各種類別和規模，費用都很低，至少你可以抓住指數的投資報酬率。先鋒和富達是兩家最大的指數型基金公司。

成長型投資因為偏向買進長抱的策略，本來就比較有租稅效益。然而，證據清清楚楚地顯示，對免稅的投資人來說，價值型投資經理人的投資組合勝過成長型投資組合。紐約的伯恩斯坦研究公司根據六家顧問公司實際的投資組合風格分析，做出成長型

投資與價值型投資的比較指數，結果如表17‧1（見次頁）所示。
這個指數抓住了選股因素，從1998到2001年間，兩種投資理念績
效的起伏變化大得驚人，使我更堅決相信不可知論。有趣的是，
在歷來規模最大的成長股投機泡沫期間，成長股只有在1998和
1999兩年，徹徹底底地埋葬了價值股。

表17 · 1
成長型與價值型經理人總報酬率比較

	大型股		
	價值型經理人	成長型經理人	成長型與價值型的差距
1969	-12.1%	-7.2%	4.9%
1970	4.0	-7.4	-11.4
1971	13.9	23.3	9.4
1972	11.0	20.1	9.1
1973	-9.3	-19.2	-9.9
1974	-16.1	-29.8	-13.7
1975	43.8	36.0	-7.8
1976	38.2	21.3	-16.9
1977	1.5	-0.9	-2.4
1978	9.3	10.7	1.4
1979	22.8	24.2	1.4
1980	26.4	38.2	11.8
1981	5.3	-1.3	-6.6
1982	25.0	26.4	1.4
1983	24.6	19.4	-5.1
1984	7.5	1.9	-5.6
1985	31.6	27.4	-4.2
1986	18.9	18.3	-0.6
1987	3.2	6.5	3.3
1988	19.6	12.9	-6.7
1989	25.6	33.1	7.5
1990	-4.3	-0.4	4.0
1991	30.0	39.4	9.5
1992	11.0	7.0	-4.0
1993	14.3	9.0	-5.3
1994	0.6	-0.8	-1.4
1995	34.4	33.5	-0.9
1996	22.4	22.3	-0.1
1997	28.9	30.5	1.5
1998	12.9	32.2	19.3
1999	7.4	33.4	26.0
2000	9.7	-9.3	-19.0
2001	-3.8	-20.2	-16.4
2002	-18.0	-27.3	-9.3
2003	28.6	29.6	1.0
2004	12.5	9.4	-3.1
Q1:05	-0.9	-3.6	-2.7
年度績效（已經化為年率）			
1969-1979	8.2%	4.5%	-3.7%
1969-2004	12.3%	10.5%	-1.8%
1980-2004	14.2%	13.3%	-0.9%

資料來源：Sanford C. Bernstein, Inc., Strategic and Quantitative Research Group

Chapter 18
大有大的難處

在大型投資管理公司服務好比艱苦奮鬥，經營公司的不是投資專家，而是律師與企業家，他們在無形之間會殺死生金蛋的金鵝。

　　我今天跟賀伯（Herb）共進中餐，賀伯目前在金融集團旗下的大型投資管理公司服務，他曾經在摩根士丹利工作多年，我們總是相處融洽。賀伯不是最聰明的人，也不是執著的投資專家，而是很好的居家男人，週末時他不太把文件帶回家看，他在忙碌和魅力之間取得很好的平衡。他管理四十億美元的股票基金（一部分是機構的資金，一部分是共同基金資金），績效總是在基準指數上下50個基本點波動。去年他拿到一百二十萬美元的薪酬，其中有一部分是這兩年內發給的股票。

臃腫與官僚

　　賀伯想跟我談話，他極為擔心他所服務公司之類企業的競爭力與財務前途，他覺得臃腫的事業基本結構侵蝕了大公司的獲利能力，這種結構是在繁榮歲月裡不斷膨脹造成的，因為惰性和主

管機關壓力強大的關係，組織結構還在擴大中。這種公司不是由創辦公司的投資專家經營管理，而是由企業家和官僚管理。因為過去傳說的問題或實際缺失的關係，經營階層很怕主管機關的嚴格監督，因此增加不少全新的部門來處理委託投票，仔細檢查一切是否符合法令規章，監看公司進行的交易。

同時，投資管理費用遭到壓力而不斷降低，難免侵蝕大公司的獲利率，獲利能力下降時又碰到空頭市場，管理的資產萎縮，已經傷害基金經理人的報酬，但是現在新雇用的所有行政人員的費用，都必須從基金經理人的報酬中拿出來。甚至基金經理人的報酬必須向客戶揭露的事很快就會實施，這樣無疑會帶來麻煩又難堪的監督。

賀伯擔心大型資產管理公司已經走上沒落的不歸路，投資顧問公司告訴大型機構，說利用大型公司代為操作是輸家的遊戲，如果你聘用的基金經理人表現優良，那他就會離開大公司加入避險基金；如果經理人表現差勁，你反正也不會要他。基金經理人周轉率高是投資顧問公司被人詬病的地方，投資顧問公司會因此沒有面子，現在投資顧問公司告訴客戶，最好、最安全的投資方法，是投資規模比較小、由投資專家擁有的小型投資管理公司，或是投資避險基金。

賀伯了解這一切，他擔心自己的薪酬會降低。另一方面，他又不想冒險離開大公司投奔有績效才有飯吃的小公司或避險基金。你或許會說，你不會為賀伯覺得抱歉，因為跟實體經濟的其他產業相比，他的薪酬仍然高得離譜，而且你這種看法正確無誤。投資管理業的薪資水準一定會下降，我們過去都因為大多頭

市場而大大受惠！總之，賀伯力陳己見，痛罵了一大堆話，好像一切都是我的錯。

他說：「我們的獲利被層層的人力掏空，包括高級經營階層、配合法令部門的人員、處理委託書、產品發展和人力資源部門的人，我們甚至請了自己的公關小組和公司歷史專員。人力資源部門的人不斷舉辦餐會和祕書慶生會，還製作一堆新的評估表格。他們還創造了一所大學和一個文化委員會，還邀請我加入文化委員會。經營階層好像把我們當成產業公司一樣，談到生產利潤。我們有很多行銷專家，大部分人其實只能賣熱門的東西，投資管理是重績效的行業，如果績效不好，全世界的業務人員都無法替你銷售產品，公司現在由生意人經營，而不是由投資專家經營。」

大型投資管理公司雖然宣揚自己的績效，但可能犯了一個致命錯誤，就是經營公司的企業家似乎不知道、或不想知道怎麼培養一種環境，以便為客戶創造額外的報酬率或持續一貫的絕對報酬率；而是把公司當成大型工廠，努力增加管理資產以便增加收費。能夠提供額外報酬率的公司很少，大部分是規模比較小的獨立公司、避險基金或投資合夥公司，他們是真正創造額外報酬率的業者。大型投資管理公司要克服的結構性障礙實在太多了，無法持續一貫創造額外的報酬率。」

其實不見得一定要變成這種樣子，大型投資管理公司可以成功，但是經營階層必須是了解投資的投資專家。最重要的是，經營階層必須愛惜真正的投資專家，決心保護這些專家，讓他們不受官僚結構的困擾，他們必須了解績效是最重要的事，只要績效

好資產就會隨著成長。連共同基金都可以做到這一點，看看資本研究公司（Capital Research）的情況！

　　跟整個投資管理業相比，只要致力追求報酬率的業者數目不多，應該就能夠打敗以增加資產為目標的投資工廠，扣除交易成本和管理費後，應該能夠賺到足夠的報酬率，讓客戶享受大量的額外報酬率。這些費用應該足以讓善於創造報酬率的公司賺很多錢，激勵他們限制旗下管理資產的規模，吸引優秀人才，建立獲利極高又穩定的業務，吸引眾多奮發、自信和富有的投資專家。

絕佳的人才總是特立獨行

　　高明的投資專家會碰到很多誘惑。例如1980年代中期，我請了一位真正精明能幹的英國人麥克（Michael），為摩根士丹利公司在倫敦發展國際證券產品。他聘請了很多能幹的年輕人，創造了規模龐大、利潤優厚、不斷成長的業務。但是他不希望融入摩根士丹利公司之類全球性大投資銀行怪獸的組織裡，他一再表明這一點，雖然他承認摩根士丹利的名聲和關係是寶貴的資產，卻認為如果他的事業要蓬勃發展就必須分開。他希望不受倫敦分公司官僚般的經營階層約束，希望辦公室設在不同的地方、跟分公司的其他部門分開。他也希望不受干擾，不必像倫敦分公司其他部門的主管一樣，參加每週一次的經營委員會會議，他沒有別的願望，只希望成為最高明的投資專家。

　　1991年，經營全球證券與投資管理的摩根士丹利公司規模日益成長，我們執行委員會的五個人，擔心不同部門之間日益增加

的爭吵、內鬥和會計爭執。為了促進彼此合作，我們開始推動團結一致計畫，決定每年年底評定年終獎金後，執行委員會會頒發一次性的特別獎金，獎金金額為五十萬美元，給特別努力加強團結一致文化的管理職經理，對於減損團結精神的人，也要處罰相同的金額。獎懲名單由不同事業單位提出，這個計畫實際上很成功，促進了跨部門之間的合作，大家對獎懲反應熱烈，內鬥並未停止卻大幅減少。

推動這個計畫的第一年裡，倫敦投資銀行部門指責麥克很不團結，拒絕主動跟投資銀行家、業務員或研究分析師互動，甚至不肯跟經過特別挑選的人打交道，他清楚表示，他希望跟公司其他部門的人隔離。我在執行委員會的獎懲會議上，極力主張麥克的觀點合理，他為公司締造了很有價值的龐大業務，我說懲罰他會變成重大錯誤，他人很孤傲可能會辭職，我們的文化必須能夠容忍很有才氣卻不善交際的個人，我贏了，但是另外四位對麥克的態度很不滿意。

那年元月，我告訴麥克他必須改變方式，或者至少不要表現出那麼反社會的樣子，否則下次他就會遭到處罰。我很努力地讓他跟別人融合，甚至帶他參加高級經理人的董事長盃高爾夫球練習賽，卻一點用都沒有。到了年底，另一個部門提報應該對他罰款，倫敦公司備受尊敬的主管某某先生說他是「有害的影響力量」。我指出，他的投資績效突出，業務迅速成長，手下喜歡他、尊敬他。另四位委員說，很好，那就給他豐厚的獎金，但是他必須知道自己的反社會行為會讓他損失一些錢，我請求大家手下留情，要有彈性，卻沒有人聽我的。雖然他的整體薪酬很高，

我告訴麥克罰金的事情時，他當場辭職。

不久之後，麥克創立了自己的公司，繼續用自己的價值型投資風格創造絕佳的報酬率，他的公司現在管理大約一百二十億美元的資產！他收1％的費用，資金由四個不同的組合帳戶管理，後勤作業則委外。據我所知，他手下大約有十五位投資專家，也有一些客戶服務人員，其實這些人就是你所需要的一切。你自己算算看，他們公司的利潤一定高得出奇，我最近跟麥克在倫敦共進晚餐，他似乎很滿意。

最後，因為我們公司底子夠深厚，才克服了麥克離去造成的問題。當時麥克有一位優秀、年輕的副手，麥克離開後他升了上來，推動業務繼續成長。今天摩根士丹利公司的國際價值型投資管理的資產規模龐大，投資績效排名在第一個十分位，是資產管理部門的明珠。事後回想，因為麥克是那種人，也因為摩根士丹利是這樣一家大公司，我們從很多方面來看，一定都留不住麥克。

大型投資管理公司要克服的一切，都可能引發惡性循環的危險。投資和選擇事業生涯時，最重要的是形成良性循環，而不是形成惡性循環。官僚分工和利潤率承受壓力，必然使薪酬降低，促使最高明的投資經理人，投入干擾比較小、潛力比較大的獨立投資管理公司和避險基金。大型投資管理公司如果喪失了高明的投資專家，資產一定會流失。久而久之，大型公司會變成恐龍，留下很多庸才和指數型基金經理人，要不了多久，社會壓力也會波及公司的機構法人業務。

在大型投資管理公司服務好比艱苦奮鬥，經營公司的不是投資專家，而是律師與企業家，他們在無形之間會殺死生金蛋的金

鵝。資本保全公司是例外，富達公司大概也是例外，他們都是由投資專家經營。兩家公司還有另一個優點，他們不是公開上市公司，公開上市公司由企業家經營管理時，必須追求短期利潤，這點表示要對客戶銷售熱門的產品，不強調冷門的產品，長期而言，這樣經營投資管理業務並不對。我擔心投資銀行旗下的投資管理公司經營時，會承受更沉重的壓力，原因在於可以想見的衝突，大部分衝突都是嚴重的互相埋怨。我擔任摩根士丹利投資管理公司董事長三十年間，除了麥克的例外，從來沒有碰到過干預的壓力。大公司不是不可能成功、不可能賺錢，只是需要有明智的經營管理，可是卻很難。

耐心是美德，要實踐卻不容易

另一個良好的範例是格蘭森（Jeremy Grantham），格蘭森是波士頓投資業者格馬范（Grantham, Mayo, Van Otterloo & Company）合夥公司的合夥人，他秉持反向思考，偏重價值型投資，個性有點暴躁，大家總是認為他是認真的思想家。他極為熱心地觀察投資界生態，喜歡追求真理，很有頭腦。他不在乎別人的想法，他跟平常人不同，有一種堅毅的神彩，你應該了解我的意思。

1995年，摩根士丹利、格馬范和另外三家公司各自拿到威訊公司（Verizon）退休基金的十億美元，我們全都收取小額的固定管理費，但是如果我們能夠打敗威訊全球資產配置的績效標準，都可以賺到大筆的獎勵紅利，這個計畫是柯洛爾（John Carroll）和哈里斯（Britt Harris）的精心傑作。就我記憶所及，格蘭森大約

從1997年開始看空股市，尤其看空科技股，因此他的績效與基準跟我們和其他人相比都很差勁。事實上，到2000年春季，格馬范公司的績效在排名裡敬陪末座，每年落後我們500個基本點，當時我認為我們的績效領先群倫。

隨後的三年空頭市場中，因為我們也看空市場，跟基準指數相比，我們的表現其實很好。但是格蘭森嚴格堅守立場，大幅加碼債券、減碼股票，績效飛躍提升，超越我們所有公司，就好像我們站著不動一樣，把四年差勁的績效在兩年內完全補回來！真是讓人難以相信！這一點完全要歸功威訊公司當時的退休基金執行長哈里斯，不論好壞，他始終留用格蘭森。哈里斯了解格蘭森的思考過程，對格蘭森的誠信有信心，從來沒有動搖，真是讓人佩服！大部分退休基金主管會開除績效一直最差的公司，哈里斯卻沒有這樣做。

但是這還不是故事的全部。1990年代末期，格馬范公司經營很辛苦，公司的資產幾乎減少了40％，生氣的顧客紛紛結清帳戶，比較看多的合夥人離開自己成立公司，格馬范公司赤字經營，大家嘲笑格蘭森是遲緩的反向操作專家。他不為所動，留用高明的投資專家，花錢從事客戶服務，投資原木與避險基金之類的新投資項目。雖然公司虧損，但內部編制實際上卻增加了50％，實在難得。

接著泡沫破滅，格馬范公司開始豐收，不斷在空頭市場裡創造優異的績效，2003年反彈開始後，他們的表現也很優異，在新興市場中尤其如此。2003年內，他們的新興市場基金飛躍成長70％，打敗MSCI新興市場指數的51.5％，資金源源而來。到2003

年底，管理資產比低潮時增加了3倍，增加到六百億美元，光是收費高昂的新興市場基金，就擁有一百億美元的資產。格蘭森怎麼做？因為他覺得當時只是反彈，實際上還是長期空頭市場，新興市場證券尤其漲太多、太快，他在2003年9月底關閉基金，不再接受新投資人。

2005年夏季，格蘭森描述自己的角色是「設法在長期空頭市場中蓬勃發展」。他極為相信「回歸平均數」是投資的基本原則。市場極為沒有效率，身為投資人你應該等待大好良機。大型投資組合應該等到價值指標走到極端時才下注。耐心在投資上是美德，但是他承認很難實踐，因為回歸平均數可能要花很長的時間。這些都是我們大部分人口頭說說，卻難以遵循的名言，格蘭森不只這樣說，還極力身體力行。

他現在對大部分股票資產類別仍然抱著戒心，認為大家的期望仍然太高，可能出意外的地方還很多。股票、尤其是美國股票還很貴，因為價值標準和報酬率還是必須回歸均衡公平價值。假設未來七年裡，資產的價值與報酬率回歸公平價值，美國大型股的複合年度實質報酬率會變成負1％。國庫公債略為好一點，但是國際股票與新興市場債券會有2.5％到2.7％的年度報酬率。最好的資產類別是新興市場股票與原木，原木會有6％的年度報酬率。請記住，這些都是實際報酬率，因此還沒有扣除經理人的報酬與通貨膨脹。雖然他看空，因為股市在2003年春季發生變化，他的資產配置帳戶表現很好。

現在格蘭森認為長期投資人應該大筆投資什麼？第一，把錢從美國股市撤出轉投入國際股市，選擇強調高評等、波動性比較

低的股票，減碼波動性很高、比較投機的小型股。他明白地建議把資金投入保守型的避險基金、林地、商品和保守型的固定收益證券。

66歲的格蘭森老當益壯，繼續堅持保持公司的獨立性，保持由投資專家、而不是由企業家經營公司的傳統。他告訴《機構投資人》：「如果我們要對要求短期成績的股東負責，我們過去虧損時的所作所為、我們所堅持的立場，都不可能堅持下去，要像我們現在這樣，停止開放賺錢的基金的申購也會很難。我相信獨立對公司和我們的客戶最好。」真是始終如一、誠信不欺！

我認為，投資管理公司要變成真正傑出的公司，必須師法柏拉圖的學院。柏拉圖希望在自己的學院裡，創造厚實的氣氛，把青年才俊訓練成政治家，這樣就可以加強希臘未來的政治領導。他的理論是，人才在不同的學門，如歷史學家、藝術家、數學家、哲學家等交互滋潤下交往，所有的人思想過程和見識都會增強。整體的知識總和會遠大於個體之和。

追求額外報酬率是零和遊戲

我記得2004年初跟瓊安（Joan）談過話，她是我另一位老朋友，在一家大型投資管理公司裡，為大型退休基金管理大型的歐亞遠東投資組合。她的客戶資金規模都是五億到十億美元，收的管理費是30到40個基本點。瓊安奉行總體經濟投資方法，換句話說就是從上往下投資。她是基礎厚實、經驗豐富的投資專家，她操盤的國際投資組合表現優異，客戶了解她、也尊敬她。此外，

客戶都是很好、很聰明的人。然而，客戶和投資顧問公司都有個問題，就是陷入大致上偏重跟基準指數比較當期績效的思維中。

在多頭大型退休基金計畫經理人的世界裡，絕對報酬率不重要。主管退休基金計畫的人認為，自己的角色是在股票、債券、不動產、私募基金之類的資產中，從事資產配置決定。以股票這種資產類別為例，他們會決定應該配置多少資金在美國股市、國際股市、新興股市和所有資本額大小不同的次級市場。每個資產類別都有自己的基準指數。然後主管退休基金的人聘請投資管理公司，負責在自己操作的資產類別中，創造額外的報酬率，如果投資管理公司不能創造報酬率，主管退休基金計畫的人就跟他們解約。法人投資天地圍繞著大家最愛的額外報酬率運轉，這點可以理解，卻可能產生反效果。跟基準指數比較的短期績效壓力，很容易破壞投資經理人的投資思維。真正重要的應該是在多頭市場中能夠讓資本增值，在空頭市場中能夠保本；換句話說，真正重要的是絕對報酬率，而不是相對報酬率。

從這方面來看，追求額外報酬率的專業投資不是贏家的遊戲，而是零和遊戲，因為每一個贏家背後一定有一個輸家。事實上，跟國家足球聯盟的零和遊戲相比，專業投資的情形更糟糕。每星期天，國家足球聯盟的贏家數目都跟輸家數目相同，但是投資管理因為交易與管理成本的關係，變成了略為偏向負總和的遊戲。因為基金經理人的報酬很高，吸引了最厲害、最聰明和最執著的人。其中會有一些能力不足的人，但是不多，因為這種人通常會被趕走，因此賺取額外的報酬率十分艱辛。

我知道過去三年和過去五年裡，瓊安的投資組合每年大約勝

過歐澳遠東指數三百個基本點，在所有歐澳遠東市場基金經理人中，排名接近前四分之一。然而，2004年春天我們談話時，她對自己最新的績效不滿意，擔心在即將來臨的會議中不知道怎麼跟客戶解釋。

「你在3月31日截止的一年裡成長多少？」我問。

「51％。」

「我聽起來很好啊！」我說：「標準普爾五百指數才上漲32％。」

她插口說：「在我們的天地裡這樣不夠好，我的基準指數歐澳遠東指數上漲了56％，因此我的績效差了500個基本點。跟基準指數比較的績效才重要，現在我有兩個代操多年的大客戶把我列入觀察名單。」

「他們這樣不是騷擾你嗎？因為你只是在最近一年落後基準指數，三年和五年的記錄卻勝過基準指數和其他經理人。」

「顯然是這樣，現在還沒有人跟我解約，但是我現在處在緩刑期，我很害怕，公司也很害怕，我擔心今年他們比較之後會跟我解約。」

真是荒唐！這種比對績效的制度真是大有問題！ 2003年3月31日過後大約兩星期，世界股市觸底開始大幅反彈。此外，隨後一年的大部分時間裡，美元像石頭一樣下跌，國際貨幣飛躍上漲，因此日元與歐元翻升，對歐澳遠東市場的本國貨幣報酬率極為有利。歐澳遠東指數在這段期間裡，根據本國貨幣計算成長了36％，卻靠著匯率因素，額外賺到20個百分點的驚人報酬率。歐澳遠東投資組合必須百分之百投資在股票上，才能抓住這20％的

績效，因為歐澳遠東組合不容許持有外幣現金。

　　然而，真正的癥結是經過三年可怕的空頭市場後，到了2003年4月初，如果不持有一些現金幾乎是魯莽的行為。每個人都處在絕望和焦慮中，因為世界末日即將來臨，通貨緊縮又蠢蠢欲動。然而，一旦股市開始轉向，因為股價暴漲，外國貨幣巨幅升值，持有現金變成了嚴重的拖累。換句話說，在驚人的多頭市場中要打敗指數真的很難。

　　我考慮這個問題時，覺得看待相對績效的正確方法是要跟獲利幅度相比，換句話說，如果指數上漲10％，投資組合成長5％，投資報酬率就差了500個基本點，差距很大！跟基準指數相比，績效差了50％（報酬率差了5個百分點，占10個百分點的50％）。但是如果指數上漲56％，投資組合成長51％，相形之下，績效的差距只有9％多一點（差5個百分點占56個百分點的9％），就沒有什麼大不了，此外，真正重要的是三年和五年的績效數字。

　　瓊安擔心自己列在客戶的觀察名單中，很為自己的績效煩惱，客戶要求她創造報酬率的壓力讓她極為緊張，我擔心她會受到壓迫，而極力追求報酬率。這種事情的諷刺意味濃厚，但是你愈希望創造績效，愈努力追求，愈難獲得。好比運動，你愈有自信時表現愈好。輕鬆又執著的投資專家最厲害。

　　我稍微深入地想了一下，要求績效勝過基準指數和注重短期成果，是投資的兩大弊病。巴菲特是現代投資傳奇英雄，跟凱因斯和葛拉漢一樣，高高列在投資名人堂中。他也是每個人心中典型的美國人，因為在今天這種貪心、暴發戶般的雅痞和驚人消費

氣氛中，他仍然住在同樣的大草原上、住在同一個老城市同一棟老舊的屋子裡。沒有人管他是不是搭著自己的噴射客機出差。他極為簡潔地說：「我以前認為公司擁有噴射客機站不住腳，現在認為不可或缺。」

巴菲特說過，身為投資人，最好的地方是你好比棒球賽中的打者，裁判從來不叫好球。他說，別人以45美元的速度把奇異公司向你投過來，你不必揮棒，別人以28美元的速度把微軟公司向你投過來，你不必揮棒。別人必須不斷投球，你卻不必揮棒。因此如果你有耐心，好運將站在你這一邊。你可以等下去，等到你真正想要的大好球，你可以六個月不揮棒；可以兩年不揮棒，但是投手投出大好球時，你把球打出棒球場外的機會高多了，你一定要有耐心！

巴菲特因為對私人投資人負責，這樣做沒有問題。但是我們頭上，有公開上市公司的投資人和投資顧問緊緊盯著我們，可不能這樣安逸地讓球一直投過來，我們必須揮棒。投資顧問和客戶就是裁判，他們經常沒有耐心，會對我們叫好球，每天幾乎都會看著我們的打擊率。如果是經營避險基金，壓力在於絕對績效和每個月資產淨值不減少。我們因為承受某些投資人的壓力，現在每個月提供兩次淨值，但是至少我們不必擔心打敗指數，不過我們相當注意標準普爾五百指數。可憐的瓊安卻面對兩種壓力，客戶要求她創造高於歐澳遠東基準指數的績效，也要求她創造短期績效。這兩種要求都對優秀的長期投資思維不利，也不能證明什麼。

這種扭曲是誰的錯？我認為客戶、投資顧問和我們基金經理

人都對造成這種惡性循環有責任。不管客戶是個人、公司還是基金會，人人都希望看到績效，因為投資組合或退休金計畫是他們必須負責的利潤中心。因此，他們把壓力加在投資組合的管理者身上，但是如果他們是執行長，就會換一個方式，感嘆自己不能妥善地經營公司，因為持有他們公司股票的基金經理人極為偏重每季成果。投資經理人抱怨客戶的眼光短淺，自己卻迫不及待地買賣股票。投資顧問公司虎視眈眈還火上加油。跟投資經理人解約，表示要花更多力量尋找經理人，每個人都怪罪別人，這種過程卻不斷循環。

要跟堅強的投資經理人建立長期關係，好比寂寞的心靈之旅，正確的答案是什麼？**第一、要找能夠輕鬆處理壓力的人。第二、要找身經百戰、儘量擁有私人投資專家心態的人。第三，要找對公司和公司財務狀況安心的業者。第四、要找由投資專家擁有和經營的公司。**例如地位穩固、不會努力粉飾太平以便追求業務成長的投資顧問公司，也包括合夥人自己投入大量資金的避險基金。大公司的私人財富管理部門中，也有一些很高明的人。

Chapter 19
泡沫與真正的信徒

了解泡沫對投資人來說非常重要。所有的泡沫一開始時都是具備強
而有力的基本面和理由的投資機會。

從遠古以來，世界金融市場就很容易產生泡沫，從鬱金香和
藝術品到股票和不動產，都很容易出現泡沫。因此，了解泡沫對
投資人來說非常重要。所有的泡沫一開始時都是具備強而有力的
基本面和理由的投資機會。但這些機會後來變成泡沫、狂潮或是
任何這種局面，是因為投資人不是根據合理的基本面，而是依據
過去的成果會延續下去的假設、過分樂觀預測未來的後果。網際
網路、即時資訊、成千上萬的新進特許財務分析師（CFA）與證
管會的計畫，創造了更高層次的競技場，但都不會使市場變得更
有效率，也不會減少泡沫。市場天生就沒有效率，而且因為人
性、因為貪婪與恐懼、因為群眾心理，總是會沒有效率。誠如克
拉曼（Seth Klarman）所說的一樣：「投資人不是故意要情緒化地
決定投資，根本就是身不由己就這樣。」

每個泡沫都不同，最近有兩本探討各種泡沫的傑作出版，一
本是錢思樂（Edward Chancellor）的《金融投機史》，以及門斯

切（Robert Menschel）所著《市場、暴民與破壞：從現代觀點看群眾的瘋狂》（*Markets, Mobs, & Mayhem: A Modern Look at the Madness of Crowds*）。葉慈的史詩〈二度降臨〉開頭幾行的詩句，最能有詩意、戲劇性地讓人想起金融恐慌的混亂和絕望感覺。葉慈描述獵鷹在空中盤旋的圈子愈來愈大，失去目標，再也聽不到養鷹人的召喚。他寫道：「萬事崩解，中心喪失凝聚力。」無政府狀態主導一切，「血一般暗紅色的潮流」吞沒了世界。但是他另外寫了幾句絕佳的詩句，掌握了空頭市場底部絕望的狀態，恐慌是「無知沉淪的儀式；上智信心盡失，下愚全力衝刺。」

泡沫分兩種：壞與非常壞

泡沫通常分為兩種，第一種泡沫害處比較小，另一種是純粹的癌症，而且很危險。情況比較不糟的是生產性資產的泡沫，包括科技、鐵路與金融市場承銷的資本設備，換句話說，就是股票與債券的泡沫。很不好的一種是非生產性資產，也就是把泡沫資產當成銀行貸款抵押品的泡沫，包括鬱金香、東京高爾夫球場（1990年時，東京高爾夫球場一張會員證售價等於目前的五百萬美元）、不動產或收藏品。最危險的泡沫顯然是波及一國大部分人口的泡沫，例如住宅不動產泡沫。然而，住宅泡沫發展緩慢，因為增值沒有這麼明顯，也因為這種泡沫是靠著口耳相傳。到2005年中，我認為美國還沒有陷入完全發展的全國性住宅泡沫。美國某些精華地區房價是否已經高不可攀？絕對如此！但是大部分房子並未如此。未來五年美國房價是否可能走平？當然可

能。消費者不再動用不動產產值來消費，對消費支出是否會造成連鎖反應？當然會。但是，這種情形是不是1930年代慘劇的翻版？我認為不是。

由銀行融資的非生產性泡沫破滅時，結果一定都是通貨緊縮和蕭條。1990年代的科技股泡沫涉及具有高度生產性的資產，是由股票與債券融資，不是靠銀行體系融資，因此後遺症可能相當小。當然有很多可笑的事業是由融資設立，鉅額愚蠢的投資性資金遭到吞噬，但是世事本來就是如此。相形之下，1980年代的日本泡沫涉及非生產性資產，例如理財工程、土地、高爾夫球場、藝術品，而且大部分是靠銀行體系融資，後果慘痛多了。

要判斷泡沫破滅時機極為困難，泡沫延續時間非常可能遠比最有經驗、又有耐心的金融市場專家與群眾心理所能想像的久多了。泡沫總是依附在有力的物質上漂浮，因此會帶動理性的人變成不理性，再到瘋狂。估價與超買技術指標預測泡沫破滅的時機，一定都是早之又早。看好的情緒會從狂熱變成狂野，再變成瘋狂。我曾經提過，《商業週刊》的封面是有力的反向指標。2000年上半年，美國泡沫升到高峰時，《商業週刊》至少刊出五篇聳動的封面故事探討科技與新經濟。

觀察市場行為並無幫助。1990年代末期，有很多次看來瘋狂終於到頂了，崩盤迫在眉睫的情況。我記得1999年4月的情形，看來大勢不可能更瘋狂了，網際網路指數（IIX）在八個月裡飛躍上漲了340％，連空頭都變得啞口無言。突然間，晴天霹靂，股價崩潰，到8月初，網際網路指數大跌了30％。很多熱門股如eBay、亞馬遜、Yahoo和美國線上（AOL）下跌了五成。重要的

趨勢線和支撐水準全都跌破，看來就像結局的開始！

　　但是並非如此，隨後七個月裡，網際網路指數又漲了3倍，eBay從70美元漲到250美元，大型股如思科（Cisco）與英特爾漲了2倍，我們這些空頭陷入絕望，不知道漲勢什麼時候才會結束。然後，情勢改變，泡沫開始漏氣。2000年春初，網際網路股崩潰，網際網路指數在兩個月內，從690點跌到400點。大家對劇跌不以為意，認為是網路市場狂漲之後的脫軌現象。那年夏天，大型科技股開始遊走，但是讓人難以理解的是，網際網路指數反彈回升到560點。大家對科技與網際網路天地的看法似乎又對了，一位市場通訊雜誌的作者寫道：「休息是為了走更遠的路。」

　　2000年7月，《高科技策略師》（*The High Tech Strategist*）雜誌刊出了一張表，顯示那斯達克四十檔大型股的平均本益比為230倍。然後到了夏末，整體經濟開始走軟的說法開始出現。到了9月，科技股的屠殺真正開始，情形慘不忍睹，英特爾在五週裡下跌了45％，總市值損失了二千四百億美元。隨後的兩年裡，股價偶爾會反彈，但是泡沫已經破滅，科技和網路股的長期大空頭市場展開了。

　　泡沫終於破滅時，所謂的組合謬誤（fallacy of composition）會發揮作用煽動群眾心理。組合謬誤原則的意思是處在危機時，每個人的合理行為對群體卻是不合理的行為，會造成悲慘的後果。典型的例子是有人在擁擠的戲院裡大叫「失火！」，每個人的合理作法是衝向逃生口自救。但是每個人同時這樣做時，就會出現恐慌，結果大家擠在一起。發生金融恐慌時，每個人都採取合理的行為賣掉股票，如果別人不這樣做，個人的作法就是理性行

為。每個參與者都理性地想要自救，結果就是同歸於盡。

眾所周知的經濟長波

新世紀之初，在投資人心底的某個地方，都有一種不祥的預感，每個人都知道盛極而衰的老話，也都很清楚泡沫破滅後會有一段很長的痛苦期間，報酬率會低迷很多年，偶爾會出現急遽的短暫反彈。空頭想到大蕭條迫在眉睫、市場崩盤慘劇的末日景象，認為可怕的事情即將發生。衍生性金融商品、債券、住宅、恐怖主義慘劇呼之欲出，世界的心腹之間，祕密長了一個可怕又嚴重的癌症腫瘤。

人類經濟史上一再出現長期循環的現象，但是一直到1920年代末期，康朵鐵夫開始在《經濟生活長波雜誌》（*The Long Waves in Economic Life*）上刊出論文，才正式確認這種現象。康朵鐵夫指出，經濟循環有一種五十到六十年的週期，背後的動力是具有社會影響力的創新與資本投資起伏。康朵鐵夫在1922年寫成這篇論文，指出有一個長波大約從1790年開始，延續到1843年，第二個長波從1843年延續到1896年，第三個長波應該延續到1950年左右，他的論文和所用的圖表資料與英國、美國和法國有關，也分析了商品價格、利率與工資。

康朵鐵夫的生平很有趣，1920年時，他為俄羅斯農業制定了第一個五年計畫，深受蘇聯部長的稱道。嫉妒他的對手指出，這位備受尊敬的農業經濟學家的長期循環理論主張：資本主義經濟的沒落，起因不是這種系統固有的缺陷，而且還會自我矯正。蘇

聯部長覺得驚訝，卻不高興。1924年，康朵鐵夫以經濟異端學說的罪名遭到審判，罪名確立後，判決流放到西伯利亞，他的餘生就在西伯利亞把大石頭敲成小石頭中度過。一般認為，他在1930年代末期去世。前面指出，1926年時，他的理論受到蘇聯其他經濟學家注意，卻也遭到正式批判。

此後，康朵鐵夫的理論受人忽視，直到1970年代，麻省理工史隆學院（Sloan School）的佛睿思特（Jay Forrester）教授對它產生濃厚興趣，經過修正後運用在現代世界上。康朵鐵夫實際上只是指出長期循環，並未加以分析。佛睿思特認為，長期循環波浪可以用資本投資來解釋，每個循環結束時，都會出現資本設備的過度累積，從事投資的融資增加，會有一段長期的第二次蕭條，清洗過度現象，資本財部門會崩潰，還有一段很長的停滯膨脹期。停滯膨脹通常會伴隨著保護主義，例如1930年代的史慕特─赫雷關稅法案（Smoot-Hawley），以及鉅額的債務威脅。累積的實體資產折舊後，會為下一個成長階段鋪下坦途。事實上，佛睿思特寫道，主要的蕭條期會使經濟恢復平衡，打銷債務，清洗過度累積的資產。

美國經濟史可以明顯地看出康朵鐵夫循環型態。佛睿思特主張，1940年代末期是舊循環的結束和新長期循環的開始，越戰和通貨膨脹結束了第一階段，接著是1974年開始的主要蕭條，隨後是高原期，然後再一次的成長爆發期，接著是第二次蕭條以及長達十五年以上的停滯膨脹。康朵鐵夫的理論很可能沒有預測到，這次長期循環要到2010年左右才會結束，但麻煩的是，1990年的經濟衰退是不是第二次蕭條，或者2000年到2001年才出現第二次

蕭條。換句話說，我們是否已經接近停滯膨脹期的尾端，還是要進入十四年的停滯膨脹期？無論如何，康朵鐵夫的長波循環這次似乎並不十分貼切。

今天大多數經濟學家會嘲笑長期循環理論，說是好比占星術或看手相。經濟學家認為，過去五十年來，經濟理論的進步、政府在經濟中的角色不斷擴張、以及國際合作擴大，已經永遠減輕了經濟循環的劇烈程度。科技變化比過去快。經濟學家轉而注意傳統的三到四年庫存循環；不少人注意名叫尤格拉（Juglar）週期的七至十一年固定投資循環。有一陣子，二十年的累積循環、也就是庫茲涅茨（Kuznets）循環很受歡迎。一個康朵鐵夫循環大約等於三個庫茲涅茨循環、六個尤格拉週期或十二個庫存循環。我不喜歡跟經濟學家看法一致，但是我通常認為康朵鐵夫循環很有趣，卻像黑魔法一樣。

末日派、死空頭和悲觀論者有個問題，就是預測的記錄有漏洞，他們的預測當然偶爾會成真，但是即使是停了的時鐘一天都會指出正確的時間兩次，或者就像尼采有力的說法一樣：「注意萬丈深淵太久，自己會變成萬丈深淵。」

真正的黃金信徒

帕米多（Peter Palmedo）一直注意萬丈深淵，從某方面來說，他實現了尼采的預測，帕米多是我喜愛登山時期的摯友，他住在太陽谷，經營投資管理兼避險基金，專門投資黃金。

我在致富之路奔馳時，不是很喜歡騎名叫黃金的馬，我排斥

黃金的原因都很平常，包括黃金是殖利率為負的資產，因為你必須出錢儲藏黃金，黃金沒有評估真正價值的公式，黃金會有價值只是因為黃金是昂貴的末日保險。我承認黃金有吸引力，古埃及人認為黃金是神祇的皮膚，而且千百年來，黃金一直能夠維持購買力，《舊約》記錄西元六百年前，一盎司黃金可以買到三百五十條吐司，在今天的美國，一盎司仍然能夠買到三百五十條吐司。然而，這種經常被人引用的例子也顯示，**黃金是沒有生產力的投資標的**，千百年來，沒有增加黃金主人的購買力。我們從事投資遊戲的目標是增值，而不只是保值而已，過去一百年來，股票增值的速度比黃金快10倍。

多年來，帕米多和我一起爬山時，詳細討論過所有這些問題，我在摩根士丹利公司工作時，曾經寫過一篇文章談到帕米多，我的確認為，專業管理的避險投資組合納入黃金和黃金股票似乎有道理，可以創造10%的實質報酬率，或許也可以創造12%到13%的年度名目報酬率，但是波動性很高。

我認識的投資專家中，有不少人相當深入、而且近乎狂熱地奉行一種投資哲學，這種人是真正的信徒。我認識的人當中，帕米多是一種資產類別最純潔、最堅定的信徒，他是黃金的信徒。根據定義，真正的信徒是從群眾中流放，進入荒涼的投資天地，必須忍受淒冷的寒風和漫長的孤寂歲月，投資風格不能產生成果，會被人認為是長期錯誤和瘋狂的人。1990年代末期，價值型投資人的日子的確很難過，因為如果你在1990年代末期不相信科技股，你就是瘋了、就是過時了。但是除了帕米多之外，我認識的人當中，沒有一個人熬過了十年的痛苦仍然堅持不退。

帕米多這個人其實很有意思，已經50歲的他有一張娃娃臉，看來英俊瀟灑，他身體十分健康，說話語氣柔和，卻總是帶著叛逆性。如果他念預校時的籃球隊教練叫他練習罰球，他會練習三分球。掌權的人告訴他「照我的方式做，不然你就走路」，帕米多會斷然往外走。他大學時主修經濟學與選擇權理論。1980年進入摩根士丹利公司的證券衍伸性商品部門，做了很多事情。1987年夏季，他利用自己發展出來的一系列量化模型，相信動態不均衡的三個標準差事件迫在眉睫，然後指出標準普爾五百指數賣權極度低估，說服公司和一些客戶買進極為廉價的價外標準普爾五百指數賣權，自己也買了一大堆，隨後紐約股市崩盤！

　　有了老本之後，帕米多開始覺得自己有太太、有三個很小的小孩，摩根士丹利公司的沉重壓力和所要求的出差跟自己不合。熱愛化學、爬山和騎車的他把家搬到愛達荷州的太陽谷，開始尋找一種可以埋頭研究的資產類別。說埋頭一點也不假，帕米多的作法一向都是十分專注一種東西，然後深入研究、建立模型，培養出分析方面的優勢。他找到黃金，因為黃金很複雜、備受誤解、研究也不足，又容易受他的選擇權定價理論影響。1990年，他創設了太陽谷黃金公司（Sun Valley Gold）。

　　接下來的十年裡，帕米多變成堪稱世界上最深入了解黃金的分析師，徹底埋頭研究黃金，總是運用自己的選擇權定價理論。一段時間後，他找了地質學家與礦業工程師，組成四人研究小組，他們探勘礦場，提出詳細的現金流量與資源價值模型。此外，他利用動態評價模型與認股權理論現金流量，精確判定企業的一貫價值。至於黃金本身，他建立了很多模式，希望預測供

需曲線變數小幅變化的影響。為黃金這種商品建立模型很有意思，因為黃金有大量的出土庫存，而且產量增加有限。量化分析師告訴我，帕米多的模型與公式極為複雜，太陽谷黃金公司的礦業研究最高明。帕米多研究文獻時，注意到後來出任財政部長與哈佛大學校長的桑默斯（Lawrence Summers），在1988年跟巴斯基（Robert Barsky）合寫過〈吉布森的矛盾與金本位〉（Gibson's Paradox and the Gold Standard）的長篇學術文章。桑默斯與巴斯基主張，黃金的相對價格由資本市場實質報酬率決定，是這種報酬率的倒數，而且從黃金價格自由浮動以來，這種關係已經加強。

　　黃金是高度耐久的資產，因此就像雷夫哈利（Levhari）與平迪克（Pindyck）1981年強調的一樣，建立模式時，必須以現有存金的需求為準，而不是以新產出的黃金為準。持有存金的意願由替代資產的報酬率決定，我們認定替代資產就是實體資本與債券。

〈耗竭性耐久資源的定價〉（The Pricing of Durable Exhaustible Resources）
《經濟學季刊》（*The Quarterly Journal of Economics*）

　　帕米多給我一份桑默斯與巴斯基（Summers-Barsky）的論文，這篇論文厚到我根本看不下去。帕米多寫了一篇簡潔、好懂的論文，指出從這篇論文寫成以來，黃金與資本市場實質報酬率的關係、尤其是跟股市的關係，一直一貫的令人吃驚。從1988年起，金價與標準普爾五百指數的相關係數為負0.85，相關係數平方值為72％。1994年起，金融市場變得更為瘋狂，負相關升為0.94，

相關係數平方值升為88％。換句話說，股市可以解釋過去八年金價每週波動的88％原因，金價與國庫公債的長期關係沒有這麼高，但是仍然很明顯。

帕米多解釋說，造成黃金價格行為異常的所謂黃金問題，就是「往上傾斜的投資需求函數彈性，壓倒了供應的缺乏彈性」。這段話他解釋之後我才了解。他的意思是，有史以來開採出來的黃金當中，只有18％以投資的形式持有，價值略為超過二千億美元，世界資本市場投資金額估計大約為六十兆美元。在股票與債券處於低報酬率循環時，黃金的貨幣與投資需求會變為正值，黃金的供應會嚴重短缺，只有金價大漲才能解決這麼巨大的差異。重點是金價的主要對手不是通貨膨脹或通貨緊縮，而是其他長期金融資產的報酬率，尤其是股票的報酬率。表19‧1所示，是帕

表19‧1
預期的實質報酬率

資本市場			黃金
10%	—	—	-8%
8%	—	—	-3%
6%	—	—	2%
4%	— ⟷	—	7%
2%	—	—	12%
0%	—	—	17%
-2%	—	—	22%

資料來源：Sun Valley Gold LLC

米多為這種關係建立的模型，你可以看出來，報酬率十分低落時，黃金會打敗一切資產。

帕米多認為，以今天的美元計算，黃金的長期均衡價格、也就是經過通貨膨脹調整後的金價，大約為每盎司520美元，今天金價已經漲到超過600美元。桑默斯與巴斯基也認為，黃金的實質與名目價格有長期上漲的趨勢。人口與所得成長率超過受到限制的實體存金成長率——好多個世紀以來，實體黃金的成長率只有1.75％。此外，現代世界貨幣成長遠超過經濟成長率。

然而在沸騰的1990年代，投資黃金不會有好結果，黃金仍然在修正1970年代末期巨大泡沫造成的過剩，因此市場價格不但處在回歸平均數的過程中，也嚴重低估。在長期空頭市場中，最高明公司的專業分析和最複雜的模型，都完全無用武之地，大家認為帕米多是「原本聰明的人，後來變成失去理智的金蟲。」然而，他不在乎，因為他深信金融資產兩位數字的實質報酬率不能持久，他是真正的信徒，他家人在太陽谷成長之際，他爬遍了他所能看到的每一座山，等待自己揚眉吐氣的時間來臨。

帕米多認為，資產配置可以為黃金的年度報酬率增加好幾百個基本點，黃金股的波動性通常是基本金屬的兩倍，因為黃金天生具有操作槓桿。太陽谷黃金公司的記錄顯示，主動管理的黃金股投資組合，可以創造比黃金股指數高500個基本點的報酬率，這種說法讓我覺得相當樂觀，但是黃金股市場極為沒有效率，分析方面的資源可能造成重大差異。

你投資黃金的比率應該多高，要看你長期多看好或多看壞而定。如果你相信帕米多的說法，認為未來五年內，世界資本市場

的實質報酬率，也就是股票與固定資產的報酬率為每年4％，帕米多希望從管理黃金投資組合，創造12％到15％的實質報酬率（黃金的報酬率為7％，資產配置的報酬率為1％，黃金股的報酬率為14％，加上6到8個百分點的額外報酬率）。這樣一定很驚人！我不反對他所預測的4％實質報酬率，但是我的確懷疑他能否創造這麼高的報酬率，尤其他的基金規模現在已經相當大了。

　　黃金是絕佳的分散投資標的，股票與債券下跌時，金價會上漲，因此，如果我管理規模三百億美元的超大型退休基金，其中有五十億美元屬於絕對報酬策略，我配置在黃金管理資產上的比率，應該會占絕對報酬策略的5％到7％。害怕風險的個人或許可以把這個比率提高到10％，但是我不贊同持有黃金，只能把黃金當成交易用的標的。

Chapter 20
令人毛骨悚然的故事——
神力干預或內線消息？

股市像大海一樣充滿神祕。

　　詩人塞維斯（Robert Service）很久以前寫過，「在午夜太陽之下，尋找黃金的人會做很多奇怪的事情。」他又說：「北極的小徑都有祕密故事，會讓你毛骨悚然。」〔出自〈麥基的火葬〉（The Cremation of San McGee）一詩〕。如果你在投資圈待得夠久，最後你會碰到一些幾乎超自然的神祕事件，因為股市是變幻無常的怪獸，像大海或北極一樣充盈著大自然神祕的力量。股市可能洋溢著愛心和豐厚的報酬，卻也可能變得嚴苛、殘忍和殘酷。靠股市賺錢生活是奇怪、危險和有欺騙意味的職業。有點像帆船時代的船長，在到處都是鯨魚、風平浪靜、天氣和暖的美好日子裡，指揮著捕鯨船，從南塔科特港出海，乘著海洋友善的波浪，愉快航行。然後突然間，大海會毫無預警地翻臉，你會發現自己置身狂風暴雨中，衝向遠處礁石密布的海岸。看大海和天氣臉色吃飯的人都很迷信。

　　我不敢指望有人相信湯瑪斯（Judson Thomas）的故事，這件

事太離譜了，好比每個人都夢想過，卻沒有人認為實際上會發生的灰姑娘傳奇或青春之泉的奇談，不可能在光天化日之下，在邪惡的紐約市、在惡毒無情、沒有愛心只管數字與鈔票的華爾街發生。有時候，真相比虛構還離奇。

這一切發生時，湯瑪斯大約已經50歲，我認識他有二十年了。大概是我把他介紹給甘特索茲（Jim Gantsoudes）之前十到十二年，甘特索茲當時主管摩根士丹利公司的法人銷售部門。我想甘特索茲會用他，原因之一是出於我的推薦。湯瑪斯在業務或建立關係兩方面，其實從來沒有真正融入過摩根士丹利公司，他可以應付安排午餐和帶分析師到處走動之類的卑下工作，卻缺乏業務員的魅力。他會在早上的研究會議上努力記筆記，卻不能好好地發揮題材，或是推銷初次公開發行的股票。他和藹可親，卻沒有真才實學，不是會有什麼大作為的人，經過幾年後，公司讓他走路，我總是對這件事覺得有點虧欠，一方面是因為我誤導了甘特索茲，但是另一方面，我覺得更愧疚的是，因為這件事永遠打擊了湯瑪斯的信心。

總之，湯瑪斯離開摩根士丹利公司之後，賦閒了一陣子，最後在哈德遜公司（Hudson & Company）找到工作，這家公司是二流的研究與交易業者，旗下有一位技術分析專家，也有幾位不錯的分析師。湯瑪斯的待遇完全要看他的業績而定，我知道他必須努力掌握每一筆交易。在我的印象裡，即使是在泡沫歲月裡，他賺的錢從來也沒有超過十二萬五千美元，他告訴我，有時候他半夜醒來，都會擔心自己的業績不行。

我不敢說自己是湯瑪斯真正的朋友，我從來沒有看到他跟別

人交往，但是我們兩個有一種特別的親密關係，是兩個人同行多年共度一大段無聊時光的那種關係，也就是我們一起在切斯特港車站月台上等火車的時光。大家都知道，他是行話裡帶有輕視意味所說的好人，我從我們所有零零碎碎的談話中，從來沒有聽過他的創意或遠見。他對巨人隊和洋基隊的了解遠遠超過對股市的了解。我可以想像到這件事情發生前他常有的樣子，每天早上辛辛苦苦爬上一大段布滿凹痕的水泥台階走上月台。他長得人高馬大、身體健壯，已經進入中年，服裝不太整潔，鞋子上常常有污點。臉孔長得很好，堅強、有力而誠實，但是眼睛很早以前就失去神采，現在經常會顯得沒有精神。

早上的湯瑪斯經常緩步行走，好像頭在痛一樣，也可能是因為輕微的宿醉，凡是知道他每天要喝馬丁尼酒的人，對這點一點也不訝異。他會說：「該死的工作，讓人有疲倦不堪的感覺。」當機構法人業務員，會讓人的心理和精神承受一些特別的壓力，湯瑪斯中午至少要喝一杯馬丁尼酒，坐火車回家在餐車上玩牌時要喝兩杯，回到家跟「老太婆」（他稱呼他老婆）在一起，至少要再喝兩杯，「好消除痛苦。」

他從未跟我明說，他想要減輕的痛苦是什麼，但是我敢相當肯定地說，他的痛苦是因為為了求生存必須辛苦掙扎，因為他極度缺少工業心理學家所說的職業滿足感。湯瑪斯從事法人銷售已經很長一段時間，他在哈德遜公司負責紐約與波士頓三十家大型機構客戶的業務時，經常亂說些「強勁」與「微妙」之類的行話，顯然他實際上不知道其中的意義。他看著投資經理人來來去去，自己年紀日漸增加，投資經理人似乎愈來愈年輕，他坦白跟我

說，他愈來愈難跟新人建立關係。

近年來，拉機構業務是年輕人的遊戲，光是微笑和皮鞋擦得閃亮沒有用處。真正優秀的機構業務員是基金經理人的朋友和親信，必須經常提供好構想。湯瑪斯已經50歲，要跟富達或穆爾資本公司（Moore Capital）30來歲新進的後起之秀拉關係並不容易。大型機構的交易員出去喝酒或去看球賽時，通常會跟相同年齡或曾經在包裝工隊（Packers）打過跑衛的人在一起。認真經營避險基金的人沒有時間理他。湯瑪斯知道這一行裡的所有大人物，例如金頓（Kington）、庫柏曼（Cooperman）和朱肯米勒，但是他們都輕視他，認為他是老馬。

事實上，大部分時間裡，他要是能夠越過經理人聲音悅耳的祕書，或一些低層的交易員就算很幸運了。基金經理人操作績效優異時，你根本接不通，還要忍受他們的傲慢；績效差勁時，就唉聲嘆氣。但是湯瑪斯總是認為，巔峰合夥公司（Pinnacle Partners）的萊恩蘭德（Dick Rhinelander）最差勁，1990年代末期，巔峰公司的績效優異，到了2001年和2002年，巔峰公司全力放空，連續兩年創造20％的成長，基金規模壯大到四十億美元。然而，有些人傳播耳語，說萊恩蘭德沒有這麼精明，只是在空頭的歲月裡，凡事敢趕在別人前面，比較隨便放空科技股的人，看起來可能就很行。接著天氣改變，最近巔峰公司苦苦掙扎，不少人說，萊恩蘭德是只會玩一種遊戲的新手。

總之，湯瑪斯打電話給巔峰公司時，大部分時間都會轉接到語音信箱。偶爾要是祕書記得他送的耶誕節巧克力，要是那位大人物想要紆尊降貴，沒有什麼事情好做，湯瑪斯就有機會跟他說

說哈德遜公司最新的研究結果。哈佛出身的萊恩蘭德除了說謝謝之外，絕對不會說第二句話，湯瑪斯說完後，他說完謝謝就掛斷了。大部分基金經理人至少都會胡亂地說說「嗯、嗯」，即使他們一點都不想聽也是這樣。萊恩蘭德卻不是這樣，他根本毫不回應，你就像在空房間裡自言自語一樣，覺得自己愚蠢而且無可奈何，但是湯瑪斯必須這樣做，因為巔峰公司給他不少業務。

偶爾會躲避他的那些靈敏、年輕的基金分析師當然一樣糟糕，他們表現得好像已經知道他說的一切，聽他說一些題材時，會問一些他不能回答的愚蠢問題，好像商學院學生問企業價值和自由現金流量的問題一樣。實際上，我相當肯定每個星期五晚上，他喝完最後一杯馬丁尼酒後，眼前霧茫茫的，眼睛沒有看著閃閃發亮的電視螢幕時，會對自己和老太婆承認（要是她問他的話），基金經理人和分析師根本不在乎他喜歡什麼股票，他們會願意聽他說話，完全是因為衝動的基金業者害怕錯過什麼東西。

他們認為他只是超級蠢材業務員、是輸家，甚至不是什麼過氣人物，只是從來沒有成過氣候的人。他也不怪他們，他幾乎總是看錯市場走勢，很奇怪，他建議的股票總是死得很慘，他建議買進的東西毫無例外，都讓人失望，例如他所提到的盲目鑽探油氣業者、反托辣斯訴訟、差勁的盈餘報告或是執行長因為心臟病突然死亡。要是他建議放空，總是會有人平白無故提出併購建議，或是有聰明人會發動軋空；如果他建議作多，總是會爆發利空消息；如果放空，就會出現利多。

湯瑪斯的神祕《華爾街日報》

　　因此每天早上，湯瑪斯擠在切斯特港火車站擁擠的通勤客當中，向在那裡賣報紙和咖啡很多年、嘮叨的老瞎子買《華爾街日報》時，絲毫沒有一點熱情或期望。有些人實際上似乎把這份報紙吞下去，他們覺得這份報紙又鬆又脆，充滿了希望和賺錢的新訊息，但是對湯瑪斯來說，看這份報紙是工作、是行禮如儀，他大略掃描一下，心裡知道自己應該更仔細地看，但是其實他並不在乎。有一次，他突然靈光閃現，說出了讓我吃驚的話，「想靠著看報紙判定世界大事，就像看著分針，想知道幾點鐘一樣。」

　　到現在為止，我只是在敘述背景，現在湯瑪斯和《華爾街日報》的故事才真正開始，我會像那天他在醫院裡撐起身體，背後放著氧氣罩，告訴我這個故事時一樣說出來。總而言之，他在2月的某一個早上，像平常一樣上了他覺得有點破舊的火車，像平常一樣，精神散漫地看看《華爾街日報》。他仔細看了頭版，看看自己持有的幾檔股票，瞄瞄交投最熱絡的股票名單，然後他無精打采地看幾份哈德遜公司的研究報告，卻一直打盹到紐約站。他通常會把報紙留在火車上，但是這天早上，他在恍惚之間，發現他下車時報紙還在手上，就把報紙塞在中央車站月台上的報紙垃圾桶裡。

　　搭電梯上哈德遜公司辦公室時，他懶洋洋地聽到兩位服裝得體的年輕營業員談論前一天的市況。

　　「富達一定是奇異那一千萬股的賣盤。」

　　「是啊，除了他們，還有誰手上有這麼多股票，又能這麼狠地

拋售？昨天的成交量很大呢，一下子跌了3美元。」

湯瑪斯回想到，他看到了鉅額交易表，記憶裡想到了一些事情，奇怪的是，他清楚記得早上看《華爾街日報》時，英特爾是交易最熱絡的股票，而且上漲了4美元，漲到80美元。英特爾第三季的盈餘好得出奇，奇異大概是交投第六熱絡的股票，他記得奇異漲了1.45美元。真是怪異！到辦公室後他要查一下。

那天早天，他忙著做他平常要做的瑣事，打電話說明晨會的內容，請客戶共進中餐，大約中午時，他站在交易室裡，他的客戶奧米茄公司（Omega）送來一張單子，委買十萬股英特爾。這檔股票當時的成交價大約是76美元，英特爾第三季盈餘數字出現在螢幕上時，他的營業員已經買到五萬股，因為盈餘數字早上已經登在《華爾街日報》上，他沒有通知奧米茄公司的營業員傑克。

突然間，英特爾開始急漲，螢幕上出現76.7美元成交二萬股、77美元成交一萬股，接著是79美元成交二十萬股，傑克打電話進來。

「你買到剩下的五萬股了嗎？」

「沒有，沒有買到，英特爾幾分鐘前已經跳到79美元，你說要用76美元左右買進。」

「媽的，那是他們宣布盈餘增加25％、展望非常良好之前的事情，你有沒有看到他們的宣布？為什麼沒有通知我？」

「我在螢幕上看到了盈餘數字，沒有通知你是因為早上《華爾街日報》就刊登了。」

「你瘋了，怎麼可能有登，這是剛剛才公布的。不然的話，你以為前十分鐘這檔股票為什麼會狂漲？」

「我敢說今天早上我在《華爾街日報》上看到了。」

「醒醒吧，老兄！你真是不知所云。這檔股票飛躍上漲，那位大老闆把我罵到臭頭，說我真是會交易！他說，你不是跟我說你多會處理委買、委賣嗎？現在我終於給你一張單子，你卻搞砸了，取消最後那筆五萬股的委託。」

湯瑪斯深感震驚，流了一點冷汗，覺得交易室裡的交易員都看著自己，他拿起了隔壁桌上的《華爾街日報》，翻到刊登盈餘數字的版面，上面沒有英特爾的盈餘，然後他翻到熱門股成交表，也沒有英特爾。就像電梯裡那個傢伙說的那樣，奇異是成交最熱絡的股票。他看看另一份《華爾街日報》，然後問朋友蘇克，問他早上有沒有在報上看到英特爾公布的盈餘。

「沒有，」蘇克說：「盈餘是今天下午才發布的，比預期好很多，你看他們怎麼作這支股票！」

「對，我看到了。」湯瑪斯喃喃自語。

這時股市已經收盤，熱門股成交表馬上就要發布，湯瑪斯覺得心思混亂，瞪著自己的彭博資訊螢幕。果然發布了。英特爾是成交最熱門的股票，上漲4美元，漲到80美元。湯瑪斯揉揉眼睛，一陣茫然，他還是覺得頭痛、昏昏沉沉。見鬼了！他一定要少喝一點酒，開始更仔細地看報紙，差別很大呢！奧米茄的營業員對這筆單子沒有成交很不高興，因為庫柏曼很可能痛罵了他一頓。最近很少有十萬股的大單進來。但是那天晚上在火車上，他開始玩牌，喝了幾杯酒，就忘了自己下定決心這回事。

背脊發涼

　　隔天早上，他差一點趕不上火車，幾乎沒有時間在車站的報攤上買報紙。那班快車少了兩節車廂，他搖搖擺擺地站著，一邊翻看《華爾街日報》。突然間，他看到熱門股成交表，覺得背脊發涼。英特爾沒有列在昨天的熱門股成交表上，安捷（Amgen）是最熱門的股票，漲了6美元，漲到45美元。成交第二多的股票是德儀（Texas Instruments），跌了4.2美元，收盤是31.45美元。

　　那天早上，湯瑪斯在醫院裡告訴我，他看到股市評論專欄上的文字時，手都發抖了。「安捷公司大漲6美元，因為公司宣布聯邦食品藥物管理局批准他們的一種大腸激躁症新藥；德州儀器下跌4美元多，因為公司在高盛研討會上的說明讓人失望。」

　　火車進了中央車站，人潮推著湯瑪斯下車走進暗淡的月台，《華爾街日報》抓在他手上變得有點潮濕。他走下月台，通勤人潮散開，他突然衝動地打開報紙，再看一遍熱門股成交表，看到的是英特爾：開盤82.85；最高價83；最低價78；收盤78，下跌2美元。他現在憑著直覺、幾乎有點絕望地走著，把報紙塞進跟昨天一樣的垃圾桶裡。

　　到了辦公室，他還是流著濕冷的冷汗，好像發燒時流的汗一樣，他也口乾舌燥。走在街上時，他非常想再買一份《華爾街日報》，卻有點害怕，不知道什麼事情阻止他這樣做。買報紙可能是中了魔法的行為，是魔咒的一部分，他非常害怕應付這種事情。

　　「喂，老蘇，」他對蘇克說：「我可以看看你的《華爾街日報》嗎？我的留在火車上了」。

果然如此，他半是期待半是恐懼地看到《華爾街日報》上刊著英特爾是最熱門的股票，報紙上沒有提到安捷公司的宣布，也沒有提到德州儀器股價下跌。湯瑪斯把報紙放回去，覺得頭暈眼花、一片茫然，但是在他內心深處的某一個地方，似乎有行動電話開始不斷響著。

　　現在是早上九點，他得開始打電話，說明早上的研究結果，通常他討厭這種下級職員做的事情，他經常是在基金經理人的語音信箱裡留話，知道大部分情況下，對方聽了幾句就立刻洗掉，只有在偶然的情況下，才能接通基金經理人，今天早上很意外，高明的萊恩蘭德接了電話。

　　「你有什麼消息？」對方劈頭就問。

　　「安捷今天要宣布大腸激躁症的新藥，不是非常轟動的藥，但是應該會讓股價漲個四、五點。我聽說德州儀器有問題，會在高盛的研討會上說出讓人失望的成果，你今天早上最好把股票賣掉。」

　　「你怎麼知道這些事情？」

　　「呃，我……，我從顧問那裡聽到的……，我只是在想……。」

　　「別拿這種無知的廢話浪費我的時間。」萊恩蘭德很不客氣地說完就掛了電話。

　　湯瑪斯可以感覺到臉上那種生氣、僵硬的表情凍結住了，有人把他當成嘮叨的傻瓜時，他總是會有這種表情。突然間，真正知道內情的信心在他心裡翻湧，他覺得身體發熱、有力之至。「無知，啊？萊恩蘭德很快就會知道誰是無知嘮叨的人。」

　　股市已經開盤了，他把螢幕轉到國家廣播公司商業台，英特

爾以82美元開盤，他衝動之餘，打電話給奧米茄公司的交易員。

「喂，傑克，我對昨天沒有買到那五萬股英特爾非常抱歉。」

「本來就應該這樣，庫柏曼痛罵我，把我罵得狗血淋頭，這檔股票現在漲到80美元，又漲了2美元。」

「是啊，」湯瑪斯說：「漲到82.5美元了，現在有一筆大單用83美元敲進。」

「我今天得用80美元，限價買進五萬股。」

「你聽我說，」湯瑪斯說：「把那五萬股給我，我跟你保證，今天會用80美元以下買到。」

「你胡扯什麼？老兄。保證什麼？你瘋了嗎？」

「我會用80美元以下的價格買到五萬股，不然我們公司會補足。」

「老傢伙，你瘋了，你一定已經喝酒了，這檔股票剛剛突破上檔壓力，再也看不到80美元了。」

「我會替你掛78.5。」

「好啦，好啦，你把單子拿去，限價是80美元，因此根本沒有價值了。哈德遜公司的其他人都聽到你這樣說了，你就要滾到海灘上去了，而且你看不到陽光。」

英特爾在81到83美元之間熱絡交易，一直到下午三點左右，忽然出現大筆賣盤。湯瑪斯用78.26掛進二萬五千股，在三點三十分的時候買到。最後半小時大盤走低，湯瑪斯在收盤前幾分鐘，以77.76的價位，買到最後二萬五千股。

「噢，老湯，你的交易手法真高明。」收盤後，湯瑪斯打電話給庫柏曼的交易員時，對方如此說。「喔，最熱門的股票第一次

大漲、走勢超強時，千萬不要跟進。」湯瑪斯說著，驚訝地發現自己這麼容易就說出這種話，「我對熱門股的市況總是有很好的預感。」

「對，喔，的確是這樣，我會跟庫柏曼提一提，他總是記得這種事情。」

預知明天，你會呼風喚雨

隔天早上，他的《華爾街日報》再度刊出當天的市況，迷信的他擔心觸怒神靈或是不知道叫什麼的力量，他只看熱門股成交表和報導市況的專欄，他看到只有摩托羅拉波動激烈，上漲5美元到85美元。接著，他受到某種原始的直覺驅策，把《華爾街日報》塞進同一個垃圾桶裡。

那天早上，他在研討會後打電話給巔峰公司時，祕書說萊恩蘭德先生想要跟他講話，「傲慢的王八蛋，」湯瑪斯想：「想跟我講話，不是跟我談話，他一貫是這樣的，如果我的特殊報紙不斷出現，就是由我決定和誰講話了。」

「喔，老湯，」萊恩蘭德的哈佛腔傳了過來：「你說安捷的宣布和德州儀器在法說會上的話，真的都說對了，真的是很好的消息。」

「喔，凡是密切注意安捷公司研究報告的人，應該都知道他們快要宣布了，還有過去一個月左右，德儀公司產品線的產業資料一直走軟。」湯瑪斯聽到自己口若懸河說這些話，那種樣子他自己也不認得。

「喔，大概是吧，」萊恩蘭德回答。「不過我的手下沒有看到，安捷公司還有什麼消息嗎？」

「目前沒有，但是下週初我會再跟我的投資顧問談，如果有什麼大事，我會告訴你。」

「哦，好。」萊恩萊德說：「務必幫忙，你現在還喜歡什麼其他股票？」

「哦，我認為摩托羅拉今天會很看好自己的第三代行動電話，我想他們今天會宣布一種價格比較低、內建照相機的新產品，但是我認為這一檔只能操作一下，不是什麼比較長期的標的。」

「是啊，如果他們的電話裡有照相機，股價就會上漲，華爾街會覺得驚喜，這檔股票有一陣子動都不動了，你替我買個十萬股吧。」

湯瑪斯在報上看到，摩托羅拉宣布新產品後，股價漲了超過5美元，但是他粗心大意，沒有注意到宣布時間。因此，那天早天，他怕買不到，一開盤就一筆掛進十萬股，立刻就以79.8美元的價格買到。到了十一點，大盤下跌，摩托羅拉比前一天的收盤價跌了2.2美元，跌到77.8美元。

「真是會買，」萊恩蘭德大罵說：「你以前沒有接過十萬股的單子嗎？」

事實上，他最近沒有接過多少十萬股的大單，但是一到下午，摩托羅拉在說明會上宣布後，消息傳了開來，這檔股票也變得熱絡起來，有一筆大單以80美元敲進。接著，國家廣播公司商業台的人訪問幾位分析師，歇斯底里地拚命亂說一通，股價漲到82.5美元。隨後交易暫停，接近收盤時恢復交易，馬上開出85美

元的高價。

收盤後，萊恩蘭德打電話來。「喂，老兄，你真準，果然料到了摩托羅拉的事情，我明天該怎麼辦，抱住還是砍掉？」

「過一晚再說，我明天早上會告訴你。」

「是、是、博士，你說了就算，你真的有一手，小子。」

但是隔天早上，湯瑪斯細心、虔誠地遵照著儀式，等到上了火車才打開《華爾街日報》，卻發現自己看到的是十分正常的報紙，上面刊的確實是昨天的價格。奇怪的是，發現這一點雖然讓他震驚和失望，卻不特別惶恐，而且幾乎有一種如釋重負的感覺。

湯瑪斯既不是特別有想像力，也不是喜歡深思的人，清醒時更是如此，他所碰到的現象實在是太怪異了，他不特別想分析，也不擔心這種現象暫時消失。他反而有一種奇怪而且帶著認命的方式，相當肯定這種「特別的」報紙會再度出現，他只需要切切實實遵照所有的例行公事做就好。事實上，他根本不焦急，也不煩惱，那天早上，湯瑪斯特別用心看報紙，萊恩蘭德打電話來時，湯瑪斯鎮定地告訴他，說他判斷摩托羅拉還會有一小段漲勢，結果後來的幾天裡，這檔股票的確又多漲了好幾點。

一切就是這樣開始的，隨著時間過去，湯瑪斯一週大概會看到一次特別的《華爾街日報》，他發現神的力量沒有在報攤上運作，報攤上有一堆《華爾街日報》，都是先來先買。有一次，切思特港車站賣報的瞎眼老頭病了十天，每年8月最後兩個星期，老頭子通常會休假，這段期間裡，都沒有特別的報紙。特別的《華爾街日報》出現時，總是會變成下一天的報紙，湯瑪斯下定決心，只看熱門股成交表和「行情報導」專欄，其他都不看。他覺

得，多看的話會顯得太貪得無厭，可能危害他特有的報紙再度出現，他從來沒有跟別人透露最近這麼成功的原因，他說不出為什麼這樣做，只是他有一種強烈而詭異的感覺，認為不應該說。

總之，他雖然覺得不安，卻相當聰明，知道儘量利用大致上只是偶爾出現、只提前一天的優勢。他還很精明，知道在沒有特殊報紙的時候要守口如瓶，說話要模稜兩可。有時候，特別的報紙會提示市場走勢極為強勁或極為疲弱，湯瑪斯會用這些預先發出的提示，建立了極為善於預測市場短期走勢的名聲。華爾街和避險基金這一行有些廣為人知的缺點，但是看出賺錢高手和贏家的機制極為有效率。六個月內，大家都說湯瑪斯預測很準，一年後，他變成了高明的交易員，變得很有名。

基金經理人爭著找他不是沒有道理，因為在他看到特別報紙那天一早，跟他談談可能使買進或賣出看來很厲害，跟他共進午餐通常比較沒有收穫，還有，五天裡有四天，他沒有任何驚人的見解。然而，基金經理人好像受到催眠，非常想跟高明的湯瑪斯一起吃中飯，然後可以說自己得到了他的提示，大部分基金經理人都沒有注意到，其實自己沒有得到什麼養分。國家廣播公司商業台一再邀請他上電視，他卻從來沒有答應，認為這樣對他沒有好處，或許傲慢會觸怒神靈。

沒有特別報紙的日子，湯瑪斯就儘量利用模糊的說法和華爾街的行話墊檔，沒有東西可以說的時候，他就不說，確保沒有人因此受害。偶爾有人會極為粗魯，開玩笑地說不知道他從哪裡得到內線消息，他對每一個亂說這種事情的人，一定都用跟基本面有關的鬼話包裝他的明牌，克里夫蘭克里夫公司（Cleveland

Cliffs）暴漲4美元那天早晨，他說的是：「我對中國經濟狀況的分析，促使我認為鐵礦砂價格即將大漲。」他很小心，會避免非人力所能決定的事情，例如公司總裁死亡的消息，他也很少事前談到企業宣布併購或打官司的事情。

到了第一年結束時，湯瑪斯的地位高漲，他已經變成明星，為哈德遜公司帶來金額驚人的業務。一家大型避險基金說，如果湯瑪斯願意照顧他們，他們願意把哈德遜公司當成主要經紀商，某某著名基金經理人說要給他顧問費。哈德遜公司的合夥人不知道該怎麼辦，多年來，湯瑪斯一直是個廢人，現在卻炙手可熱，如果他真的那麼行，公司是否應該把公司的資金交給他操作？結果公司建議升他當總經理，他卻婉拒了，說他只希望從自己的貢獻中得到直接的酬勞，大家傳說他2003年裡領到了四百萬美元。

你可以想像到，湯瑪斯的生活型態也改變了，他開始穿得很體面，像出色的年輕基金經理人一樣，穿著合身的Hugo Boss西裝和昂貴的襯衫，頭髮也留長了，酒也少喝了。他還買了巨人棒球隊比賽昂貴的季票，他再也不把太太叫做老太婆了，甚至隱隱約約開始說要收藏藝術品。他當然還在切斯特港搭火車，不過現在卻經常開車回家。

湯瑪斯那天在醫院裡告訴我，整個事情中有一個諷刺的插曲，就是他從來沒有替自己賺到多少錢，搶帽子有太多的規定，而且他極為全神貫注，忙著打電話招攬業務，沒有什麼時間為自己交易。而且即使他為自己交易，他真正需要的是長期資本利得，因此他提前一天的優勢其實沒有多少意義。

這時，我開始上場，大部分的日子裡，我早上都在切斯特港

車站碰到湯瑪斯，我知道他的運氣變得好的驚人，雖然湯瑪斯和我不是至交，我想因為我很老，又是他在業界中的好友；然而，我跟別人一樣，一點也不知道他的投資建議有上天的啟示和神祕的來源。我的避險基金甚至跟他有一些業務往來，但是我們的交易規模不夠大，不是他優先通知的客戶，我們常常一起走下火車，他從來沒有給我任何明牌，我得丟臉地說，我沒有注意到他早晨處理報紙的習慣有什麼特別的地方。

那年6月，我一位終身未嫁的老姑媽因為坐骨骨折在紐約醫院療養，因為我們總是很親，我一星期去看她一、兩次。6月中的某一個早上，很多人在通勤火車上談到前一天湯瑪斯在火車上心臟病發，在一二五街車站被人用擔架抬下去，緊急送到紐約醫院。那天下午，我探視過姑媽後，就到湯瑪斯的病房去，他躺在氧氣罩裡，有個臉色相當嚴肅的私人護士在照顧他。我只停留了幾分鐘，說了一些平常探病該說的話就被請出去了。

兩天後，他的醫生打電話到我辦公室來，看來湯瑪斯十分堅持立刻要見我。醫生告訴我：「他暫時離開氧氣罩，但是在正常的情況下，我不會讓他見客，只是他極為堅持要你來，他說他一定要跟你談話，我要警告你，他的病情仍然極為危險，他在火車上受了某種驚嚇，造成了嚴重的心臟病，這種病隨時可能再度發作，他的心臟實際上停止跳動大約六十秒，腦部可能因為缺氧有點受損。」

那天下午，我看到湯瑪斯從床上撐起來，臉色蒼白、憔悴，但是很清醒，他立刻談到正題。

「醫生把我的狀況告訴你了吧？假設我還能活下去，因為我

後面要講的原因，我敢說我會活下去，但是在事業上必須放慢腳步，我根本不能勉強應付過去我認為自己擁有的優勢。」說到這裡，他停了下來。

「我會說清楚，」他接著說：「我想我擁有的東西可能會成為真正獨一無二的優勢，我現在要提議加入你們的公司，我負責提出當天會漲的股票，由你們的基金購買，你們自己處理交易。事實上，我所要做的大概就是早上搭火車到中央車站，然後跟你談話，我加入你們公司的細節，以後可以在你們的公司裡談。」

這時我想他的腦部一定受到了很嚴重的損害，但是他接著把我剛才記錄的事情告訴我，聽他說這些事情，又坐在那裡看著他，我間接相信了這件事，這種事情實在太怪異了，不可能是真的。而且別忘了，我一直貼近地看著他，從和藹可親、略微有點酒癮的失敗業務員，到似乎神奇地變成高明的短期交易高手。

「你也可以看出來，」湯瑪斯說：「我們可以大大運用一番，我拿到同樣的東西，只交給你不讓任何人知道，我想我們一年至少可以讓你們的績效提高10個百分點。如果你們的基金成長，當然會成長，這種現象還是會繼續發生。從來沒有任何證據顯示，這種事情的力量會受我買進金額的多少影響。至於說內線消息呢，他們會把史匹哲和證管會嘲笑到無地自容。但是我先告訴你上星期二發生了什麼事情，那天的事情使這個現象變得更大、更好。」

看來前一個星期二他看到了一份特別的《華爾街日報》，但是這次不同，這份《華爾街日報》不是隔天星期三的報紙，而是下一個星期三的報紙。

「你看得出其中的意義嗎？」湯瑪斯問，身體向我靠過來，逼視著我。「想想股價的波動，我們現在可以掌握六天、而不是一天的優勢！想像一下我們所能賺到的交易利潤，要不了多久，我們就會變成世界上最大的避險基金，現在我知道，光是一天的報紙，不表示將來所有的報紙都是指引長期的特別報紙，但是只要有幾份……。」

我腦海裡浮現美好的景象，但是這時護士走了進來，她說我們已經談了兩個多小時，她堅持要我離開，我們握握手，我轉身要走時，說了一些「好好保重」之類的空話。

突然間，湯瑪斯變得很嚴肅，他說：「喔，我還沒有談到上星期二我拿到的特別報紙中的其他消息。」

「對，你沒有談到。」

「那天，第二落第二版的『行情報導』專欄註明的日期是6月23日，就是下星期三，右邊有一個小啟，裡面說哈德遜公司十分難過地宣布他們敬愛的朋友和資深員工湯瑪斯去世。」

我瞪著他，嚇壞了，他也瞪著我，他的眉毛拱起來顯得很怪。

「你也看得出來，」他接著說：「除了看到特殊報紙之外，我所碰到最幸運的事情當然是上星期二的這次心臟病發。看到自己的名字和小啟情緒激動，很可能是我心臟病發的原因，但是我為了保證安全，已經要他們把我送回加護病房，我下星期一和下星期二，要再回到氧氣罩裡，到危險期過了才出來，我也請醫師下星期二隨時待命，我可不願意冒任何風險。」

我張口結舌，忍不住想到，既然沒有證據顯示他的買賣能夠

改變特別報紙下一天的價格，為什麼這次他認為自己可以改變《華爾街日報》上的消息？但是我能說什麼？我只能點點頭就離開了。

我早已計畫那個週末要去佛羅里達州，星期六我打電話到醫院時，護士告訴我，他已經回到氧氣罩裡去了，不能講電話。她用開玩笑的語氣說，湯瑪斯說不必擔心，但是……。我很擔心，隔天又打電話去，但是護士說他還住在加護病房裡，我要她請醫生打電話給我，但是醫生根本沒有打。

星期二晚上我擔心湯瑪斯，我睡得不好，隔天早上一早就起來，到車站時報攤已經開門，我翻到第二落的第二版，果然看到訃文，就在湯瑪斯所說「行情報導」專欄的右邊，但是訃文前一天晚上就可能發排了。

我還買了一份《紐約時報》，上面也有訃文，還附了一張舊照片，因此他確實已經過世。即使醫生在一旁待命，住在加護病房和氧氣罩裡，他還是不能改變報導他死亡的特別報紙上的訃文。

這一切已經經過好幾年，隨著時間過去，我開始猜想這一切會不會是湯瑪斯想像出來的。畢竟醫生說過，第一次心臟病發時，他的心臟停過，腦部可能有一些損害。或許他在幻想，但是，如果這一切都是他幻想出來的，他一定有一種很厲害的獨特見地。股市像大海一樣充滿神祕，而且「在午夜太陽之下，尋找黃金的人會做很多奇怪的事情」，誰知道呢。

我仍然每天在同一個報攤買《華爾街日報》，卻從來沒有碰到過那種「特別的報紙」。

Chapter 21
經濟學家兼避險基金專家——凱因斯

我們現在全都是凱因斯的信徒！

去年的某一個晚上，我在一場晚宴中坐在雷格梅森公司的米勒旁邊，米勒操盤的股票基金好像連續十一年打敗標準普爾五百股價指數，我們談到書，他提到他所看過最好、最有趣的書是史紀德斯基寫的三大本《凱因斯傳》。我深感興趣，也去買了書，雖然這套書花了我將近三個月的時間，才看完一千六百頁密密麻麻的文字，但是這本書確實讓我入迷，沉醉到我還另外再看跟凱因斯有關的書籍，因此這一章是根據好幾個來源寫的，不只是史紀德斯基的經典之作而已。

二十世紀最有影響力的經濟學家

這套書裡，第一冊《背叛希望1883至1920年》（*Hopes Betrayed 1883-1920*）、和第二冊《經濟救星1920到1937年》（*The Economist as Savior 1920-1937*）是我所看過寫的最好、最真實

的傳記，而且我要說，我看過很多傳記。第三冊《為自由而戰1937-1946年》（*Fighting for Freedom 1937-1946*）就有點拖拖拉拉。前兩冊描述聰明、苦惱、熱情又暴飲暴食的凱因斯一生大部分的經歷和奇特性格，但是其中的內容遠超過這些，還描述了英國仍然統治世界、維多利亞時代結束時的社會狀況，也記錄了世界各國在第一次世界大戰之後犯的錯誤，造成大蕭條、通貨緊縮和另一次大戰的慘劇。

　　凱因斯遙遙領先其他同儕，是二十世紀最有影響力的經濟學家，凱因斯學派經濟學把二次世界大戰後的世界，從大蕭條和通貨緊縮中拯救出來，在挽救西方不陷入社會主義和共產主義的功勞上，可能跟邱吉爾、羅斯福和雷根加起來的功勞一樣大。每一個認真的投資人都必須了解凱因斯學派的模式，因為這種模式是今天世界運作方式中密不可分的一部分。

　　但是這套傳記所談的東西遠遠超過歷史與經濟學，也深入描述同性戀與異性戀之間的熱情與感情。這套書改變了我對同性戀關係的看法。凱因斯在將近40歲以前，一直住在兩個世界裡。其中一個是前衛、帶著波西米亞風格、瘋狂亂交、知識性濃厚的布魯姆斯貝里藝文圈（Bloomsbury Group），這是十分深入的同性戀世界。布魯姆斯貝里藝文圈的成員包括藝術家葛蘭特（Duncan Grant）、哲學家羅素（Bertrand Russell）、著名的《維多利亞女王時代四名人傳》（*Eminent Victorians*）作家史特雷奇（Lytton Strachey）、詩人布魯克（Rupert Brooke）與小說家伍爾芙（Virginia Woolf）。歷史學家現在認為，布魯姆斯貝里藝文圈除了在文化上的影響外，也是終結維多利亞時代、永遠改變英國上流階級行為

的主要力量。

　　凱因斯打進的另一個世界是劍橋大學的貴族環境、英國財政部與國際金融領域。凱因斯不只是英國上流社會的成員而已；從出生開始，他就是自己所屬每一個上流團體，包括伊頓中學、國王學院（King's College）與著名祕密社團使徒團體（The Apostles）中的精英成員。他是智慧絕高、思想靈敏之至的貴族，是一位首相的至交，也是很多位首相的顧問。擔任全國共同人壽公司（National Mutual Life Society）主席時，他是英國寡占的金融業者的核心。大家對他抱著極高的期望，他5歲時，曾祖母寫了一段文字，告訴他：「我們期待著你成為智者……」

　　到將近40歲的時候，他深深愛上俄羅斯芭蕾舞者，而變成異性戀，結婚之後變得更為富有，最後受封帝爾頓凱因斯爵士（Lord Keynes of Tilton）。這位俄羅斯舞者叫做莉蒂亞・羅波克娃（Lydia Lopokova），身材纖瘦、相當平凡，她沒有什麼文化或知性氣息，經常亂用英文。但是她燦爛的笑容讓凱因斯一生都深深迷戀著她，逐漸疏遠一幫老朋友，讓布魯姆斯貝里藝文圈的人氣急敗壞。

　　這套書也深入討論投資之道，凱因斯是總體投資專家，是比瓊斯早一代的避險基金經理人，他在1920到1940年間，在有史以來最艱困、波動最激烈的資產市場中投資，而且賺到大錢。他投資績效的興衰起伏、操作方法的演變和投資遠見都令人神往。奇怪又讓人安心的是，他雖然是天才分析師，又有深入專注的能力，但是在他高度成功的投資生涯中，卻有三次幾乎傾家蕩產。然而，身為讀者，可別被某些章節中、偶爾出現的學術性與經濟

學氣氛濃厚的內容嚇退，只要聰明地跳過去，看這本書的經驗會讓你更為充實，值得你花這些時間。

凱因斯傳作者史紀德斯基從1983年開始，花了二十年時間，寫了這三本人物傳記作品，史紀德斯基本人是極為優秀的經濟學家，能夠描述、也能分析凱因斯的思想與經濟理論。史紀德斯基毫無保留，我指的是真的完全沒有保留。他探討了凱因斯的同性戀、變化極為激烈的情緒以及投資時的大起大落。他也把布魯姆斯貝里藝文圈成員來往的情書寫進書裡，描述了凱因斯和莉蒂亞走上肉體與社會幸福之路時，所經歷的種種困難。這套傳記絕不是情色文學，但是極清楚地揭露了一個十分複雜、敏感、好色男性的心靈，同時也是經濟學論著和絕佳的愛情故事。

少年時期天才橫溢

少年時期的凱因斯長得相當高、舉止卻相當笨拙，沒有什麼特別的運動天分。他的嘴唇突出，因此遭到欺負和嘲笑，得到「豬嘴」的外號，他開始相信自己的體態沒有吸引力，說話也變得結結巴巴。史紀德斯基認為，這種早年的煩惱使他在兒童時期就努力用腦，而且這種需要發揮和接受愛心的核心需求，主導了他的一生。他總是熱愛閱讀，到了12歲，他的智力表現讓他高人一等，大家不再欺負他。進入伊頓中學後，他的學業成績讓師長和同學讚嘆，快要從伊頓中學畢業時，他迷上了古代的遊戲，尤其是伊頓式對牆踢球的足球，這時大概是他一生中最後運動流汗的時期。

到1890年代末期，英國著名的公立學校經過一番改革，變得更有結構、管理更好，沒有早年那麼野蠻，不過小男孩住在像小說《蒼蠅王》中描述的那種封建社會裡。例如，伊頓中學不准學生戴眼鏡，因此近視的男孩不能玩球類遊戲。伊頓是封閉的男性社會，男孩沒有機會跟女孩建立任何關係，同性戀很盛行，凱因斯跟幾個男孩有過長期關係，跟一位主教的兒子、也是凱因斯在學業上的主要競爭對手的關係最激情。因此等到凱因斯進入劍橋大學時，他已經非常迷戀跟男孩建立親密的社交與身體關係。

凱因斯從伊頓畢業時，成績極為優異，進入劍橋大學國王學院後，仍然繼續保持絕佳的成績。國王學院跟伊頓中學沒有太大的不同，凱因斯在這裡嶄露頭角，他的學業成績和天資讓每個人都覺得驚訝。才上第一學期，就被吸收進入精英祕密社團使徒團體，當時這是罕見的殊榮。在這個社團他認識了劍橋的才智之士，也讓他的生活分成兩部分，一部分沉迷在哲學、美學、知識交流和同性戀愛中，另一部分致力學習，研習政治與實務。前一部分的重要性高高在上。使徒團體的傳統與祕密性培養一種精英優越感，會員彼此發展出親密的關係，會員的標準是「天資極為聰明，極為超凡脫俗」。

使徒團體總是充斥著同性戀男性，凱因斯在劍橋大學後幾年最好的朋友和愛侶是史特雷奇，因為兩個人都愛上大一新鮮人何布豪斯（Arthur Lee Hobhouse），兩個人的關係因為爭奪何布豪斯的歡心而破滅。史紀德斯基指出，凱因斯和史特雷奇在成長過程中，都認為女性的身心比較差勁。「他們認為，在道德上，愛年輕男性比愛女性更高尚、更充實。」他們把這種情形叫做比較高

等的肛交，而且相信未來的世代會把他們當成先驅，而不是當成罪犯。有趣的是，二十世紀之初，也就是維多利亞女王登基五十年的金禧年時，大英帝國開始衰微，英國像極多的其他古代王朝一樣，同性戀十分盛行。

使徒團體是劍橋大學的一個社團，歷史可以回溯到1820年。1904年，使徒團體在倫敦設立分會布魯姆斯貝里，容納沒有上劍橋大學的新血、甚至招攬一些女性會員，使這個團體蓬勃發展。布魯姆斯貝里藝文圈甚至比使徒團體還開明，會員輕視女性、重視感性與色性。布魯姆斯貝里藝文圈對視覺藝術、設計和文學，採取支持的新態度，輕視有組織的宗教，不肯認真看待宗教。他們嘲笑維多利亞時代的生活方式、傳統的異性戀關係，大力反戰，一心一意推動文化與性革命，認為文化跟道德、民主、愛國、科技、社會正義或行動的一生沒有關係。他們指出，行動是不能熱愛的人才會患的病。凱因斯本人鄙視政治，認為政治只不過是「相當適於取代橋牌的東西」。

隨著時間過去，布魯姆斯貝里藝文圈演變成一種集體生活型態，包括廣泛的同性戀、雙性戀，以及史紀德斯基所說的「性愛走馬燈，朋友變成愛侶，然後又恢復朋友的身分。」會員來來去去，尋找和利用俊俏的年輕男性，似乎沒有人在工作，但是期望會員有創意，大家熱烈討論一番後，就忘得一乾二淨。每天晚上的遊戲和猜謎遊戲中，充滿了雙關語、諷刺與政治暗示。大家永遠搞不太清楚誰睡在哪個臥房，或是跟誰睡在一起。據說布魯姆斯貝里藝文圈的會員鄙視嫉妒，認為嫉妒是平民百姓的感情，但是凱因斯當時摯愛的人拋棄他，轉投另一個男人的懷抱時，他的

信裡卻展現深情無限。史紀德斯基寫到，凱因斯第一次十分投入的戀愛，可以回溯到劍橋大學時跟何布豪斯的感情，隨後的二十年裡，他有過幾次認真的戀愛，也有相當多的尋歡作樂。這幾次戀愛中，最強烈的一次是跟娛樂藝術家葛蘭特的戀愛，兩人的戀情從1908年延續到1915年，其中充滿了創傷與折磨，幾次分分合合，感情卻極為熾烈。史紀德斯基認為，凱因斯總是崇拜「內心正直、外表卻需要保護的藝術家。」兩人的愛情結束時，凱因斯心神俱碎，雖然他後來有過很多愛侶，在遇到莉蒂亞之前，他在情感上從來沒有找到一位真正能夠取代葛蘭特的人。

成為政治思想家

　　凱因斯遇到莉蒂亞之前，使徒與布魯姆斯貝里藝文圈是凱因斯個人生活的重心，他喜歡這兩個團體的成員，因為在他看來，在魔法花園中玩耍、聰明又有創造性的他們就是文明的象徵。隨著時間過去，他接下管理會員投資的責任，會員深愛他的絕頂聰明、躁動的心靈與想像力，對他游移不定的眼神也覺得好笑。然而，他們不斷嘲笑他沒有過真正熱愛藝術與美學的生活。他喜歡行動、喜歡男歡女愛，幾乎等於背叛了布魯姆斯貝里藝文圈的理想。會員特別反對他在英國財政部的角色，也特別反對他參與第一次世界大戰後的和談，說他俗氣、喜歡操縱別人而且盛氣凌人，批評他粗魯下流、尖酸刻薄、喜怒無常。

　　這是他的感情世界，在另一個世界裡，也就是在英國政府和劍橋大學的世界裡，兼具知識分子、政治思想家和經濟學家身分

的凱因斯權勢日盛，不管是欣賞還是批評他的人，每個人都佩服他專注之至又絕頂聰明的驚人力量。1908年，他參加公務員考試，成績排名全國第二。「我希望認識第一的人。」伍爾芙說凱因斯這樣告訴她。財政部給他一個官位，1910年，他向教書的劍橋大學請長假，到英國財政部工作。他喜歡發現統計上的關係，1912年，他寫信給葛蘭特說：「除了性之外，沒有什麼東西這麼吸引人。」

第一次世界大戰結束後，他奉派參加巴黎和會，擔任英國財政大臣的副手。他坐在談判桌正中央的第二排，大聲疾呼懲罰德國只會造成經濟慘劇和激化德國。然而，他只是副代表，無力地看著法國的克里孟梭（Georges Clemenceau），巧妙地壓倒美國總統威爾遜，合乎人道的正常議和條約變成了充滿報復精神的一張紙。

1919年，他因為不滿和會的結果，對政客失望憤而辭掉公職。隨後在同一年裡，出版了《和平的經濟後果》（*The Economic Consequences of Peace*），文中充滿怒火和預測，這本書變成國際暢銷書，讓他名滿全世界。熊彼德（Schumpeter）描述凱因斯和這本書時說：「在具有同樣遠見、卻比較沒有勇氣的人，以及具有同樣勇氣、卻比較沒有遠見的人沉默無聲時，只有他打破了這一片沉寂。」凱因斯寫道，同盟國的要求沉重之至，德國會永遠無法從貧窮中翻身。他說對了，結果是希特勒崛起。

凱因斯與避險基金

　　同時，隨著學問增長，他也逐漸成熟，變得比較合乎傳統。凌厲的銳鋒逐漸磨平，餐桌禮儀改善，服飾也更得體，卻從來沒有真正放寬傲慢對待愚蠢之徒的態度。他對文化的興趣也開始擴大，1918年，德軍炮火還隆隆作響之際，他在巴黎的一場恐慌拍賣會中，以超低的價格為大英博物館買到柯洛（Corot）、馬奈（Manet）、高更、德拉克洛瓦（Delacroix）和安格爾（Ingres）的五幅名畫，也為自己買了塞尚、德拉克洛瓦與安格爾的各一幅精美畫作，開啟了報酬十分豐厚的收藏生涯。

　　凱因斯大約從1915年開始，從事股票與外匯投資，在第一次世界大戰後的投資熱潮中，他放空英鎊對美元、但是作多英鎊對德國馬克、法國法郎與義大利里拉賺了大錢。在優異成績鼓勵下，1919年下半年，他跟朋友兼經紀商福克（Foxy Falk），合創了一檔大致上可以稱為避險基金的基金。福克是經驗豐富的投機客，跟凱因斯大不相同，長得虎背熊腰、英俊瀟灑、也很會打高爾夫球。他們募集了金額相當大的資金，匿名合夥人包括凱因斯的父親、連襟、葛蘭特、使徒及布魯姆斯貝里藝文圈的其他成員。這檔基金從1920年1月1日開始操作，到2月底，淨值已經成長20％以上，到3月和4月，投資績效停頓不前，因為英格蘭銀行突然提高利率，造成他放空英鎊對美元的部位虧損，抵銷了其他部位的獲利。

　　那年春天，凱因斯已經變得相當傲慢，因為他率領包括愛侶葛蘭特在內的一群投資人到義大利旅遊六星期。旅遊的高潮是參

加一場盛大的晚宴，晚宴是由美國一位富豪藝術收藏家舉辦，目的是要把著名的英國經濟學家凱因斯介紹給佛羅倫斯的社會名流。凱因斯和葛蘭特認為，如果葛蘭特假扮凱因斯，胡說八道經濟學廢話一番，凱因斯假扮葛蘭特，對主人的藝術品收藏評頭論足，一定是相當有趣又實際的玩笑，惡作劇後來被揭穿時，賓主雙方顯然都十分不高興。

凱因斯在義大利愉快旅遊之際，世界開始崩潰，戰後的繁榮突然中斷，隨後的半年裡，英國的失業率從4.5％，激升到超過20％；躉售物價開始大跌45％，工資和零售價格很快跟進。凱因斯回到倫敦一週後，他的基金陷入嚴重困境，歐洲貨幣似乎毫無來由地對英鎊反彈，雖然反彈期間相當短暫，卻漲到足以把凱因斯利用大量融資的基金虧光，凱因斯個人的虧損是他先前從英鎊部位中所獲利益的3倍以上，他還欠經紀商一大筆錢，現在他的財產變成負債。令人詫異的是，布魯姆斯貝里藝文圈的投資人沒有責備凱因斯，他們對凱因斯的財務操作天分從來沒有失去信心，隔年他成立新基金，最後把他們的虧損和自己的財富全部賺回來。

1920年代，凱因斯在劍橋大學教書，擔任財政部顧問，也發表演講、寫書和寫文章。1921年，他出版《貨幣改革論》(*The Tract on Monetary Reform*)，主張管理貨幣和穩定的價值本位。物價蠢蠢欲動時，中央銀行必須降低利率，物價有下跌傾向時，必須提高利率。他說，通貨膨脹造成的最大損害是改變財富的分配。通貨緊縮的傷害起源於妨礙財富的生產。「因此通貨膨脹不公平，通貨緊縮不明智，這兩種情況當中，如果我們排除德國那

種嚴重之至的通貨膨脹，通貨緊縮比較糟糕，糟糕的原因是在變窮的世界裡，通貨緊縮會造成失業，而不是讓靠利息過活的人失望而已。」後來到了大蕭條時期，失業率飛躍上升，他改變了主意。他在這本書裡，把金本位說成是「殘忍的遺風」，也說了一句著名的話，就是「長期對當前事務來說是個誤導。長期來說，我們都死了。」

婚姻讓他成為偉大經濟學家

他的個人生活在1920年代也急遽變化，1918年，凱因斯初次為莉蒂亞神魂顛倒時，莉蒂亞是遊歷經驗豐富的俄羅斯舞者兼女演員（幾乎就是歌舞女郎），莉蒂亞比凱因斯小8歲，根據所有的記錄，她是相當平凡、身材苗條嬌小又結實的人，鼻子高聳。她也有丈夫、愛人和複雜的過去。凱因斯從一開始就迷戀上她「像農人一般的魅力」，但是隨後的四年裡，兩人的戀情時斷時續。有一陣子，莉蒂亞回到俄國，跟丈夫、愛人和其他情人切斷關係。到1922年中，她和凱因斯熱戀情濃，但是奇怪的是，凱因斯並沒有放棄最新的同性戀愛侶塞巴斯笛安（Sebastian）。但是在隨後的幾個月裡，他跟莉蒂亞的肉體關係大有進展，到1924年，兩人終於結婚。傳記裡刊出兩人之間最親密又露骨、動人的情書。「你高明地啟發了我的智慧，親親凱因斯，」她寫給他的信裡說：「我極為高興跟你住在一起，深深了解你的小洞、靈魂、呼吸和熱吻。」莉蒂亞的柔情引導凱因斯進入異性性愛的世界，從此凱因斯沒有再重回過去的天地，兩個人似乎對彼此過去的胡亂交往一

點都不在意。

史紀德斯基認為，凱因斯跟莉蒂亞結婚是改變他一生的重要大事，我同意這一點。布魯姆斯貝里藝文圈太怪異（太好色），不可能是凱因斯式政治經濟學革命的跳板。一個成熟的男人不管多聰明，走在劍橋大學的校園裡，有時還會隨地小便，這樣一個以同性戀、好色與濫交聞名的人，是否可能領導世界經濟管理革命？王爾德畢竟是因為這種行為，才被關進監牢裡，而且凱因斯在倫敦的女房東曾經暗示要勒索他。此外，凱因斯可能很粗魯、高傲而且愛諷刺人。一位同事抱怨他運用聰明才智時「太無情……，從來不知道收斂。」才智不如他的人感情經常受到傷害，另一位經濟學家指出，凱因斯用「無數的機智、任性、粗魯和肆無忌憚又敏捷之至的論證」，把他羞辱到流下淚來。

要真正被人認為是文明的經濟救星，凱因斯必須用更傳統的面貌面對世人。莉蒂亞在情感和肉體上，也給了他比較穩固的基礎。凱因斯一生都在追尋愛情與親密關係，但是他對過去的關係卻始終沒有信心，跟莉蒂亞在一起，他在感情和肉體方面都變得更有安全感。婚姻使凱因斯變得溫柔，讓他變得更像人，更合乎傳統，不再那麼怪異，也不再那麼才氣逼人。不論是環境還是莉蒂亞的功勞，婚姻解放了他的創造力，開啟了他最有生產力的歲月。

大蕭條時期的投資

凱因斯幾乎像每個人一樣，沒有預測到1929年的華爾街大崩

盤，也低估了大崩盤對美國與世界經濟的影響。他在1920至1922年間的蕭條期間，體會到廉價資金的用處，使他認為廉價資金可以再度發揮功效。1929年底，他預測降低利率應該會重振全世界經濟，商品價格短期之內就會回升。結果1930年代一般物價水準嚴重崩潰，壓倒了廉價資金的任何效用，雖然名目利率下降，實質利率卻上升。這些事件動搖了凱因斯相信貨幣政策可以解救經濟衰退、以至通貨緊縮的信念。降低利率不夠，政府必須推動財政政策，為消費者輸血。日本（中央）銀行和大藏省到了1991年代，再次學習了這個教訓。

大崩盤期間，凱因斯在1920年代積聚的財富遭到沉重打擊，但是原因倒不是他擁有美國股票。到1920年代末期，他已經從事商品投資很多年，相當成功也變得相當富有。1929年初，他作多橡膠、玉米、棉花與錫，突然間價格崩盤，他在商品投資上的虧損迫使他開始在跌勢中賣股票，以便應付融資追繳。接著商品進一步下跌，他嚴重受傷。到1929年底，他的財產所剩無幾，只有一些零星財富和奧斯汀汽車公司龐大的部位，這家公司的股價卻從年初的21便士跌到5便士。跟最有錢的時候相比，他的財產驟減75％，到1930年代還進一步減少。

當時他經營的避險基金情況好多了，他再度跟福克合作，卻把投資人的資金分為兩部分，因為他發現這樣做判斷可以更精準。1929年時，凱因斯操作的部分淨值下降15％，但是福克的部分遽減了63％。不幸的是，福克在1928年看空，而且在1929年夏季，他不理會凱因斯的建議，逕行重回美國股市。最後他被迫出售自己在鄉間的住宅，莉蒂亞說他活該倒楣。一年後，凱因斯極

度缺乏現金，甚至想賣掉自己收藏的最好畫作，卻因為出價實在太低又收了回來。這一切顯示在重大的實質與金融資產長期空頭市場中，沒有什麼東西可以倖免。個人的關係在艱苦時期也會出差錯，福克和凱因斯的長期友誼和合作也發生變化，福克迫切需要現金，必須賣掉鄉間住宅時，還遭到莉蒂亞嘲笑。隨著大蕭條進一步發展，跟其他人的友誼也變壞。同樣的情形在今天的避險基金天地裡也一樣，錯誤的行動、歧見與虧損會破壞人與人之間的各種關係，但是處在順境時，這一切似乎都好比永恆。

1931年9月，凱因斯在重大長期空頭市場即將觸底時，寫了一份備忘錄，探討他擔任董事長的國家共同保險公司未來的投資政策。有些董事主張拋售股票，但是他認為「激烈出清是錯誤」。他的備忘錄清楚說明了機構投資組合管理中的一些典型兩難，其中的重點如下：

- 通貨緊縮的趨勢遲早會導致極廉價的資金。
- 有些我只略為了解的事情，例如世界末日，是無法避免的風險，擔心也沒有用。
- 如果我們退場，維持現在這種心態，那麼我們在時機已經晚之又晚之前，絕對不會再度進場，經濟復甦時，一定會把我們拋在後面，如果經濟永遠不復甦，一切都無關緊要。
- 從我們的信用之類的觀點來看，經濟復甦我們卻沒有參與，會變成我們所能想像到最可怕的事情。
- 投資機構爭相出脫、加重空頭市場走勢的後果，讓我遲疑不前，這時從本質來看，正常的出脫都不可能……，而且

會導致整個系統崩潰。我相信有時候人應該留在隊伍裡，不應該設法插隊。

大崩盤時的挫敗改變了凱因斯個人的投資方法。1920年代時，他認為自己是合乎科學的賭徒，依據景氣循環從事外匯與商品投資。他知道融資很危險，卻認為自己行動夠快，可以逃避任何慘劇。有一次，行情下跌，他甚至必須接受一個月供應量的阿根廷小麥交貨。他計畫把小麥放在國王學院的小教堂裡，但是最後他想出一個計謀，針對小麥品質提出異議，他知道澄清品質問題要花一個月的時間。幸運的是，這時小麥價格已經回升，給了他機會逃脫。然而1930年以後，他認為這種作法「吃力不討好」，因為碰到突發事故的「極度不確定性」時，理性分析可能失靈。大崩盤之後，他專心投資價值可以確定計算的股票，操作起來非常像價值型長期投資專家，然而他總是利用融資以提高報酬率。

1930年代股市起起伏伏，凱因斯下定決心，遵循投資人恐慌、價格下跌時買進而非賣出的投資哲學，這樣做是跟群眾心理反其道而行，買進價值低估、經營健全、業務興隆卻不受歡迎的公司。他也下定決心，讓自己的投資組合只容納少數幾檔他做過細心研究、也最鍾愛的股票，無論情勢如何都堅定地緊緊抱著，減少交易次數。1932年，他買進美國股票，尤其是大型公用事業公司的特別股，他的分析顯示，這些股票的價格遠低於公司真正的價值。南非放棄金本位時，他買了老朋友經營的一家南非金礦公司股票。1930年代，物價極度低迷時，他也投資藝術品、手稿

和善本書，買進之後就緊緊抱著，操作也非常成功。

雖然他有心改好，其實根本沒有改變過投資風格，他總是在金融市場中從事投機性的積極投資。他似乎不知道，自己利用融資以及價格下跌時碰到的焦慮，跟他新發展出來的買進長抱投資策略衝突。他也不善於看出非理性榮景與市場頭部，在1937至1938年間的空頭市場中，再度遭受嚴重打擊。

重大賽局與賭博天性

凱因斯這麼積極地投資，是因為他需要收入嗎？記錄顯示，他靠著投資以外的收入，就可以過得相當舒服，但是不能像他所喜歡的那麼奢華。他也喜歡重大賽局的挑戰，他在最重要的著作《就業、利息與貨幣的一般理論》（*The General Theory of Employment, Interest, and Money*）中，寫了一段啟發人心的文字。「對於完全沒有賭博天性的人來說，專業投資是無聊之至、負擔過於沉重的遊戲；然而有賭博天性的人必須為這種性格付出應有的代價。」凱因斯喜歡投資遊戲，因為投資讓他的頭腦和直覺可以跟市場競爭。他說得對，如果你不喜歡，這種遊戲確實無聊之至、負擔沉重，我知道很多投資專家不是真正喜愛這種遊戲，而且毫無例外的，他們頂多只是投資老手而已。說到融資與焦慮，凱因斯知道個中滋味，因為他有三次都為了利用融資，付出高昂的代價，一次是在1920至1921年間，一次是在1928至1929年間，另一次是1937至1938年間。

婚姻幸福的凱因斯踏進1930年代後，生活型態和性格變得

更合乎傳統。同時他的著作也更有創意、更具影響力。1936年，《就業、利息與貨幣的一般理論》出版後，發揮了重大影響，大家期望經濟學家當勇於行動的人，而不只是注重空談的知識分子。1930年代的世界亂得可怕，經常遭到蕭條、通貨緊縮和可怕的通貨膨脹摧殘。極為嚴重的經濟困難使社會激烈動盪，動搖歐洲各國基本結構，甚至是動搖美國基本結構的根本原因，凱因斯在《和平的經濟後果》一書中，曾經提出這種警告，現在世界可以說是惡有惡報。凱因斯在新作中處理的問題是：承襲自過去的經濟方法是否能夠解決跟過去大不相同的所有新弊病。

他的答案是絕不可能！此外，凱因斯提出強而有力的樂觀觀點，摧毀世界經濟與社會體系的力量不是邪惡勢力，而是差勁的經濟管理，以及愚蠢奉行他所說「古典理論的過失原則」。他寫道：「自信相當不容易受到知識性影響的務實派，通常是一些死亡經濟學家的奴隸。聽到空中傳來各種聲音的掌權狂人，從幾年前一些三流學術專家身上，過濾出自己的瘋狂思維。」

這本書引發極端的爭議和極高的讚揚，哈佛、耶魯和劍橋的年輕經濟學家熱情擁抱這本書，而注重傳統的前輩看到自己的宗教遭到攻擊，對其中激烈的偏方深感不安，稱之為異端邪說。皮古（Arthur Pigou）說：「我們看到一位藝術家對著月亮射箭，不管他的箭術如何，我們可以欣賞他的精湛技藝。」薩謬森（Paul Samuelson）十年後寫道：「這本書寫作差勁、結構不佳……，帶有傲慢、暴躁與好鬥的風格，感謝啟事也不夠寬厚……，書中有很多不實的發現和混淆……，乏味的代數中間閃現著不少遠見與直覺，等到最後終於看懂這本書時，我們發現其中的分析清楚而

新穎。簡單地說，這本書是天才的傑作。」

　　這本書強烈主張利用財政赤字，推動通貨再膨脹，凱因斯認為，成熟的資本主義經濟體只能靠著政府支出的協助，維持充分就業的目標。經濟衰退時，政府應該刻意推動赤字支出，填補民間需求的角色，政府預算的目標不應該只是追求健全的財政收支規畫，而是要當成安定國家經濟的重要工具。赤字與剩餘應該用來調節經濟成長。他說赤字不見得不好，很多人把這一點看成異端邪說。他敦促政府推動就業計畫，以便提高所得、刺激需求。這個構想引發了激烈的爭議，讚佩他的人把這個構想稱為掩埋垃圾方案，批評他的人卻稱之為胡說八道的垃圾。

　　如果財政部在舊瓶子裡裝滿鈔票，再把瓶子埋在荒廢煤礦的適當深處裡，然後用都市垃圾回填到地表高度，再讓民間企業根據歷經考驗的自由放任原則，把鈔票再挖上來……。應該會消除失業，在這種有利影響的協助下，這個社區的實質所得以及社區的財富，應該會變得遠超過現在的水準。

　　凱因斯的思考過程和分析當然受到蕭條影響，他把蕭條和世界性通貨緊縮的大部分成因，歸咎於沒有花用的儲蓄，也就是節儉的矛盾。「我們愈有道德，愈決心過節儉生活，國家與個人財務愈堅持正統方式，跟資金的邊際效益相比，利率上升時，所得下降愈厲害。」在健全的經濟中，一定要有持續不斷的投資。他寫道，古埃及要蓋金字塔，又要找貴金屬，等於是加倍幸運，「這兩件事情的結果因為不能拿來消費，不能滿足人類的需求，

因而不會因為過多而腐壞。」中世紀蓋大教堂和為死者唱彌撒也是同樣的道理。但是他說，兩座金字塔、兩首輓歌會有兩倍的好處，「但是從倫敦到約克郡蓋兩條鐵路就不是這樣。」關鍵在於過多而腐爛。

《就業、利息與貨幣的一般理論》建立了現代總體經濟學，而且實際上，這個領域中的所有後續研究都出自這本書。羅斯福總統的智囊團直覺了解其中赤字支出刺激需求與就業的觀念。新政（New Deal）的信徒認為，凱因斯學派經濟學是新政的基礎，把美國經濟從大蕭條中拯救出來，恢復充分就業，進而促成世界復原。懷疑論者認為，重振世界元氣的是第二次世界大戰，不是凱因斯學派經濟學。

凱因斯認為，在富裕的社會裡，人民偏愛儲蓄，資本投資應該不足以維持成長，他對1930年代的出生率下降也覺得悲觀，因此擔心「長期停滯膨脹」，也就是成熟的經濟體無力維持經濟復甦。這兩個問題今天仍然困擾歐洲。

日本出生率遽降，造成大家對日本的前途長期極為悲觀，會不會就是十五年艱困時光的函數？凱因斯並沒有盡量減少大蕭條的惡性循環，1933年，美國總統羅斯福就任時，他評論說：「即使是我擔任美國總統，也幾乎不敢想像自己知道該怎麼辦，不過事到臨頭時，我猜想我應該知道。」事實上，凱因斯1933年寫了一封公開信給美國總統刊在《紐約時報》上，主張政府利用貸款，融通支出，增加國民的購買力，換句話說，就是主張掩埋垃圾方案。

《一般理論》一書也包括凱因斯對股市最高明的看法，他在書

中把股市比喻為想像中由報紙主辦的選美，猜出照片中哪張臉孔會被評定為最漂亮女性的參賽者，會得到鉅額獎金。

　　這種情形不是根據自己最明智的判斷，選出真正最漂亮的女性，甚至不是選出大家真正認為最漂亮的女性。我們已經昇華到第三級，把智力用在預測一般人認為別人會有什麼看法。我相信有些人從事第四級、第五級和更高級的操作。

　　1930年代，凱因斯在知識和財富方面功成名就，以今天的標準來看，他身為學者、演說家和作家，所得相當少，一年頂多大概是二十萬美元。他靠著堅定立場，在價格崩盤時買進鍾愛的股票，神奇地賺回了自己的財富。到1929年底，他已經把大部分的資本虧掉，但是到1936年，他的財富增加到超過五十萬英鎊，大約等於今天的四千五百萬美元。1930到1936年底這段期間裡，美國股市上漲了3倍，英國市場幾乎沒有什麼動靜，他的財產卻成長了23倍。他為劍橋大學幾個學院的捐贈資金和幾家保險公司操作的投資組合，也遠遠勝過指數和類似的投資機構。他管得愈多，投資組合的績效愈好。因此，他抱怨自己花了太長的時間去說服保險公司的投資委員會，讓他們認識股票的好處，當他們終於醒悟時，一切為時已晚。

1930年代末和二次世界大戰期間個人與財富上的折磨

　　凱因斯在1937年中心臟病發作，1937年底到1938年爆發另一

次嚴重的空頭市場，對他的復原沒有幫助，英國與美國經濟突然間再度陷入衰退，戰雲籠罩歐洲。1937年11月，主要市場股價暴跌，凱因斯在紐約與倫敦大舉投資，大量利用融資，隨著投資組合下跌，他的健康也惡化，他希望堅持自己的哲學，緊緊抱住他最鍾愛的股票，卻受到融資傷害。「我還沒有走到變成空頭的地步，」那年9月，他寫信給朋友說：「但是身為靠著融資操作的多頭，我遠比以前有規律多了，要讓融資略為下降，一定是繁瑣而困難的過程。」我們這批經營避險基金的人對於他的痛苦，一定可以感同身受！

1937年10月21日，凱因斯寫道：「……，我的預感是價格現在一定已經接近底部。」九天後，華爾街再度暴跌，到了隔年，股價盤旋走低，他承認為了減輕債務，即使必須賣掉績優股也是理智之舉。到1938年底，他的資本萎縮到剩下十四萬英鎊，比1936年底減少了62％，而且因為當時市場已經反彈，他在底部時的虧損一定更大。這是他第三次幾乎虧得一乾二淨，他經常對莉蒂亞抱怨心情低落、神經緊張。隨後的歲月裡，尤其是在第二次世界大戰期間，他的投資變得沒有這麼積極，但是投資組合變得更偏重股票。他可能永遠無法抗拒股票有趣的題材。1946年他去世時，投資組合的價值大約為四十萬英鎊，以今天的購買力來計算，大約是三千二百萬美元。他也有藝術品和善本書的收藏，價值大約為八萬英鎊。換句話說，他的財產似乎一直沒有回升到1936年底所創造的高峰。

1938年，空頭市場仍然大行其道，甚至還處在療傷止痛期間，凱因斯發現自己地位尷尬，必須向自己擔任顧問、同時遭到

嚴重虧損的機構投資委員會，說明他偏重股票有理。「我在市場接近底部時，仍然持有股票，一點也不覺得難過，我甚至會更進一步，我應該經常想到，認真投資人的責任是鎮定地接受持股貶值，不責備自己。」即使在 1940 和 1941 年最黑暗的時刻，凱因斯仍然相信英國和美國會戰勝，戰後的世界如果經過適當組織會繁榮發展。如果不是這樣，保險公司是否擁有股票，就不會有任何差別，國家共同保險公司董事長和董事覺得這種說法怪異，凱因斯憤而辭職。

大戰期間，凱因斯的心臟病偶爾會發作，但是他在財政部有一間辦公室，還有一些職員，戰後他出任英國對美國談判的代表，這段期間他過得很辛苦，他身體孱弱，莉蒂亞又限制他的時間。他不喜歡摩根索（Henry Morgenthau），認為美國對英國的要求太嚴厲。凱因斯堅決主張英國獨力拯救了世界，在這種過程中變得民窮財盡，英國經濟已經崩潰，瀕臨階級戰爭的邊緣，最後凱因斯的主張獲得勝利。

1944 年 7 月，代表美國財政部的懷特（Harry Dexter White）、凱因斯和眾多官員，在新罕布什爾州布瑞頓森林集會，要為戰後的世界經濟締造新秩序。凱因斯主張，1914 年前，英格蘭銀行巧妙管理國際貨幣制度達五十年之久，世界貿易蓬勃發展。第一次世界大戰後，英國變得積弱不振，不能再扮演這種角色，留下了真空狀態，危害貿易與匯率。他指出，必須創造新制度，使戰後的世界免於陷入停滯膨脹與通貨緊縮。凱因斯與懷特以固定匯率、美元與固定金價，創造了世界新秩序，也創造了世界銀行（World Bank）與國際貨幣基金（International

Monetary Fund）。隨後的二十五年裡，他們的模式配合馬歇爾計畫（Marshall Plan），創造了驚人的成就。1930年代實質衰退的世界貿易在這段期間裡，每年成長7％以上，同期內，世界工業生產每年複合成長5.6％。在終結大蕭條最後階段方面，凱因斯和懷特大有功勞。

諷刺的是，他們兩人彼此討厭，凱因斯已經變成爵士又是英國貴族，認為懷特頑固、粗魯，他曾經寫道：「他連最粗淺的文明行為觀念都沒有。」懷特在背後提到凱因斯時，稱他「皇家大人」。凱因斯有一次回答問題時，說懷特是「怪人」。懷特的反擊等於是說他反對被同性戀怪人叫做怪人，兩人都有有愧於心的祕密（懷特是蘇聯間諜），但是實際上，兩個人密切合作且成果驚人。

凱因斯的遺澤長存，甘迺迪當選美國總統後，第二代凱因斯學派經濟學家出人頭地，在政府與國際機構發揮影響力，管理世界經濟很多年。凱因斯為經濟弊病開出的處方變成了特效良藥，呼風喚雨的程度從1965年傅利曼（Milton Friedman）著名的讚語「我們現在全都是凱因斯的信徒」中，完完全全表現出來了。

凱因斯1946年因為癌症病逝，得年只有63，他的愛侶、親信以及一生最後二十五年中有時候當他護士的莉蒂亞，又活了三十年。少了凱因斯的知性刺激，她的活力逐漸消失，隨著時間過去，她恢復俄羅斯農民的簡單生活方式，遺世獨立，完全活在過去。

我在這本書裡，設法描繪今天避險基金天地中很多傑出、怪異的角色，但是凱因斯讓他們全都相形見絀，避險基金專家應該會喜歡和欣賞凱因斯，只是不知道他又會如何看待現今的我們？

這才是一個傳奇！

後記
我只能說祝你好運！

對我來說，投資的藝術成分遠遠超過科學，量化派的信徒大概不會同意。智慧、經驗、勤勉、歷史知識、開放的心胸和執著的天性，全都是操作避險基金成功的重要元素——還包括直覺、想像力、彈性，可能也包括一點點透視眼。這些性格你應該怎麼搭配，怎麼樣才是最適當的組合，就不是我所能回答的了，模式當然不會只有一種。

投資之道並不簡單扼要，在我看來，投資成功跟年齡沒有關係。憤世嫉俗的老蕭伯納（George Bernard Shaw）說過：「人的智慧跟經驗不成比例，但是跟人掌握經驗的能力成比例。」我在書裡設法說明投資沒有對照表，只作多的投資人或避險基金專家也沒有單一的模式，但是我的確認為，投資專家想要成功，必須喜歡知識性的競爭，從中得到鼓勵，而且要能夠應付壓力和逆境。這種遊戲不適合柔弱無力的人，也不適合在知識上懶散的人。貪心的動機和心性不足以成事；你希望自己的投資經理人真正愛上這種複雜的遊戲，沉迷其中。然而，我所描述的這種遊戲顯然消磨了業界一些最盡心盡力的信徒，業餘人士在尋找投資經理人時，必須注意戰鬥疲勞的跡象。

避險基金經理人難為，要利用避險基金經理人也大不容易，我只能說祝你好運。

國家圖書館出版品預行編目資料

華爾街刺蝟投資客：避險基金教父的另類投資經，帶你了解與交易市場緊密
結合的人性!/巴頓‧畢格斯（Barton Biggs）作；王柏鴻譯.-- 二版.-- 新北
市：大牌出版：遠足文化發行, 2016.10
　　面；　　公分
　　譯自：Hedgehogging

　ISBN 978-986-5797-87-4(平裝)

　1.基金 2.投資

563.5　　　　　　　　　　　　　　　　　105015686

華爾街刺蝟投資客

避險基金教父的另類投資經，帶你了解與交易市場緊密結合的人性！

Hedgehogging

作　　　者	巴頓‧畢格斯
譯　　　者	王柏鴻
副總編輯	李映慧

總 編 輯	陳旭華
電　　　郵	ymal@ms14.hinet.net

社　　　長	郭重興
發行人兼 出版總監	曾大福
出　　　版	大牌出版 / 遠足文化事業股份有限公司
發　　　行	遠足文化事業股份有限公司
地　　　址	23141 新北市新店區民權路108-2號9樓
電　　　話	+886- 2- 2218 1417
傳　　　真	+886- 2- 8667 1851

印務主任	黃禮賢
封面設計	白日設計
排　　　版	極翔企業有限公司
印　　　刷	成陽印刷股份有限公司
法律顧問	華洋法律事務所 蘇文生律師

定　　　價	400 元
初版一刷	2014年1月
二版一刷	2016年10月

有著作權 侵害必究（缺頁或破損請寄回更換）